"十二五"国家重点图书出版规划项目

人本会计与财务研究论丛 总主编 徐国君

人 本 审 计

姜毅 著

立信会计出版社
LIXIN ACCOUNTING PUBLISHING HOUSE

图书在版编目(CIP)数据

人本审计/姜毅著. —上海:立信会计出版社,2015.12
(人本会计与财务研究论丛)
ISBN 978-7-5429-4606-5

Ⅰ.①人… Ⅱ.①姜… Ⅲ.①审计-研究
Ⅳ.①F239

中国版本图书馆 CIP 数据核字(2015)第 317418 号

策划编辑　　　余　榕
责任编辑　　　余　榕
封面设计　　　周崇文

人本审计

出版发行	立信会计出版社		
地　　址	上海市中山西路 2230 号	邮政编码	200235
电　　话	(021)64411389	传　　真	(021)64411325
网　　址	www.lixinaph.com	电子邮箱	lxaph@sh163.net
网上书店	www.shlx.net	电　　话	(021)64411071
经　　销	各地新华书店		
印　　刷	上海肖华印务有限公司		
开　　本	787 毫米×960 毫米	1/16	
印　　张	14.25	插　页	2
字　　数	225 千字		
版　　次	2015 年 12 月第 1 版		
印　　次	2015 年 12 月第 1 次		
书　　号	ISBN 978-7-5429-4606-5/F		
定　　价	42.00 元		

总　序
FOREWORD
"人本＋"会计·财务·审计

在人类社会悠久的历史进程中，一项重要的科技变革或理论创新总会引起社会相关领域发生从量变到质变的深刻变化。今天，互联网信息技术通过对生产要素配置的优化和集成，深度融合于经济社会各领域之中，形成更广泛的以互联网为基础设施和实现工具的经济发展新形态。与此类似，人本理念通过对会计、财务和审计各要素的创新，对传统会计、财务与审计产生深刻的影响，形成以人为中心、为根本的人本会计、人本财务、人本审计的新兴理论和专业领域。

一、关于"人本＋"

自从有了人类以来，人与物的价值关系就相伴而生。只是人类诞生之初，由于物品的短缺贫乏，人类为了自身生存，几乎完全将注意力关注到从自然界获取物产上面。但随着社会生产力的提高，人类逐渐具备了创造物质财富的能力，以至于当今社会人类消费的物品中人造物已占到绝大多数。由此，人与自然、人与物之间便具有了对象性关系，物成为被人利用、认识、改造、制造、控制、保护的对象。物成为人生存和发展的手段，从"自在"的存在，转化为"人为"的存在，自然物不断地转化为人造物。于是，世界的进化就决定于人的创造，进而证明人是创造世界的本原，人造物是人的创造活动的产物。

正是基于上述客观事实，笔者提出会计·财务·审计意义的"人本"理念。其内涵是：第一，人是经济活动或价值创造的主导、本原、中心、根本；第二，把经济活动中所有相关联的人放在至高无上的位置，当成目的与责任，而不是当成手段与工具；第三，在企业经营活动中，将人力资源视作最重要的经济资源,物力资源只是条件。

将上述人本理念广泛应用于经济和管理领域,对传统会计、财务、审计的理论与方法进行再造、创新、改进、完善,就是所谓的"人本＋"。

二、"人本＋"会计

会计基于人类对物的管理而产生,建立了以物为对象取向,以物为中心、为根本的会计,我们姑且称之为"物本会计"。物本会计由于忽略了人在经济活动中的主导性、决定性作用,没有抓住经济活动的根本,也不能提供完整的信息。而以"人本＋"的思维重新考量会计,将以人为本的原则系统运用于会计领域,在对传统会计进行根本革新的基础上建立的会计系统,即以人及其行为为对象取向,以人为中心、为根本的会计,就是人本会计。

人本会计的核心思想可以概括为以下四方面:第一,人成为会计的第一要素,即将人及其行为系统纳入会计系统,将人力资源作为会计对象要素中第一位的、决定性的要素。因而,一方面要确认人力资产的价值,将其置于资产的首要地位;另一方面要承认人力资本所有权,保护劳动者的特殊的所有者地位。第二,认为人力资源才是物质财富创造、利用的主体,将其视作最重要的经济资源,离开人的劳动,物质财富就什么也不能做,即使是机器人运行,也离不开人的设计、操作。因此,不仅要给予劳动消耗以必要的补偿,而且更要让人力资本参与企业剩余的分享。第三,重构会计等式为:资产＝行为＝权益,其中,资产是价值的载体,行为是价值的源泉,权益是价值的归属。这种三维会计模式通过三式记账法立体、完整、动态地反映经济活动的主要信息,并通过新的报告体系总括性地进行信息披露,从而向信息使用者提供更有价值的信息。第四,人本会计所体现的会计管理机制,就是对其成员,即每个人的贡献与责任进行清楚的计量和显示,并结合按贡献进行利益分享的规则,则每个人就会自觉地将自己的思想和行为引向价值贡献。同时,在直接的相互合作中,人们可以在互动中直接相互监督,而这种监督并不需要成本,因为它是成员各自利益追求中附带的自然行为。同时形成一个人就是一个经济实体的自我驱动机制与团队生产的合作共赢机制。这一新的会计模式,是会计对象的增加,会计结构的调整,会计方法的变革,会计理论的探索,会计思想的发展。

三、"人本＋"财务

传统财务管理以物为中心展开有关资金、资本及其相关要素的管理,笔者称之为"物本财务管理"。随着知识经济时代的到来,暴露出其根本缺陷:一是财务管理的目的过于狭隘。以股东财富最大化为目的,仅站在资本投资者的立场上,不包含其他利害关系集团的利益,就会受到相应的抵触,不能实现共赢的合作。二是"见物不见人",只重视资金或资本等物力资源的管理,没有抓住价值创造的主要矛盾。三是财务管理方法等没有深入经济活动的根本层面,缺乏实现价值增值的有效方法。

　　"人本+"财务,就是将以人为本的原则系统运用于价值管理领域,确立以人为中心、为根本的财务思维与价值观念。人本财务管理,与以物为中心、为根本的现行或传统的"物本财务管理"相对应,是将人本的理念系统运用于财务领域,以人为中心、为根本来组织财务活动、处理财务关系的管理活动与方法。其主要观点是:将人力资源视作最重要的经济资源,认为以企业家为代表的所有员工的人力资源才是价值的源泉;人是价值(经济财富)创造的主体,人及其行为是价值创造的本原与动因,而物力资源只是价值创造的条件;人力资本所有者与物力资本所有者以平等法律地位共同拥有企业终极所有权,但前者同时获得企业经营权,从而应以各自的资本比例与价值贡献分享新创造的价值;财务管理的核心是价值管理,价值管理的核心是价值创造管理,而价值创造管理应以人为本。在此基础上,还可以将人本财务管理提升为人本价值管理,即以人主导下的经济活动的价值形态为主要对象,以人为中心、为根本来组织价值活动、处理价值关系的系统的价值管理活动与方法。

　　人本财务管理或人本价值管理的内容,可以从管理要素和管理方法两方面来设计:

　　一方面,按照管理要素来考虑,一是资产要素管理:其核心是解决资源配置效率问题。其重点是核心资产要素——人力资产要素的管理;作为人力资产已经外化形态的专利、品牌、商誉等的管理;人力资产与其他物力资产匹配与结构的管理。二是行为要素管理:其核心是解决行为价值管理的方法问题。其重点是基于价值视角的行为者心理与行为管理成为财务管理的新的重要领域,关键是行为价值增值的品质与效率。具体包括行为增值管理、行为减值管理和行为净值管理。三是权益要素的管理:其核心是解决财务治理与权利分享问题。其重点是人本财务治理,劳动者权益要素管理,劳动者权益要素与其他权益要素结构管理。

另一方面,按照管理方法来考虑,包括:价值发现与策划;价值决策与规划;价值驱动与激发;价值沟通与指导;价值诊断与调控;价值分析与评价;价值分配与分享。

四、"人本＋"审计

与传统的会计即物本会计相对应,传统的审计是以物为中心、为根本的审计,我们姑且称之为"物本审计"。在这种审计体系中,账簿及经济活动等"物"在审计系统中占有绝对重要位置,无论从审计对象、审计目标、审计标准,再到审计内容和所提建议,都要围绕"物"来进行,有时虽然也会考虑人及其行为,但只是处于从属的地位。审计的对象完全依托账簿等经济业务的有关资料,没有对人及其行为进行考察;依据的标准也是以物为中心的会计制度等的标准;没有正面回答受托者的履行责任情况。审计可以发现被审计单位是否有严重的违规问题,但不能很好地评价被审计人的履行责任的能力、决策水平、行为改进的建议,造成审计报告只可以作为不提拔使用管理者的参考,不能作为评价、使用、提拔、调任管理者的依据。

"人本＋"审计,就是构建以人及其行为为中心、为根本的审计观,将审计视为一种社会现象,作为人类对自身行为的评价活动。具体来说,人本审计就是审计人对照既定标准,评价被审计人及其行为的可靠性、合法性、有效性,从而确定被审计人的受托责任,提出改进行为的建议并向行为者问责的活动。其核心思想如下:

第一,人本审计要以被审计人及其行为为导向。人本审计观下的审计不再以账项、制度、风险为导向,而是建立起全新的以人及其行为为导向的审计模式。在该种模式下,重视对行为风险的评估;审计思路调整为"由内而外"和"由外而内"相结合;审计方法引入了对行为动机、行为、人格、能力、气质的测评方法,丰富了审计的技术和方法。

第二,人本审计观下的审计要对人及其行为进行评价。人本审计观下的审计不再是以物为中心,而是人评人,不是人评物。审计是透过物去看人,是人类对人及其行为的评价活动。从某种意义上来讲,审计人员也是评判者,只不过评判的是受托经济责任完成情况。这也是人本审计与物本审计的一个最大区别。

第三,人本审计要对人及其行为发表意见并报告。审计人对被审计人及其行为进行审计后，就可以结合分析经济活动的情况，综合分析行为动机、过程和结果，对被审计人行为的可靠性、合法性、有效性发表意见，并将被审计人的行为信息报告给受托人，最终评价被审计人履行受托责任情况，向受托人或被审计人提出改进行为的建议并向反面消极行为问责。

第四，人本审计的目的。人本审计的目的是监督评价受托人及其行为的可靠性、合法性、有效性；分析、揭示人及其行为存在的不足；提出改进人及其行为的建议，促进人及其行为的价值增值。

第五，人本审计模式。人本审计模式以被审计人及其行为为中心开展审计的各项流程，审计以人开始，并以人结束。具体来说，审计的着眼点是人，审计立项由人开始，审计过程中关注人及其行为，结合对经济活动的分析，对照有关行为的标准，得出审计监督、鉴证、评价的结果。审计也由人结束，审计报告的客体是人，最终向人问责，向人提建议，促进人及其行为的改善提高。

第六，人本审计理论体系。人本审计理论体系包括人本审计基础理论和人本审计应用理论两大部分。人本审计基础理论主要由审计本质、审计假设、审计目标、审计概念等构成。人本审计应用理论是以基础理论为原理运用于审计实践所形成的一系列指导实践的理论，按行为类型划分为行为可靠性审计理论、行为合法性审计理论、行为有效性审计理论；按审计的主体划分为人本国家审计应用理论、人本民间审计应用理论、人本内部审计应用理论；按审计操作规范划分为人本审计准则理论、人本审计程序与方法理论、人本审计报告理论。

五、本论丛的特点

"人本会计与财务研究论丛"包括《人本财务会计》《人本财务管理》《人本审计》《人本财务法律制度》4部著作，是在4位作者攻读博士学位期间研究成果的基础上完成的，是中国海洋大学管理学院会计学系会计学博士点"人本会计与人本价值管理"博士生研究方向的系列研究成果的一部分，此外还经过了三届人本会计论坛的主题研讨交流。本论丛的特点如下：

第一，人本性观念。本论丛中每部著作的研究，都自始至终贯穿"人本＋"观念，对传统会计、财务、审计乃至相关规则进行再造、创新、改进和完善。可以说，人本性观念是本论丛的灵魂，是本研究领域的哲学方法论。无论是从事本领域研究，还是阅读本论丛的理论成果，都特别需要先牢固确立前述人本理念来主导专业认知和思维，切忌用传统的，也即"物本"的专业思维来主导认知和思维，更不可让人本理念和物本理念搅乱了思维。

第二，创新性研究。本论丛中的每项研究，都是突破传统的专业知识、理论与方法体系，在继承的基础上，遵循会计、财务、审计的发展规律，基于社会未来发展的诉求，按照"人本＋"的原则进行基础概念、基本理论和方法的新设计、新构建，同时力求能够自圆其说，并提供可操作的方法、程序。可以说，研究创新是本论丛的学术追求，理论发展是本论丛的学理使命。

第三，开拓性引领。伴随着社会的发展，会计等领域不能原地踏步而需要与时俱进地跟随支持。本论丛的研究正是肩负这份使命责任，去着力开拓、努力引领，即使遭遇探索失败也在所不惜。当然，就像任何其他新生事物一样，本领域的研究也有一个从幼稚到成熟的过程，而本论丛的出版，也正是向读者、同行提供一个质疑交流的载体，为明道求真做出的一份坚持。

爱因斯坦说："如果现实不对，那就改变现实！"凯恩斯则认为："难得是从旧观念中跳出来的。"面向未来，而不是以思维定势看待人本＋会计·财务·审计，就像不能用单式簿记的思维来看待复式簿记一样。目前，似乎推行的条件并不完全具备，但只要符合人类自身的利益，那就去创造条件以适应理论。美好的未来是靠从现在做起、用心创造出来的。哥白尼说："人的天职在于踊跃探索真理。"黑格尔也曾深刻地指出："一个民族有一些关注天空的人，他们才有希望；一个民族只是关心脚下的事情，那是没有未来的。"我们非常愿意做这种仰望天空的人，因为我们希望并坚信社会会有美好的未来。

徐国君

2015 年 10 月

前 言
PREFACE

　　本书是在笔者博士论文《人本审计理论体系研究——兼论审计模式设计及应用》基础上修改而成的。"人本审计"是个新提法，是相对"物本审计"而言的。21世纪是变革的世纪，知识经济逐渐兴起，民主政治深入发展。伴随着社会的变革发展，"重物轻人"的理念被扬弃，人的价值得到了全方位的关注，"人"开始成为管理科学研究的中心。由于受物本主义的影响，现有审计理论和实践不同程度地存在着"见物不见人"的缺陷和弊端。如何将人纳入审计系统，如何对人及其行为进行风险分析，如何构建系统的人本审计理论体系，就成为本书的研究主题。

　　本书以规范研究为主，结合应用事例分析与案例分析等实证研究方法，采用归纳法、演绎法、比较分析法等方法，融合运用行为科学、心理学、人类学、管理学、经济学等多学科最新研究成果，尝试构建崭新的人本审计理论体系。本书的主要创新点及其结论如下：

　　首先，本书创新性地提出了人本思想指导下的审计本质。在分析传统审计理论存在缺陷的基础上，本书创新性地提出人本审计是指以人及其行为为中心、为根本的审计观。审计的本质是一种社会现象，是人类对自身行为的评价活动。具体来说，审计是审计人对照既定标准，评价被审计人及其行为的可靠性、合法性、有效性，从而确定被审计人的受托责任，提出改进行为的建议并向人问责的活动。人本审计更关注人的行为动机、行为过程对经济活动这一行为结果产生的主导作用，更重视"人—事/物"的关系，系统分析被审计人受托责任的履行情况，从而能更好地把握审计的实质。

　　其次，本书系统地构建了以审计本质为逻辑起点的人本审计理论体系，丰富并发展了审计理论体系。人本审计理论体系包括人本审计基础理论和人本审计应用理论两大部分。人本审计基础理论主要由审计本质、审计假设、审计目标、审计概念等构成。建立在人本审计本质观下的审计假设至少有以下几点:受托经济责任关系、一切经济活动源于人及其行为、人及其行为问题易发性、人及其行为可确认、审计可以促进人及其行为改善。按照人本审计本质和假设,人本审计的目标主要有:鉴证、评价人及其行为的可靠性、合法性、有效性;分析、揭示人及其行为存在的不足;提出改进人及其行为的建议,促进人及其行为的价值增值。人本审计概念包括核心概念和派生概念,其中核心概念主要有:独立性、职业谨慎、胜任力、行为责任、行为风险、行为证据、行为标准、行为意见;派生概念主要有:沟通、职业判断、关键人物、行为类型、行为动机、重要性、行为问责、行为改善。人本审计应用理论是以基础理论为原理运用于审计实践所形成的一系列指导实践的理论,按行为类型划分为行为可靠性审计理论、行为合法性审计理论、行为有效性审计理论;按审计的主体划分为人本国家审计应用理论、人本民间审计应用理论、人本内部审计应用理论;按审计操作规范划分为人本审计准则理论、人本审计程序与方法理论、人本审计报告理论。

再次,本书设计了行为导向的人本审计模式。在人本审计理论体系的指引下,人本审计模式改变了传统的以账表、内部控制、企业风险等"物"为中心的审计模式,将人及其行为正式纳入审计系统。该模式对现行的现代风险导向审计模式进行了改良和创新,将审计风险模型由"审计风险＝重大错报风险×检查风险"修改为"审计风险＝行为风险×检查风险"。该模式按行为动机类型,将行为划分为两大类:正面积极行为和反面消极行为,并指出应对三类反面消极行为(即造假欺骗行为、违法违规行为、无效损失行为)进行重点行为风险评估,从而确定审计的重点。该模式改变了风险导向审计模式的"自上而下"与"自下而上"相结合的审计思路,而以"由内而外"和"由外而内"相结合的思路开展审计。该模式对传统审计的流程进行了改良,在以往的计划、实施、报告阶段基础上,增加了问责阶段,并在审计方法中引入了对人及其行为进行询问、检查、观察、访谈、心理测评、情景模拟、360 度测评等技术和方法,丰富了审计的技术和方法。该模式对审计报告提出了改进建议,审计报告的对象应是人,审计报告要反映人及其行为的重要信息,审计应提出改进行为的建议。

　　最后,本书用两个审计案例将人本审计理论体系在实践中加以验证分析。通过在物本审计理念下开展的审计情况与人本审计模拟下的审计情况进行对比分析,证明了在人本审计理论的指引下,审计操作模式有了质的改变,各种新的审计方法得以运用,审计功效显著提升。这在一定程度上也证明了物本审计逐渐发展为人本审计,并成为审计发展的必然这一论断。

　　"人本审计"是个崭新的课题,在本书写作过程中,笔者参考了大量他人的研究成果,或著作、或论文等文献资料。其中,文献作者、年限和出版物等确切者已列于页末脚注或书后参考文献之中;唯有上述要素不全、难以查证其详细出处者不能列出,谨向这些作者一并致以谢忱。当然,受时间和知识水平的限制,本书难免存在一些错误或漏洞,诚请各位学者、专家和实务工作者批评指正。

姜　毅

2015 年 10 月

目　录
CONTENTS

1 导论 ……………………………………………………… 1

　1.1 研究背景与问题的提出 …………………………… 1

　1.2 国内外相关领域研究综述 ………………………… 12

　1.3 研究思路、内容与选题意义 ……………………… 21

　1.4 研究的方法 ………………………………………… 26

2 人本审计的理论基础 …………………………………… 29

　2.1 人本思想及其相关理论 …………………………… 29

　2.2 行为科学理论 ……………………………………… 37

　2.3 受托责任理论 ……………………………………… 50

3 人本审计理论体系的构建思路 ………………………… 54

　3.1 审计理论与审计理论体系 ………………………… 54

　3.2 人本审计理论体系的逻辑起点 …………………… 56

　3.3 人本审计理论体系的构建 ………………………… 59

　3.4 人本审计理论体系的特点分析 …………………… 69

4 人本审计本质论 ………………………………………… 71

　4.1 审计本质的含义及观点评析 ……………………… 71

　4.2 物本审计的表现形式、特点和缺陷 ……………… 75

　4.3 人本审计的本质、特点和理论意义 ……………… 82

4.4　人本审计应用价值：以国家审计为例 86

5　人本审计假设论 93

5.1　审计假设的含义和意义 93

5.2　审计假设研究典型观点比较分析 96

5.3　人本审计假设体系的构建 99

5.4　人本审计假设的实践意义 104

6　人本审计目标论 106

6.1　审计目标的含义、作用及影响因素 106

6.2　审计目标演进过程分析 109

6.3　人本审计目标体系的构建 113

7　人本审计概念论 117

7.1　审计概念的含义和作用 117

7.2　审计概念的历史演进分析 119

7.3　人本审计概念体系的构建 122

8　人本审计应用理论 127

8.1　人本审计应用理论体系的设计思路 127

8.2　按行为类型构建的人本审计应用理论 129

8.3　按审计主体构建的人本审计应用理论 133

8.4　按审计操作规范构建的人本审计应用理论 135

9　人本行为导向审计应用模式 140

9.1　审计导向模式的含义 140

9.2　审计导向模式发展演进分析 141

9.3　人本行为导向审计模式的设计 145

9.4　人本行为导向审计模式的优点分析 149

10 人本审计程序与方法 ······ 150

10.1 人本审计程序的设计思路 ······ 150

10.2 人本审计的具体程序 ······ 152

10.3 人本审计方法设计 ······ 169

11 人本国家审计案例分析 ······ 178

11.1 党政机关负责人经济责任审计案例 ······ 178

11.2 政府投资公司管理及运营绩效审计调查案例 ······ 188

11.3 总结分析 ······ 198

12 结论及展望 ······ 199

12.1 研究结论 ······ 199

12.2 研究的局限性及后续研究展望 ······ 200

参考文献 ······ 202

后记 ······ 208

1 导　　论

1.1　研究背景与问题的提出

　　翻阅世界审计史,人类的审计活动源远流长。审计史学家理查德·布朗(Richard Brown)(1905)在论述审计的起源问题时曾经指出:"审计的起源可追溯到与会计起源相距不远的时代……当文明的发展产生了需要某人受托管理他人财产的时候,显然就要求对前者的诚实性进行某种检查。"[①]在公元前3500年左右,开始进入奴隶社会的古代埃及就有负责经济监督的监督官,在监督官中,"记录监督官"和"谷物监督官"就行使了审计的职责,他们虽然不是专职的审计官,但应该是审计的萌芽[②]。在两河流域古巴比伦王国汉谟拉比统治时期,出现了"清查神庙账目者",可以说,这是最早的国家审计官员[③]。在中国的西周时期,就有负责国家审计的"宰夫"一职,由宰夫执行的实地稽察审计是中国国家审计的萌芽。可见,人类早期的审计工作就履行了对受托人履行经济责任情况的监督、检查、稽察等职责,审计活动最终是围绕人来开展的。

　　在审计萌芽之后,随着人类社会活动的深入,审计发生了巨大变化。从组织形式看,审计分为国家审计[④]、民间审计[⑤]、内部审计三种形式,并各自有了蓬勃发展。从审计目标的发展演变看,审计大致可以分为四个阶段:第一阶段以揭弊查错为主;第二阶段以验证财务报表的真实公允为主;第三阶段

---

　　①　转引自:文硕. 世界审计史[M]. 北京:中国审计出版社,1990:4.
　　②　文硕. 世界审计史[M]. 北京:中国审计出版社,1990:12-15.
　　③　转引自:审计理论研究课题组. 审计基本理论比较:前后一贯的理论结构[M]. 上海:立信会计出版社,2009:9.
　　④　也称政府审计,本书统一称为"国家审计"。
　　⑤　也称社会审计、注册会计师审计,本书统一称为"民间审计"。

以验证财务报表的真实公允与揭弊查错目标并重;第四阶段以降低信息风险为主。从审计实践的发展模式看,审计经历了四个阶段,即账项基础审计阶段、制度基础审计阶段、风险基础审计阶段、风险导向审计阶段①。从审计理论的诞生发展看,审计经历了"英国式"和"美国式"审计的探索阶段、莫茨和夏拉夫的奠基阶段、美国《基本审计概念说明》的发展确立阶段、尚德尔教授持续发展和现代实证理论研究应用阶段,审计学科体系逐渐与会计学科分离,成为一门单独成科的学科体系②。审计在监督人、鉴证人、评价人等活动中扮演着日益重要的角色,已成为人类社会发展不可或缺的力量。

审计活动离不开对人的关注,审计理论研究也不能忽视人的存在。当今世界经济已经逐渐进入知识经济时代,知识经济的形成将是人类社会的一次巨大飞跃,这种飞跃体现着进步,而这种进步必然会引起方方面面的变革。当代社会,人们的哲学思想与思维方式的主流已从物本主义发展到人本主义,人的价值得到了全方位的关注,产生了行为科学、人本主义哲学、人本经济学、人本管理学等学科,从思想方法论上冲击着传统审计理论的理论基础。站在审计理论研究的前沿,我们认识到审计环境面临的重大变迁,传统审计日益凸显出其致命的缺陷。作为受托经济责任产物的审计,迫切要求不断创新和发展,调整甚至变革审计理论体系及操作模式也成为必然。③

1.1.1 知识经济时代背景下的审计变革

如果把人类的发展划分为三个时代:从原始社会到 18 世纪中叶是农业经济时代;从 18 世纪中叶到 20 世纪中叶为工业经济时代;从 20 世纪 40 年代至60 年代开始有了知识经济时代的萌芽,预计到 21 世纪上半叶知识经济将逐渐走向成熟期。1983 年,美国知名学者保罗·罗默提出了"新经济增长理论",他认为知识是经济增长的新要素,这标志着知识经济理论的初步形成。1993 年,美国著名学者丹尼尔·贝尔在《后工业社会的到来:社会预测初探》一书中提出"后工业社会"的概念,认为知识和信息是社会发展的主要动力。

---

① 胡春元.风险导向审计[M].大连:东北财经大学出版社,2009:8.
② 王章渊.审计经典理论的历史流变[J].湖北工业大学学报,2009(12):75-78.
③ 徐国君,姜毅.审计学革命——从物本审计到人本审计[J].中国注册会计师,2012(10):58.

1996 年，OECD(经济合作发展组织)的科技发展报告中提出了"知识经济"的内涵。知识经济(knowledge economy)是建立在知识的生产、分配和使用(或消费)之上的经济，是容纳新技术革命中一切科学知识和新技术等经济增长因素，并以此来推动经济发展和社会财富增加的一种经济。进入知识经济时代，社会发生了变革，对审计产生了深远的影响。

1) 人力资源成为社会发展的第一要素

农业经济的首要生产要素是土地，离开土地便无法从事农业生产活动；工业经济的第一生产要素是货币资本，拥有了货币资本就拥有了机器、厂房、设备、原料和材料，甚至劳动力，可以"钱生钱"式地带来财富；知识经济最重要的生产要素当属人力资源。哲学大师培根曾经说过"知识就是力量"这一名言。美国经济学家，被称为"人力资本概念之父"的西奥多·W·舒尔茨曾经指出："人类的未来不是预先由空间、能源和耕地所决定，而是要由人类的智识来决定。""高收入国家和低收入国家经济现代化的共同内容，是耕地的经济重要性在下降，而人力资本，即知识和技能的经济重要性在提高。"①美国著名管理学家彼德·德鲁克(Peter Drucker)说："现在我们明白，财富的来源的确是某种非常人性化的东西：知识。"②知识作为新时代的战略性资源所发挥的日益扩大的作用，将推动社会财富以更快的速度增长，无形资本代替传统的有形资本，知识资本、智慧资本成为超越土地、货币等要素资本的新经济的第一资本，知识是创造财富的主要资源。2008 年，美国微软公司的产值占华盛顿州总产值的 13.6%，靠的不是设备和资金的投入，而是人及其智慧的创造。所有这些表明，在现代社会生产中，人力资源已成为社会发展的第一要素。

2) 信息技术成为审计的新技术

除了人和知识成为社会发展的源动力外，知识经济时代的另一重要标志是信息化。随着企业信息系统的建立与健全，传统的会计工作已经发生了翻

---

① 西奥多·W·舒尔茨. 论人力资本投资[M]. 吴珠华，等，译. 北京：北京经济学院出版社，1992：42-43.

② 彼德·德鲁克. 九十年代的管理[M]. 东方编译所，译. 上海：上海译文出版社，1999：14.

天覆地的变化,核算、分析、管理、控制等职能的实现很多要依托数据和信息才能完成。信息化的飞速发展对传统审计产生了深远的影响。传统审计的技术和方法乃至指导实践的审计准则都已不适应信息化的发展要求,审计面临着失去资格的巨大行业风险。信息系统审计(information system audit,简称 IS 审计)将成为未来审计行业和审计技术最为强劲的驱动力量①。时至今日,我们又迎来了"大数据时代",大数据浪潮汹涌来袭,与互联网的发明一样,这绝不仅仅是信息技术领域的革命,更是在全球范围启动透明政府、加速企业创新、引领社会变革的利器②。1998 年,时任国家审计署审计长的李金华提出了"失去三个资格":"审计人员不掌握计算机技术,将失去审计资格","审计机关的领导干部如果不了解信息技术,就将失去指挥的资格","审计机关的管理人员不运用计算机技术,将失去任职的资格"。2010 年,国家审计署审计长刘家义更是提出:"中国审计的出路,关键在于信息化,信息化的关键在于数字化。"信息化时代不仅仅要求审计改变传统的技术和手段,也要求改变旧的审计理念和模式。

3)"人"开始成为管理科学研究的中心

在泰罗制时代,人是机器的附加,甚至不如机器。进入知识经济时代,人在企业中的地位越来越高,人被认为是企业第一生产力。现代管理学认为人本身就是一切管理活动的最终目的。在管理学的整个发展过程中,"人"始终是一个最基本的概念,这要求管理者在其管理活动中充分重视人的作用,尊重人的价值,并通过促进人的需要的满足来调动人的积极性、主动性和创造性。第二次世界大战之后,管理科学的一个巨大变化就是对人的研究逐渐成为管理学研究的中心,哲学领域从物本主义到人本主义已成为当代思维方式的主流③。在此背景下,产生了管理心理学和组织行为学。管理心理学以人本思想为前提,它有助于调动人的积极性、改善组织结构和领导绩效,提高工作生活质量,建立健康文明的人际关系,达到提高管理水平和发展生产的目的。组织行为学是研究组织中人的心理和行为表现及其客观规律,提高管理

---

① 胡晓明. 直面信息时代的审计变革[J]. 会计之友,2005(9):68.
② 涂子沛. 大数据:正在到来的数据革命[M]. 柳州:广西师范大学出版社,2012:封面介绍.
③ 张文贤,邵强进. 会计学革命——从物本主义到人本主义的飞跃[J]. 复旦学报(社会科学版),2001(2):82-87.

人员预测、引导和控制人的行为的能力,以实现组织既定目标的科学。管理科学的创新和发展,不仅实现了理论创新,而且也带来了社会变革。人的积极性逐渐被调动起来,组织结构和领导绩效进一步提高,管理变得更加科学有效。

1.1.2 国家管理理念由"官本位"向"民本位"转变

审计是民主政治的产物。综观人类社会发展的各个历史阶段,特别是从奴隶社会到封建社会再到现在的资本主义社会、社会主义社会,就是一个从专制走向民主的过程。在"普天之下,莫非王土,率土之滨,莫非王臣"的奴隶社会,奴隶主占有一切,奴隶只是奴隶主眼中的商品,他们没有人的尊严和地位;在封建社会,封建君主和地主是专制者,老百姓没有什么权利可言;在资本主义社会,以资产阶级为代表的纳税人为审计的委托人,资产阶级的各级政府为受托人;在社会主义社会,广大人民群众为审计的委托人,各级人民政府为受托人。分析专制政治和民主政治的区别,专制政治的特点是神秘性、独裁性和随意性,而民主政治的特点是透明性、民意性和科学性。随着民主范围的扩大,人民通过审计机构对政府责任的制约也越强。[①] 所谓的"官本位"是把是否为官当成一种核心的社会价值尺度去衡量人的社会地位和价值。这个词准确地反映了在一些人那里长期存在的一种不健康追求,即一切为了做官,做官就有一切。而"民本位"指的是全心全意为人民服务,这正是共产党人的根本宗旨。

进入 21 世纪后,我国提出了科学发展观的战略思想。在中国共产党第十八次全国代表大会上,胡锦涛在《坚定不移沿着中国特色社会主义道路前进,为全面建成小康社会而奋斗》的报告中进一步阐述了科学发展观这一指导思想。科学发展观的核心立场是以人为本,应始终把实现好、维护好、发展好最广大人民根本利益作为党和国家一切工作的出发点和落脚点,尊重人民首创精神,保障人民各项权益,不断在实现发展成果由人民共享、促进人的全面发展上取得新成效。科学发展观是以人为本的发展观。以人为本之所以是科学发展观的核心,其一,以人为本是历史唯物主义的一项基本原则;其二,以

人为本是我们党的根本宗旨和执政理念的集中体现;其三,以人为本全面回答了科学发展观的一系列基本问题。伴随着以公共服务为价值取向的政府管理,国家职能变革逐步演进成为不可逆转的世界潮流,我国政府切实履行公共服务职能也已是大势所趋。随着我国政府角色从"公婆"向"公仆"转变,其管理理念也必须从"官本位"向"民本位"转变。可见,随着民主政治的发展,人民的意愿逐渐被尊重,公众的需求逐渐得到满足,国家管理理念由"官本位"向"民本位"转变,审计理论和实践工作也需要随之转变。①

1.1.3 现有审计的缺陷

诚然,知识经济时代的到来,对审计产生了深远影响,审计理念也应由"官本审计"向"民本审计"转变,但在这一审计环境质的变迁过程中,我们仍受制于传统审计理论和实践的束缚,难以摆脱"物本审计"的缺陷,影响了审计理论和实践的进一步发展,这促使我们思考建立人本审计理论体系。

1) 审计理论滞后于人本审计实践的发展

从世界范围看,相对于审计实践之发展速度而言,审计理论,特别是基础性和规范性审计理论的发展是比较缓慢的。在审计理论的三座里程碑出现之后,人们改变了"审计无理论观"的认识,但审计理论的发展状况仍然是不尽如人意的。其一,审计理论著作在数量上与众多的会计理论相比还是少得可怜。这说明人们对研究与发展审计理论的重要性仍然缺乏充分认识,投身于审计理论研究者仍然为数不多。其二,尚未形成较公认的审计理论。诚如美国审计学者戴维·N·里奇特(David N. Ricchuite)教授(1982)指出:"即便是莫兹和夏拉夫的《审计哲理》以及尚德尔的《审计理论》都尚未获得广大实务者的普遍接受。"这主要是因为这些研究(除《ASOBAC》之外)仍然缺乏系统性与组织性,更重要的是尚未获得权威学术团体或机构的有力支持与推动。从总体上看,审计理论研究的水平仍然滞后于审计实践的发展水平②。从我国的情况看,与蓬勃发展的审计实践相比,审计理论研究方面的发展明

---

① 徐国君,姜毅. 审计学革命——从物本审计到人本审计[J]. 中国注册会计师,2012(10):59.
② 蔡春. 审计理论结构研究[M]. 大连:东北财经大学出版社,2001;李宝震代序.

显滞后①。我国的审计理论落后于审计实践,所以,需要大力发展审计理论(石爱中,2008②;刘家义,2010③;杨肃昌,2012④)。

具体来说,在审计实践中,已经出现了人力资源审计、行为审计、责任审计等新型审计类型。作为引领世界国家审计的美国,2004 年 7 月 7 日,美国审计总署(以下简称 GAO)正式更名,具有 83 年历史的 GAO 改变了其机构名称的用词,从 General Accounting Office 变为 Government Accountability Office。前者直译为总会计办公室,后者直译为政府责任办公室。更名后的美国审计总署名称缩写仍为 GAO⑤。这一措辞上的变化反映了美国审计总署未来的发展方向,审计关注的责任不仅是部门的责任,更重要的是人的责任。在我国,1999 年 5 月,中共中央办公厅、国务院办公厅印发了党政领导干部和国有企业及国有控股企业领导人员任期经济责任审计的两个暂行规定。经修订已于 2006 年 6 月 1 日起施行的《中华人民共和国审计法》明确了经济责任审计的范围和内容。2010 年 12 月,中共中央办公厅、国务院办公厅向社会公布了《党政主要领导干部和国有企业领导人员经济责任审计规定》,正式确立了经济责任审计的地位。经过十多年的审计实践,经济责任审计已成为审计机关的法定职责之一。经济责任审计的对象是人,而非单位等法人,这种审计方式将审计与人更为紧密地联系起来。

以上说明人本审计的思想已有萌芽,但由于受物本主义⑥的影响,审计理论并没有及时跟进,对相关理论还缺乏深入和系统的研究,难以指导具体实践工作,影响了审计实践的发展。与管理科学的"以人为中心"相比,审计理论研究远远落后了,我们还没有将"人"放到足够重要的位置,重视物轻视人的理念导致审计理论研究失去了正确的方向。正如徐国君教授在《三维会计研究》一书的后记中指出:"不将会计及其相关领域的研究或工作与人的因素

① 徐政旦,等.审计研究前沿[M].上海:上海财经大学出版社,2002:前言.
② 石爱中.加强审计理论研究——坚持审计实践,注重研究方法[J].审计研究.2008(3):10-16.
③ 刘家义.积极探索 创新努力 健全完善中国特色社会主义审计理论体系[J].审计研究,2010(1):3-8.
④ 杨肃昌.对构建国家审计理论体系的思考[J].审计与经济研究,2012(3):11-18.
⑤ 本书按惯例仍翻译为"审计总署"。
⑥ 徐国君在《三维会计研究》一书中论述了物本主义与人本主义的区别,两者分别构成了物本会计和人本会计的思想基础,详见第 125-136 页。

紧密结合起来考虑,往往会导致'本末倒置'的研究结果或工作方法。"①以物为中心、为根本的物本审计在面对知识经济这一根本性变革时显得无所适从,无法从根本上适应和引领审计理论的发展,这要求对审计理论进行创新和重构。

2) 人本审计研究滞后于人本会计的研究

莫茨·P·K和H·A·夏拉夫在《审计理论结构》(1961)中指出了审计与会计的联系与区别:"审计与会计之间的关系是密切的……审计的任务是检查会计计量的传达的妥当性。审计是分析性的,而不是制作性的,它对会计计量和申明的基础进行分析和调查。"②这说明虽然审计与会计有质的不同,但也有密切的联系。会计每一次的重大变革,都直接导致审计的重大变革。早在1962年,"人本主义心理学之父"马斯洛就提出了"革新会计系统的操作模式"的主张,他提出:"对一个企业的会计来说,最大的问题是如何把无形的人性资源换算成可量化的数字,纳入企业的资产负债表中。人性资源包括组织的统合程度、员工的教育程度、为建立良好的工作团队所付出的时间与金钱的总和。简单地说,所有未能在损益表上显示的人力资源,均会影响企业的长期获利。"③在此背景下,总结分析对人本会计研究的进展,已经从无到有,特别是人力资源会计在我国经历了引进介绍和发展提升两个基本阶段④,为人本会计学派的创立奠定了基础。目前,人本会计理论已经解决了有关会计本质等会计基础理论的研究难题,而且以"行为""资产""权益"三个维度共同构成了新的会计要素体系。与人本会计相比,人本审计的研究刚刚开始,国内外原创性的成果很少,还停留在萌芽的状态。审计亟须借鉴人本会计的研究成果,适应审计外部环境和内生性发展的要求,迎头赶上,在审计本质、审计假设、审计目标、审计概念等基础理论上进行革新,并对应用理论进行调整,从而重构整个审计理论体系。

---

① 徐国君.三维会计研究[M].北京:中国财政经济出版社,2003:541.
② 莫茨·P·K,H·A·夏拉夫.审计理论结构[M].文硕,等,译.北京:中国商业出版社,1990:17.
③ 马斯洛.人本管理[M].西安:陕西师范大学出版社,2010:267.
④ 徐国君,等.改革开放三十年我国人力资源会计研究回顾[J].中国海洋大学学报(社会科学版),2010(2):52.

3）审计期望差距的拉大需要我们不断创新人本审计理论

随着审计环境的发展变化，原有的审计目标已经不能满足有关利益方的需求，审计目标与有关方的需求会变得不统一，这就产生了审计期望差距。审计期望差距是客观存在的，它是审计理论创新发展的动力。1986年，加拿大特许师协会成立了审计工作计划研究委员会，即麦克唐纳委员会，麦克唐纳委员以图的形式描述了期望差距的构成要素以及解决的途径（见图1-1）。

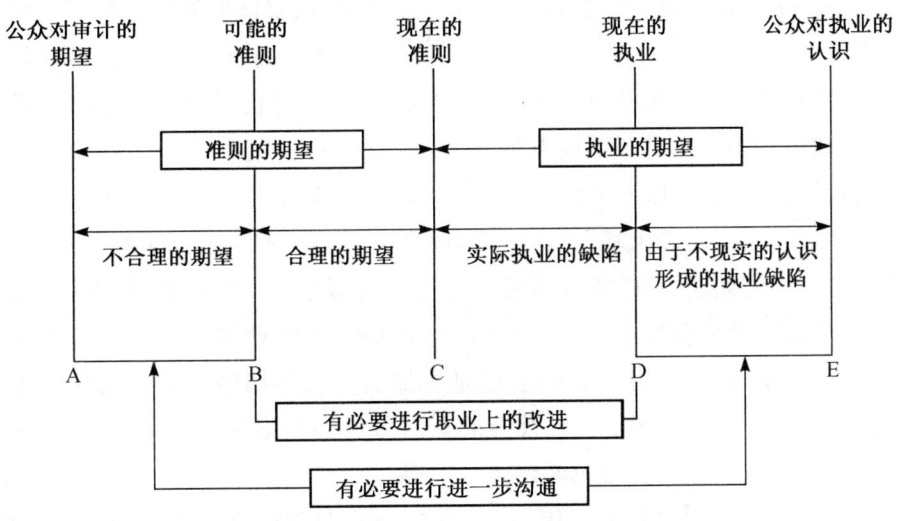

图 1-1　审计期望差距的构成要素

从图1-1中可以看出，审计期望差距是指公众对审计的需求与公众对目前审计执业的认识之间的差距，它可以分为四部分，即可能的准则与现在的准则之间的差距（BC）、现在的准则与现在的业绩水平的差距（CD）、公众对审计的期望与可能的准则之间的差距（AB）、现在的业绩水平与公众对业绩的认识之间的差距（DE）。BC、CD是合理的期望差距，可以通过不断地修订和完善审计准则，提高审计职业界执业水平来缩小差距；AB、DE是不合理的期望差距，要通过公众和职业界的沟通，更需要双方的共同努力来缩小这部分审计期望差距[①]。

在民间审计领域，一方面，自20世纪60年代以来，随着市场竞争的加剧，

---

① 王婷婷.试论审计期望差距——基于国内外的比较分析[J].财会通讯（学术），2008(2)：114.

破产企业的增多,社会公众对审计的期望越来越高。另一方面,审计却面临着"诉讼爆炸"的局面,世界知名的会计师事务所先后出现舞弊和失职等重大问题。安达信会计师事务所因"安然事件"宣告倒闭,德勤会计师事务所因陷入诉讼而向日本一公司支付1亿美元的赔偿金以达成和解,普华永道会计师事务所在泰科国际公司财务丑闻中因涉嫌审计失误而与控方达成和解协议,以上事件反映了审计所起到的作用与社会公众的期望之间的差距越来越大。

在国家审计领域,2003年6月25日,时任国家审计署的审计长李金华代表审计署,向全国人大常委会提交了一份长达22页的审计报告,在审计报告中,一大批中央部委被公开曝光,被点名批评的有财政部、原国家计委、教育部、民政部等,其中,财政部被点名达9次之多,报告在用词上出现"疏于管理和监督"等严厉的字眼。人们用"审计风暴"来形容该审计报告所带来的冲击波。在2003年"审计风暴"出现以前,社会公众对国家审计还不甚了解,还谈不上审计期望差距。在"审计风暴"刮过之后,每年审计报告揭露的问题还是屡审屡犯,社会公众提出了更多的要求,希望国家审计揭露更多的违法违规问题,而且不断责问:为什么国家还是有那么多贪污腐败问题?为什么审计机关不去追究行为人的责任?社会公众对审计的期望越来越高,对审计屡审屡犯的现状越来越表现出无可奈何和失望。

分析造成以上事件的原因,诚然有社会的不合理期望存在,但更多的是制度设计和理论指导出现了问题。审计职业界一直强调,现代审计是抽样审计,只要按照审计准则实施了审计程序,审计就没必要对未发现的舞弊行为负责。目前的审计主要是对报表的公允性发表意见,不能保证查出所有的舞弊问题。与此相对应的是,社会公众对审计提出了疑问,认为审计人员的职责就是应该毫无遗漏地发现受审单位中存在的严重的舞弊行为。美国注册会计师协会(AICPA)成立的科恩(Cohen)委员会调查也表明,审计人员应对被审计单位存在的舞弊行为以及其他违法行为负有报告的责任,审计人员应改进现有的审计思路和方式,提高发现舞弊行为的能力,并应向报表使用者提供更多的关于企业持续经营能力方面的信息。分析现行的审理理论和实践模式,已从账项基础审计、制度基础审计走向风险导向审计,但冷静分析,要查处严重的舞弊和违法违规行为,只对报表、内部控制制度甚至是企业的经营风险入手,而不对人及其行为进行分析,是很难实现上述目标、缩小审计差距的。这促使我们考虑、关注被审计人的行为,将人及其行为纳入审计系统,不断创新审计理论和实践模式。

1.1.4 构建人本审计理论体系的提出

分析现有审计的缺陷,我们可以看出其最大的缺陷是"见物不见人",革新后的审计应将人及其行为纳入审计系统中,并以其为中心。建立在物本主义理论基础之上的审计,笔者称为"物本审计";建立在人本主义及相关理论基础之上的审计,笔者称为"人本审计"。本书所称的"人本审计"与科学发展观中所提的"以最广大人民的根本利益为本"的人本思想虽有共同的渊源,但有所区别,是以被审计人及其行为为研究重点的新课题。物本审计停留在事物的表面,忽视了其背后人的主导作用,"见物不见人",使审计成了无源之水、无本之木,从而导致失去了对审计本质的正确认识。随着知识经济时代的到来,人们对审计提出了更高的要求,人逐渐走进审计的视野,审计的重点由传统经济下重视存货等有形资产的审计,向知识经济下重视知识、信息、人力资源等无形资产审计的转变成为必然。现代审计不仅应重视"人—物"的关系,更应重视"人—人"之间的关系[①]。如何将人纳入审计系统,如何构建系统的人本审计理论体系,就自然而然地摆在了我们面前。

鉴于人本审计刚刚提出,本书尝试分析知识经济为代表的新时代变革对审计的影响,民主政治的深入发展对审计的推动发展,站在审计理论研究的前沿,以人本思想为指引,在过去审计重点研究"人—物"的关系基础上,着重研究"人—事/物"的关系,重新构建人本审计的理论体系,让审计回归其本质,以期推动我国审计理论和实务的探索和发展。需要说明的是,在本书的论述过程中,大多从国家审计的视角,也兼顾了民间审计和内部审计的特点,本书所构建的人本审计理论体系原理同样适用于国家审计、民间审计和内部审计。

---

① 王会金.审计心理学研究的意义、特点及发展趋势[J].审计与经济研究,2011(1):16-22.

1.2 国内外相关领域研究综述

综观国外有关文献,在人本审计研究领域,至今尚未发现国外相同意义上的直接研究成果,国内本领域的研究也处在初步探讨的阶段。但正如恩格斯所说:"和任何新的学说一样,它必须首先从已有的思想材料出发,虽然它的根源深藏在物质的经济的事实中。"[①]追根溯源,"人本审计"虽然是个新名词,人本审计的思想却早有萌芽和显现。

1.2.1 国外研究现状

1) 审计诞生时期人本审计思想的萌芽

翻阅世界审计史,在审计的起源中我们可以看到一些人本审计思想的痕迹。分析国家审计的起源,作为人类文明发源地之一的古代埃及,法老是当时国家的最高统治者,为维护至高无上的统治地位,他们授权监督官对全国各级官吏进行全面的经济监督,[②]这种对人履行经济责任的监督行为,就是最初的国家审计工作。分析民间审计的起源,1720年,名噪一时的英国"南海公司"破产事件孕育了世界上第一位民间审计师查尔斯·斯内尔。由于所有权和管理权的分离,公司的所有者和债权人不能直接参与公司的经营管理,对经营者的业绩到底如何难以做出判断,由此委托会计师对受托经营者的业绩进行审查,民间审计也是对人经营业绩的审计。分析内部审计的起源,人类进入奴隶社会后,奴隶主为了坐享其成,将自己的私有财产委托给善于管理的代理人去经营管理,代理人经营管理得如何,奴隶主会委派亲信作为第三方审查受托者是否诚实地履行了经济责任,从而有了内部审计的最早萌芽。也就是说,内部审计也是对人履行经济责任的审查。

---

① 中共中央马克思恩格斯列宁斯大林著作编译局.马克思恩格斯选集(第3卷)[M].北京:人民出版社,1972:404.
② 文硕.世界审计史[M].北京:中国审计出版社,1990:12.

2) 经典审计理论著作中内含的人本审计思想

一般认为,在西方审计理论的研究历史上有三座里程碑。

莫茨·P·K和H·A·夏拉夫是开审计理论研究先河者,他俩合著的《审计理论结构》(《The Philosophy of Auditing》)(1961)一书被认为是世界上第一部将审计理论作为一门独立的学科加以论述的重要著作,被誉为审计理论发展史上的第一座里程碑。该书首次从哲学的高度对审计理论进行了全面、系统的探索与研究,提出了审计人员的行为标准和在审计过程中如何关注人的行为。该书共分十章,其中"应有的审计关注、公允表达、独立性、道德行为"四章就是针对审计人员提出来的行为标准;在第六章第三节"舞弊和差错的特征"中,就把舞弊和差错分为无意的和故意的,并指出:"在财务和会计活动中怀疑发生某种舞弊和差错的危险性很大或者怀疑某职工有不轨行为,换句话说,对于容易发生舞弊和差错的环节和人,审计人员应给予特别的关注。"①

1973年,美国会计学会基本审计概念委员会出版了《基本审计概念说明》(A Statement of Basic Auditing Concepts),被誉为审计理论发展史上的第二座里程碑。该说明由序、审计的作用、调查过程、报告过程和补论(证据的收集和评价)等部分组成。该说明在论述审计作用的时候,指出:"审计是与经济信息的传播有关的不可缺少的部分,所以,与信息的识别和计量有着重要的联系。"由此,对审计的定义是:"审计是一种客观地收集与评价有关经济活动和事项的断言(assertions)的证据,以确定其断言与既定标准之相符程度,并将其结果传递给利害关系人的系统过程"。② 该定义明确地将审计过程与会计信息的传递联系起来,它意味着审计的作用就是提高会计信息的价值,审计过程的主要受益者就是会计信息的使用者。该定义是一个广义的定义,适用于各种不同的审计类型和审计目的。分析该说明中对审计的理解,审计是人类社会中经济信息传播的重要组成部分,其评价的内容是经济活动及相关事项,而评价经济活动的实质也是在评价经济行为,最终也是在评价人的行为。

---

① 莫茨·P·K,H·A·夏拉夫. 审计理论结构[M]. 文硕,等,译. 北京:中国商业出版社,1990:175.

② American Accounting Association Committee on Basic Auditing Concept. A Statement of Basic Auditing Concept [M]. Sarasota:American Accounting Association. 1973:2.

1978年，美国著名审计学者C·W·尚德尔教授出版了反映其审计理论研究成果的著作《审计理论：评价、调查与判断》（Theory of Auditing：Evaluation、Investigation and Judgment）一书，被誉为审计理论发展史上的第三座里程碑。该书从语言哲学、传播理论和思维心理学的角度来研究审计理论问题，从已有文献中对审计（audit）和审计学（auditing）的描述和解释中，对审计活动的共同特征归纳为：它们是评价过程，且评价过程由5个或6个思考步骤组成。步骤1：确定评价过程的目的；步骤2：建立或接受一批或系统的规范标准；步骤3：通过接受数据或收集证据确定各事件的状态；步骤4：进行实际比较，这种人脑活动包括根据既定的一组事实，观察规范系统与另一个实际的和计划的系统之间的趋同或离散的可能原因以及可能的结果；步骤5：意见或判断，在此阶段，将发现的情况、比较的结果和评价的目的相联系，建立起趋同或离散的相关性、重要性等，然后得出意见；步骤6：根据信息的理想程度，报告结论和审计结果。在此基础上认为审计是"人类的评价过程"，据此得出审计的定义是："审计是人类为了建立对某种标准的遵循性而进行的评价过程，其结果是得出一种意见（或结论）"。[①] C·W·尚德尔教授首次提出审计是人类的评价过程，无疑审计评价的对象实质也是人，即"人评人"。在该著作中，我们还会发现，C·W·尚德尔教授在审计目标的确定、标准的选择、做出意见和判断的一系列审计过程中，都运用了心理学的原理进行了论述。在对"态度的评价"一节中，C·W·尚德尔教授指出："我们在由人组成的社会中生活和工作。我们从他人那里获得数据；我们接触他们的陈述、说明和判断。我们依赖这些陈述提出意见，并决定如何行动。此外，如果将我们的陈述、意见或判断传递给其他人，也被他们用于信息决策等。"这说明，C·W·尚德尔教授已经注意到审计与人密不可分，而且在审计理论研究中已将人放到一定的位置上来。

在其他审计经典著作中，英国审计学者D·弗林特教授（D. Flint）（1988）在其著作《审计哲学与原理导论》（Philosophy and Principles of Auditing：An Introduction）中提出："审计是一种旨在监督保证受托经济责任（accountability）全面有效履行的特殊控制机制"。[②] 可见，审计是一种控制机制，是资产所有者

---

① C·W·尚德尔.审计理论[M].汤云为，等，译.北京：中国商业出版社，1989：3-4.
② 蔡春.审计理论结构研究[M].大连：东北财经大学出版社，2001：代序3.

委托审计人对资产经营者控制的过程,是"人控制人"。

3) 人力资源审计中人本审计思想的表现

国外人力资源审计源于对人力资源的重视和研究。人力资源审计经历了人事审计到人力资源质量评估再到较为成熟的人力资源审计的发展过程。早期的人事审计侧重检查人事管理的合法合规性。1997年,美国国防部审计处开展的人力资源质量评估,就已经把重点放在审查人力资源活动的经济性、效率性、效果性上。目前,国外人力资源审计的内容已经拓展到战略人力资源管理和人力资本投资等方面,审计的技术和手段也日趋丰富多样,诸如问卷调查表、平衡计分卡、定量和定性绩效指标、数据包分析技术等也得到开发和应用。[①]

人力资源审计对企业业绩的提高和价值的创造产生了重要的促进作用。[②] 国外在人力资源审计方面取得的显著成绩,为我们研究人本审计理论体系提供了借鉴。

4) 行为审计中体现的人本审计思想

行为审计如同行为会计的产生,是审计学、行为科学、心理学等学科相互渗透和相互融合的产物。行为审计研究是行为会计研究中最为重要的组成部分。根据1993年Bamber的统计,在行为会计研究的构成中,行为审计研究所占比重由1987年的28%增加到1991年的58%,而与此同时,财务会计与管理会计的行为研究均有所下降,管理会计的行为研究至今维持在28%左右。目前,国外行为审计主要是研究审计人员的行为特征,首先分析影响审计人员行为的外部因素,其次分析对审计师行为的影响,再次分析对审计质量的影响,从而判断其内在的逻辑关系,其研究典范主要有四个,分别是透镜模型、判断认识过程、决策前行为和问题解决等。[③]

---

① 转引自:戚振东,段兴民,吴清华. 国外人力资源审计发展现状及启示[J]. 外国经济与管理,2007(7):44-49.

② G W FLORKOWSKI, R S SCHULER. Auditing human resource management in the global environment [J]. International Journal of Human Resource Management, 1994,5(4):827-853.

③ 刘小年,岳阳. 行为审计研究:回顾与启示[J]. 审计研究,2005(2):67-71.

1.2.2 国内研究现状

1) 审计诞生时期人本审计思想的萌芽

翻阅国内审计史,在审计的起源中我们也可以看到一些人本审计思想的痕迹。以国家审计为例,与古代埃及大体相似,我国在西周时期就有了国家审计的起源。据《周礼》记载,国家设置掌握财政支出、会计核算和审计监督的"天官大宰"系统,在大宰领导之下的中大夫小宰之下,配备下大夫宰夫实施国家审计。据《周礼·天官冢宰第一·宰夫》记载:"宰夫之职,掌治朝之法。以正王及三公、六卿、大夫、群吏之位,掌其禁令。叙群吏之治,以待宾客之令、诸臣之复、万民之逆。掌百官府之征令,辨其八职:一曰正,掌官法以治要。二曰师,掌官成以治凡。三曰司,掌官法以治目。四曰旅,掌官常以治数。五曰府,掌官契以治藏。六曰史,掌官书以赞治。七曰胥,掌官叙以治叙。八曰徒,掌官令以征令。掌治法,以考百官府、群都、县、鄙之治,乘其财用之出入。凡失财用物辟名者,以官刑诏冢宰而诛之。其足用长财善物者,赏之。"可见,宰夫根据国家的授权,不仅负责审计监督的职能履行,还负责监察、考核的职能履行。

2) 中国古代审计思想中人本审计思想的萌芽

我国学者方宝璋(1995)所著的《中国古代审计史话》,肖清益、谭建立(1990)所著的《中国审计史纲要》,项俊波等(1990)著的《审计史》,赵有良(1992)所著的《中国古代会计审计史》都提及中国古代的审计思想,从中我们也可以看出一些人本审计思想的萌芽。比如,赵有良先生在《中国古代会计审计史》一书中总结了历代审计思想,指出审计的产生与官吏,特别是经手财物的官吏和从事财政收支记录的会计人员的道德败坏、品质恶劣有直接的关系[①]。项俊波等所著的《审计史》归纳了不同时期的审计思想,指出中国古代审计是围绕经济监察这一主线而开展的。[②]

3) 经典审计理论著作中内含的人本审计思想

我国的审计学科可谓既古老又年轻,说它古老是因为早在西周就有了

---

① 赵有良.中国古代会计审计史[M].上海:立信会计出版社,1992:16.
② 项俊波,文硕,曹大宽,王雄.审计史[M].北京:中国审计出版社,1990:33-34.

审计的萌芽;说它年轻是因为新中国成立审计机关仅30多年,相对国外,我国对审计理论的研究起步较晚。郭华平(2007)将我国审计学科的发展划分为早期审计实践、理论萌芽、理论与实践停滞、理论研究起步、建立和不断完善五个阶段,直到20世纪90年代前后才是我国审计理论研究的起步阶段。本书以起步阶段为起点,即1983年国家审计署成立以来出版的理论著作为研究范围,发现有关体现人本审计思想的著作不多,专门的著作至今没有,只是从对审计的理解中可以找寻到一些人本审计思想的痕迹。审计署科研所1988年编写的《审计基本理论研究》一书中指出:"所谓审计监督,即审计部门及其人员以权力机关或以所有者之代表的身份,监视和督促各级政府及其所属的财政金融机构和企业事业单位按照审计准则办事。"①据此可以将审计理解为是审计部门根据受托要求监督有关部门是否按照标准去办事的行为过程。蔡春教授(2001)在其著作《审计理论结构研究》中提出:"审计在本质上是一种确保受托经济责任全面有效履行的特殊的经济控制。"②审计控制论的实质是受托人对被审计人履行经济责任行为的审查,是审计主体对"人的行为"的审查。审计学会北京研讨组研究认为:"审计是一种具有独立性的经济监督活动,既要处理人与物的关系,也要处理人与人之间的关系。审计作为经济监督的手段,具有很强的技术性,审计也是一门应用技术科学。"③该观点虽然对审计的认识有所偏差,但指出了审计要处理人与人、人与物的关系。

4)人力资源审计中人本审计的表现

总结我国人力资源审计的发展情况,已经取得了一定的成绩。虽然审计理论界对人力资源审计的称谓、本质、动因、目标认识尚不统一,但基本都认为人力资源审计是受托经济责任扩展的必然结果,审计应对人力资源的投入、配置、利用和管理的公允性、真实性和合法性进行监督、鉴证和评价,促进人力资源管理水平的提高。

① 审计署科研所.审计理论结构研究[M].北京:中国商业出版社,1998:68.
② 蔡春.审计理论结构研究[M].大连:东北财经大学出版社,2001:19.
③ 审计学会北京研讨组.关于审计几个基本理论问题的探讨[J].审计研究,1988(6):13.

5) 行为审计中体现的人本审计的思想

我国关于行为审计的研究尚处于探索阶段。关于行为审计的概念,陶艳娟和靳炎(2003)指出,行为审计学是对审计活动中各种行为进行分析和研究的一门审计学科,行为审计要运用行为学、心理学、社会学等学科知识来研究审计中的行为活动。国内关于行为审计的研究范式,基本参照了国外行为审计的研究典范。黄晓波等(2005)指出,"审计过程本质上是一个评价行为过程",他们结合审计假设的意义和特征,利用科学研究方法中的移植法,提出了基于评价行为的六项审计假设,即行为主体独立性假设、经济责任关系假设、主体执业标准假设、信息可验证假设、判断必要性假设和职业能力胜任假设[1]。谢少敏(2006)对行为审计的定义为"对行为的审计","行为审计实质上是审计人员对责任方的行为优劣进行评价"。她同时指出:"尽管行为审计的历史源远流长,但对它的理论研究还限于少数学者,主要是日本学者,其代表人物是鸟羽至英教授。"[2]夏明(2012)对行为审计的现状进行了总结,并将奥地利经济学思想嫁接其中,提出审计学的立足点应从对"数据的审计"转换为对"人的行为的审计",并围绕"人"的行为、规则、文化、法治四个维度进行完善。[3] 房巧玲等(2013)基于国家审计的视角,提出了行为导向审计模式,该模式以被审计人行为的评价作为审计工作核心,以受托责任主体的行为引领整个审计的方向。[4]

6) 人本审计概念的提出

胡春晖(2010)根据徐国君教授的思想和具体阐述,借鉴人本会计的思想,在《人本审计的几个基础问题的探讨》一文中提出了"人本审计"一词,他认为:"人本审计是与物本审计相对应的一个概念,是指以人及人的行为为中心、为根本的审计,该种意义的审计,重视对人及人行为的审查。"[5]

① 黄晓波,马正凯,陈祺. 基于评价行为的审计假设分析[J]. 财会通讯(学术),2005(10):52-54.
② 谢少敏. 审计学导论——审计理论入门和研究[M]. 上海:上海财经大学出版社,2006:71-72.
③ 夏明. 行为审计的现状评述和未来展望[J]. 湖北经济学院学报,2012(4):71-75.
④ 房巧玲,刘长翠,肖振东. 行为导向审计模式研究:基于国家审计的视角[J]. 当代财经,2013(4):119-128.
⑤ 胡春晖,王东娣. 人本审计的几个基础问题的探讨[J]. 天津商业大学学报,2010(5):49-52.

1.2.3　对国内外研究的评价

1）对国外研究的评价

从国外的审计起源看,无论是国家审计,还是民间审计和内部审计,受托经济责任关系的确立是它们产生的前提条件,其实质都是对人履行经济责任情况的审查。从国外审计的四部名著中可以看出,审计理论研究离不开对审计人员和被审计人的研究,人本审计的思想萌芽早已有之,不过没有人明确提出来,也没有对它的系统阐述。C·W·尚德尔首次提出审计是人类的评价过程,为人本审计的研究提供了借鉴。从国外人力资源审计的研究现状看,人力资源审计是人本审计的最初且简单的表现形式,它直接对人力资源这一重要资源开展审计,突破了以往只对物化的资源进行审计的传统,但并没有上升到以人为中心、为根本的高度,距离人本审计还有较大距离。从国外行为审计的研究现状来看,其研究对象比较宽范,有很大一部分是针对审计人员的行为进行的,与本书所研究的对象即被审计人及其行为有根本区别。人力资源审计和行为审计是审计学与行为学等学科交叉发展的结果,为人本审计的研究提供了思路借鉴。但以上研究都没有触及审计实质是对人及行为进行评价这一核心主题,对人本审计的研究还有很大空间。

2）对国内研究的评价

从最早的国家审计的起源看,"宰夫"主要负责对官员履行责任情况的审查。从我国古代的审计思想看,审计是起源于统治者对官员的经济行为进行监督、监察,这里就蕴含着对人的行为进行监督的思想。从国内有关审计理论著作看,虽有一些人本审计思想的萌芽,但并没有明确论述。蔡春教授提出的审计控制论,其实质是受托人对被审计人履行经济责任行为的审查,是审计主体对"人的行为"的审查。审计学会北京研讨组对审计的认识有所偏差,但指出了审计要处理人与人、人与物的关系。从国内有关人力资源审计的研究看,我国人力资源审计是在引进国外有关理论的基础上发展起来的,它突破了以往只对物力资源进行审计的窠臼,但与国外人力资源审计一样,并没有上升到以人为中心、为根本的高度,距离人本审计还有较大距离。从国内有关行为审计的研究看,国内学者对行为审计的理解很多受国外的影响,认为行为审计是研究审计过程中有关行为的,而且是大多研究审计师的行为的,而黄晓波和谢少敏等创新性地指出了审计是评价行为的过程,是对行为的审计,并提出了有关行为审计的六项假设。总起来说,行为审计是对人的行为的审计,行为审计在人力资源审计基础上又往前走了一步,但当前的行为审计尚未成熟和系统,也未达到人本审计的境界。从胡春晖的研究看,在徐国君教授人本会计思想的指导下提出了"人本审计"一词,说明对人本审计的研究已初见端倪,但并未构建起人本审计的理论体系,也未进行系统的阐述,还有很大的研究空间。

3) 对国内外研究的综合评价

综合国内外的研究现状,可以看出,国内外有关人本审计思想的萌芽和相关的研究有相通和一致之处。无论国外还是国内的审计起源都是缘于受托经济责任关系,其实质都是对受托人履行经济责任情况的审查。从国内外审计理论著作中,可以看出,审计理论研究离不开对被审计人的研究,人本审计的思想萌芽早已有之,不过没有明确地提出来,也未进行系统的阐述。人力资源审计是人本审计的最初且简单的表现形式,它直接对人力资源这一重要资源开展审计,突破了以往只对物化的资源进行审计的传统。行为审计是对人的行为的审计,它在人力资源审计基础上又往前走了一步。在人本会计思想的影响下,对人本审计的研究已经提上议事日程。由此,可以得出以下结论:一是从审计起源到审计理论著作中透露出的人本审计思想的萌芽,到人力资源审计、行为审计,直到人本审计的提出,都证明人本审计是有它深厚的历史基础和理论基础的。二是沿着历史前进的轨迹和理论研究的脉络,可以在已有的基础上,继续对人本审计进行研究和探索,这一研究也是有其重要的理论价值和实践意义的。三是由于外部环境条件的制约和人们认识的受限,在目前,人本审计只是一个笼统的概念,更多的是一种理念,系统的人本审计理论体系尚未构建起来,也未进行充分的论证,对人本审计研究的空间还很大。在此基础上,本书的研究旨在梳理审计发展历史中有关人本审计的思想或萌芽,以及对人力资源审计、行为审计研究的发展脉络,站在审计研究的前沿,在知识经济时代背景下提出系统的人本审计理论的体系,这既是对以往的继承,更是对审计理论的创新。

1.3　研究思路、内容与选题意义

1.3.1　研究的思路、内容与逻辑框架

本书遵循站在哲学的高度去分析和思考问题的原则,坚持创新思维,尝试建立一套新的审计理论体系,以求对学术研究有所贡献,继而探索审计事业的未来发展。本书的研究思路是分析知识经济和国家民主政治发展的时代背景对审计理论和实践的影响,分析环境变迁下审计理论研究面临的新问题、新需求,系统分析当今审计存在的问题和缺陷,即一个最大的缺陷就是"见物不见人",没有抓住经济活动的本源,没有对人及其行为进行科学分析,导致审计陷入物本审计的漩涡不能自拔。但如何对人及其行为进行分析,从而完成受托审计责任,这是审计一直没有系统解决的难题。

在提出审计面临的复杂难题后,本书的主要研究思路就是系统构建人本审计理论体系,其中包括基础理论和应用理论两大部分。在人本审计本质的新观点下,重新定义审计的假设、目标、概念等,并在此基础上提出人本审计应用理论,对传统审计理论体系进行调整和创新,在继承的基础上,进一步拓展和深化审计理论体系,为人本审计理论的大厦打好基础。最后,在人本审计理论体系基础上,设计出全新的审计模式,重构审计的程序、方法和报告模式,并在实践中进行验证分析。通过理论分析和实证验证,最终解决现实问题,克服传统审计的缺陷,发挥人本审计的巨大作用,大大拓展审计的职能和作用。本书的研究内容共分六部分,研究框架如图1-2所示。

第一部分为提出问题,即第1章。本章阐述了本书的研究背景,分析了审计面临的环境变迁及对审计理论和实践的影响,提出构建人本审计理论的研究课题。通过对国内外相关领域研究现状的总结和评析,明确本书的研究思路和主要内容,并对本书的研究框架和方法进行规划设计。

第二部分为本书的理论基础,即第2章。人本审计的理论基础既包括与人及其行为有关的人本思想及其相关理论、行为科学理论,还包括审计最基础的受托责任理论,它们共同构成了人本审计理论体系的基石。

第三部分为构建人本审计理论体系的框架思路,即第3章。在构建人本

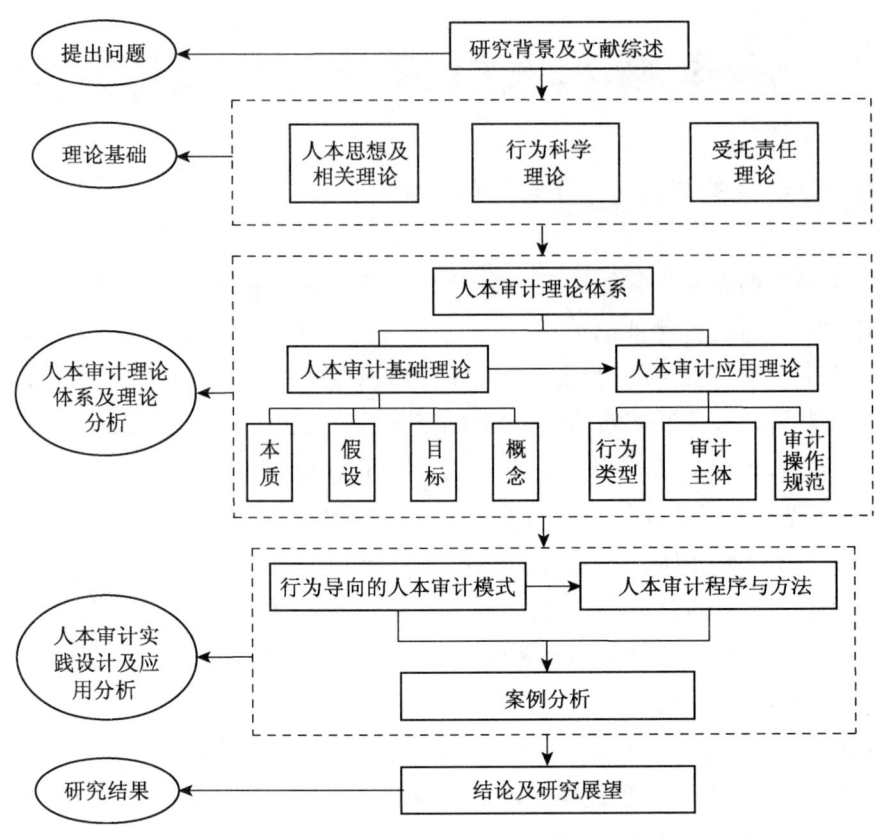

图 1-2　本书研究框架图

审计理论体系过程中,首先明确了逻辑起点即审计本质,人本审计的构建原则即前瞻性原则、系统性原则、客观性原则、层次性原则、实用性原则。其次是构建了人本审计理论体系的框架,主要包括基础理论和应用理论两大部分,其中基础理论主要由审计本质、审计假设、审计目标、审计概念等构成;应用理论是以基础理论为原理运用于审计实践所形成的一系列指导实践的理论,分别按行为类型、审计主体、审计操作规范进行阐述。最后论证本理论体系的系统性、先进性和可行性。

第四部分为人本审计的基础理论,主要指第4、第5、第6、第7章。在该部分详细论述了人本审计观下的审计本质、审计假设、审计目标、审计概念,其中对审计本质的阐述为审计人对照既定标准,评价被审计人及其行为的可靠性、合法性、有效性,从而确定被审计人的受托责任,提出改进行为的建议并向行为问责的活动。建立在人本审计本质观下的审计假设至少有以下几点：受托经济责任关系、一切经济活动源于人及其行为、人及其行为问题易发性、人及其行为可确认、审计可以促进人及其行为改善。按照人本审计的本质和假设，人本审计的目标主要有：鉴证、评价人及其行为的可靠性、合法性、有效性；分析、揭示人及其行为存在的不足；提出改进人及其行为的建议，促进人及其行为的价值增值。人本审计第一层次的目标是说明行为"是什么"，第二层次的目标是评价行为"怎么样"，第三层次的目标是提出行为"如何改进"。可见人本审计对审计提出了更高的要求，要求审计发挥建设性作用，从而促进人及其行为的持续改进，创造出更高的价值。人本审计概念应吸收已有审计概念之精华，同时应遵照人本审计本质要求，按照人本审计假设的前提要求，为实现人本审计的目标，进行重新确定。人本审计概念包括核心概念和派生概念，其中核心概念主要有：独立性、职业谨慎、胜任力、行为责任、行为风险、行为证据、行为标准、行为意见。

第五部分为人本审计应用理论及实践模式设计，主要指本书的第8、第9、第10、第11章。首先按行为类型、审计的主体、审计操作规范分别构建了人本审计应用理论。按行为类型划分为行为可靠性审计理论、行为合法性审计理论、行为有效性审计理论；按审计主体划分为人本国家审计应用理论、人本民间审计应用理论、人本内部审计应用理论；按审计的操作规范划分为人本审计准则理论、人本审计程序与方法理论、人本审计报告理论。在此基础上，设计出了行为导向的人本审计模式。该模式是在人本审计理论的指导下，分析了传统账项基础审计、制度基础审计、风险导向审计模式存在的缺陷，对现行的风险导向审计模式进行了改良和创新，将审计风险模型由"审计风险＝重大错报风险×检查风险"修改为"审计风险＝行为风险×检查风险"。该模式将影响人及其行为的因素分为外部因素和内部因素，外部因素主要由时代背景、文化传统、组织特点、家庭环境构成，内部因素主要由个性心理特征（包括气质、性格、能力）、接受的教育、"三观"（世界观、价值观和人生观）、任职经历构成。该模式按行为动机类型，将行为划分为两大类：正面积极行为和反面消极行为，并指出应对三类反面消极行为——造假欺骗行为、违法违规行为、无效损失行为进行重点行为风险分析，从而确定审计的重点。该模式遵循"由内而外"和"由外而内"相结合的思路开展审计，该模式不仅对传统审计的流程进行了改良，也在审计方法中引入了对行为动机、行为、人格、能力、气质、胜任能力的测评方法,丰富了审计的技术和方法。其次详细阐述了行为导向的人本审计模式操作流程和技术方法,提出了改进审计报告的建议。最后用两个案例对行为导向的人本审计模式进行了验证分析。

第六部分为结论与研究展望,即第 12 章。本部分主要归纳了研究结论,最后提出了尚未解决的问题和未来研究的方向。

1.3.2 研究的创新点及选题意义

本书不仅在审计理论研究上实现了创新,而且在审计实践模式上也实现了新的突破,具体创新点表现在以下三个方面:

第一,界定了人本思想指导下的审计本质。本书系统分析了传统审计理论——物本审计存在的缺陷和不足,即"见物不见人",没有抓住经济活动的本源,没有对人及其行为进行科学分析,割裂了经济活动结果与人行为过程的统一,并在此基础上创新性地提出了人本观下审计的本质,即审计是人类对自身及其行为的评价活动,是审计人对照既定标准,评价被审计人及其行为的可靠性、合法性、有效性,从而确定被审计人的受托责任,提出改进行为的建议并向行为问责的活动。人本审计更关注人的行为过程对经济活动产生的主导作用,更重视"人—事/物"的关系,从而能更好地把握审计的实质。人本审计并不否认物本审计的科学成分和对审计做出的历史贡献,是在对传统审计革新基础上建立的新审计系统。

第二,系统构建了以审计本质为逻辑起点的人本审计理论体系。人本审计理论结构以人本审计本质为逻辑起点,以此展开审计基础理论和应用理论。人本审计基础理论主要由审计本质、审计假设、审计目标、审计概念等构成;人本审计应用理论是以基础理论为原理运用于审计实践所形成的一系列指导实践的理论,按行为类型划分为行为可靠性审计理论、行为合法性审计理论、行为有效性审计理论;按审计的主体划分为人本国家审计应用理论、人本民间审计应用理论、人本内部审计应用理论;按审计操作规范划分为人本审计准则理论、人本审计程序与方法理论、人本审计报告理论。该理论体系具备了系统性、先进性、可行性的特点,为人本审计理论的后续研究提供了借鉴和基础。

第三,系统设计了行为导向的人本审计模式。在人本审计理论体系的指引下,人本审计模式改变了传统的以账表、内部控制、企业风险等"物"为中心的审计模式,该模式将人及其行为正式纳入审计系统,审计的着眼点是人,审计过程中关注人及其行为,审计也由人结束,审计报告的对象是人,最终向人问责,向人提建议,促进人及其行为的改善提高。该模式对现行的现代风险导向审计模式进行了改良和创新,将审计风险模型由"审计风险=重大错报风险×检查风险"修改为"审计风险=行为风险×检查风险"。该模式按行为动机类型,将行为划分为正面积极行为、反面消极行为两大类;并指出应对反面消极行为的三类——造假欺骗行为、违法违规行为、无效损失行为进行重点行为风险分析,从而确定审计的重点。该模式将风险导向审计模式的"自上而下"与"自下而上"相结合的审计思路改变为"由内而外"和"由外而内"相结合的思路开展审计,主张抓住事物的本质,通过事物的本质与表现进行对比分析,从而更好地评价被审计人履行受托责任情况。该模式对传统审计的流程进行了改良,在以往的计划、实施、报告阶段基础上,增加了问责阶段,并在审计方法中引入了对行为动机、行为、人格、能力、气质的测评方法,丰富了审计的技术和方法。该模式对审计报告提出了改进建议,审计报告的对象是人,审计报告要反映人及其行为的重要信息等。

本书的理论意义有四:一是对传统审计理论进行了革新,阐述了人本审计观下对审计本质、目标、假设、概念等基础理论的新认识;二是构建了全新的审计理论体系,丰富并发展了已有的国内外有关审计理论体系的论述;三是设计了新的行为导向的人本审计模式,提出了新的审计风险模型,丰富并发展了现代风险审计的流程和方法,并提出了改进审计报告的建议;四是人本审计融合了传统审计学、行为科学、心理学、人类学、经济学、管理学等多学科的交叉优势,在继承传统审计理论基础上,提出了更有价值的理论观点,实现了审计理论和实践模式的融合创新。

本书的实践应用价值有六:一是有利于改变物本审计"见物不见人"的弊端。通过对人本审计理论的构建,指出了传统物本审计在实践中存在的种种不足,从而让广大审计工作者树立人本审计的理念,学会透过现象看本质,更好地把握审计工作。二是设计了全新的行为导向的人本审计操作模式,更方便审计人员学习和操作,大大提高审计效率,大大提升审计的职能和作用。三是正面回答被审计人履行经济责任情况,实现受托责任的全面提升。人本审计观下的审计不再遮遮掩掩,只对会计报表是否公允或经济活动的真实合法效益情况等发表意见,而是直接对受托人履行经济责任情况发表意见,不仅实现了对受托责任进行再认定和再解除的作用,而且对受托人的行为动机、履行职责的能力、履行经济责任的结果进行全面系统分析,起到考核、奖惩的依据作用,特别是在经济责任审计中真正起到评价、使用、提拔、调任干部的作用。四是对"人"的问责,解决审计屡审屡犯难题。人本审计观下的审计不再是对物或事的问责,也不是仅对法人单位的问责,而是直接对自然人的问责,系统剖析责任人的行为动机、行为过程和行为结果,提出对责任人的处理意见,记入责任人的行为档案,直击责任人的神经,使其不再漠视问题的发生,牢固确立责任的理念。审计由事/物及人,形成良好的社会环境,切实解决审计屡审屡犯难题。五是促进人及其行为的改进,更好地发挥建设性作用。人本审计以人为出发点,也以人为落脚点,审计的作用不仅是评价人的行为,更重要的是系统分析人的行为存在的缺陷。审计不再只是提出改进事和物管理的建议,而是提出改进人和其行为及其管理的建议,建立起类似责、权、利相结合的机制,解决以往传统审计不能解决的难题。人本审计实践强调约束、监督、激励人的行为,实现了经济活动结果与人的行为的有机统一,审计功能的拓展改进了人的行为的功能,审计的建设性也会得到实质提升。六是有利于促进国家民主政治的发展。在人本审计观下,由物本审计走向人本审计、由"官本审计"走向"民本审计"成为历史的必然,审计会更加关注人的需求,尊重人的发展,更有效地协调人的关系,审计实践会朝着民生审计、资源环境审计、绩效审计、责任审计等新领域拓展,这些新领域都会推进国家民主政治的发展,从而促进国家的进步。①

1.4 研究的方法

本书以规范研究为主,结合应用了事例分析与案例分析等实证研究方法。本书中的规范研究是站在哲学的高度对研究的对象——审计理论进行质的方面的分析,运用归纳与演绎、分析与综合,以及抽象与概括等方法,对获得的各种材料进行思维加工,从而去粗取精、去伪存真、由此及彼、由表及

---

① 徐国君,姜毅.审计学革命——从物本审计到人本审计[J].中国注册会计师,2012(10):62.

里,达到认识审计理论的本质,揭示内在规律的目的。本书的实证研究表现在两方面:一方面,通过分析已发生的具体事例和审计案例来证明所论述的观点。具体事例主要指在本书研究中所讲述的很明确的具有代表性的、可以作为例子的事情;审计案例主要指笔者收集或整理的示范性审计案件的举例,审计案例来自审计实务,又经过了整理和加工。另一方面,运用研究出的人本审计理论原理指导具体审计实践,检验研究成果的有效性和科学性。具体来说,本书的实证研究主要有以下三种方法:

一是规范研究方法。首先,本书借鉴莫茨和夏拉夫从哲学的高度研究审计理论的理念,用理解、展望、洞察、想象的视角去分析四五千年审计发展的历史。理解,即用概括性的眼光对审计理论进行全面的思考;展望,即从综合、相互联系的角度考虑每个审计问题;洞察,即超越偶然认可的惯例或信念去深刻认识推论的前提;想象,即超越时空,预测审计理论的发展。对审计整体进行理解,而不是就事论事;拓宽研究审计的视野,透过现象看本质;洞察审计理论和实践存在的深层次问题,不回避审计的难题;想象未来审计事业的发展,提出前瞻性的理论架构和实践操作模型。其次,本书参考了大量的文献,包括审计学、行为科学、心理学、人类学、经济学、管理学等有关的学术论文、论著,以及研究报告、新闻报道等,在此基础上进行逻辑演绎、归纳总结、比较分析,遵循提出问题、分析问题、解决问题的研究思路,构建全新的人本审计理论。

二是事例分析与案例分析等实证研究方法。本书在阐述理论观点时运用了大量的审计事件,特别是在第九章,在设计基于行为导向的人本审计模式过程中,列举了大量的事例进行分析。在第十一章用两个案例对人本审计理论进行了验证分析。第一个案例先是展示最初的真实的案例情况,论证说明物本审计的缺陷和不足,然后按笔者构建的人本审计理论进行模式试验。第二个案例是直接运用研究出的理论进行实践验证分析。该章通过以上两个案例进行论证,说明人本审计模式的有效性和科学性。

三是比较分析法。在本书中运用了较多的比较与借鉴、比较与分析的方法。其一,将物本审计与人本审计进行对比分析,分析两者的特点,揭示物本审计存在的不足和缺陷,指出人本审计的优点和优势。其二,分析国家审计、民间审计、内部审计发展的历史,比较分析审计理论发展史上的三座里程碑,比较分析有关审计本质的五种观点，揭示审计理论发展的内在规律，指出人本审计取代物本审计成为发展的必然。其三，比较分析三种审计导向模式的发展历程，对比分析各个模式存在的不足，指出行为导向的人本审计模式的科学性。

2 人本审计的理论基础

人本审计的理论基础既包括与人及其行为有关的人本思想及其相关理论、行为科学理论，还包括审计最基础的受托责任理论，它们共同构成了人本审计理论体系的基石。以上理论基础与本书所构建的人本审计理论体系内部各要素的关系如图2-1所示。

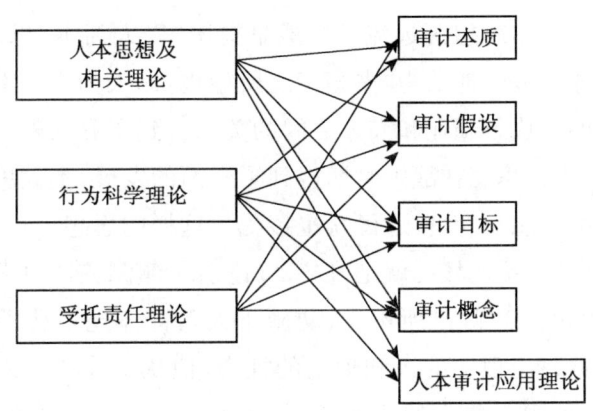

图2-1 理论基础与人本审计理论体系诸要素关系

2.1 人本思想及其相关理论

2.1.1 人本思想

人本审计的理论基础源于人本主义下的人本思想。根据《现代汉语词典》的解释，"主义"是指对客观世界、社会生活和学术问题等所持有的系统的理论和主张[①]；"思想"是指客观存在反映在人的意识中，经过思维活动而产生

---

① 中国社会科学院语言研究所词典编辑室. 现代汉语词典[M]. 北京：商务印书馆，2005：1780.

的结果①。

人本主义是以人为本位点,凡事从人的需要为出发点进行推展的思维方式。相对"以神为本""以物为本",人本主义主张一切从人的需求和本性出发,"人"处于首要地位,而"神"和"物"处于从属地位。

人本思想是一个广泛使用的范畴,具有哲学、心理学、经济学、管理学等不同角度的含义,其中哲学上的含义是最基本的认识。笔者认为,人本思想以中国古代的人本思想、西方早期的人本思想、马克思哲学中的人本思想、科学发展观中的人本思想为代表。

1) 中国古代的人本思想

中国古代的人本思想源远流长。最早提出"以人为本"思想的是辅佐齐桓公称霸的宰相管仲。他认为"夫霸王之所始也,以人为本。本治则国固,本乱则国危",阐明了成就霸业和人才之间的关系。到了春秋末年,以孔子学说的出现为开端,重人思想在战国时期得到了全面的发展,不仅思想家、政治家们树立了这样的思想观念,普通民众也接受了这样的思想。孔子学说是一个完整的体系,这个体系的核心就是"仁"。《论语·颜渊》有"樊迟问仁,子曰爱人",《论语·卫灵公》有"己所不欲、勿施于人",都体现了孔子的人本思想。孔子人本思想着眼于现实的人和现实的社会,他从个体的人入手,肯定人的正常世俗生活,重视人与人的相互关系,强调个人对于社会的责任和义务。孟子全面继承和发展了孔子的人本思想,他提出:"民为贵,社稷次之,君为轻,……"意指国家政治,一切以民为本。另外,庄子提出"至仁无亲",墨子提出"兼爱""非攻",杨朱提出"轻物重生",都体现了中国古代的人本思想。

2) 西方的人本思想

西方早期的人本思想,最早应该追溯到古希腊。古希腊哲学家普罗泰戈拉说:"人是万物的尺度,是存在者存在的尺度,也是不存在者不存在的尺度。"②这一命题被认为是人本主义的最早宣言。苏格拉底使"认识你自己"成

---

① 中国社会科学院语言研究所词典编辑室.现代汉语词典[M].北京:商务印书馆,2005:1290.
② 北京大学哲学系外国哲学史教研室,编译.西方哲学原著选读[M].北京:商务印书馆,1981:54-55.

为希腊人的格言。当我们说到真正对于建立资本主义制度有深远影响的人文思想，或者说，可以无愧地称为人本主义的，还是从 14 世纪开始掀起的一场肯定人性、追求人的价值的人文主义的意大利文艺复兴运动。到 18 世纪启蒙运动时期，西方人本主义逐渐成熟并付诸实践。一大批优秀的资产阶级思想家，如伏尔泰、孟德斯鸠、卢梭等都形成了自己比较完整的人本思想学说，他们纷纷提出了明确的政治要求，"天赋人权、自由平等"。作为西方哲学发展顶峰的德国古典哲学更是从本体论和伦理学的高度论述了人的意义，如康德的名言是"人是目的"。此后，费尔巴哈在《基督教的本质》和《宗教的本质》中，批判了神本思想，提出了"上帝是人的类本质的异化"的观点，他指出不是上帝创造了人，而是人创造了上帝，上帝的本质就是人的类本质。①

3）马克思主义哲学中的人本思想

作为东西方都非常推崇的马克思主义哲学，内含着一种深厚的人本思想。马克思主义哲学中的人本思想主要体现在为了人、关怀人、谋求人的彻底解放，依靠人、通过人、实现人的全面发展。它首先是肯定人的主体地位与作用，其次是以人为价值取向标准，最后是突出以人为本的思维方式。②

4）科学发展观中的人本思想

科学发展观在继承马克思主义哲学中的人本思想基础上，结合我国实际和时代特征，进一步拓展了人本思想。在科学发展观中，以人为本把广大人民群众放到了前所未有的地位，其出发点是广大人民群众的需求和利益，服务对象是广大人民群众，根本目的是维护广大人民群众的根本利益，判断标准是老百姓是否满意。

2.1.2　人本思想相关理论

在人本思想的指引下，人们从心理学、经济学、管理学等角度进行了理论

---

① 郝涵. 从"以人为本"略谈中西方人本思想的发展轨迹[J]. 北京电力高等专科学校学报,2011(3):503-504.

② 林春. 马克思哲学中的人本思想[J]. 重庆邮电大学学报(社会科学版),2010(7):31-36.

创新,建立了人本主义心理学、人本主义经济学、人本主义管理学等,这些学说都直接或间接地对人本审计的研究具有指导意义。

1) 人本主义心理学

心理学是研究人的心理及其规律的科学。心理学认为人的有意识的行为都是在其心理活动调节下进行的,受心理活动的支配并影响心理活动。心理和行为是互相影响、互相制约的。心理学致力于探索人们外部行为的内在机制。人本主义心理学是心理学的一个分支。人本主义心理学在 20 世纪五六十年代兴起于美国,是美国当代心理学主要流派之一。人本主义心理学出现之前,以弗洛伊德为代表的精神分析学是心理学的"第一思潮",以华生为代表的行为主义是心理学的"第二思潮",人本主义心理学批判了精神分析学派和行为主义心理学,以意识经验为出发点,主要研究人格发展与社会生活的关系,强调人的目的性、创造性和人的价值,主张促进人的健康成长和潜能的实现,形成了心理学的"第三思潮"。[①]

人本主义心理学以马斯洛、罗杰斯等人为代表。马斯洛是美国著名的社会心理学家、人格理论家和比较心理学家,曾任美国人格与社会心理学会主席和美国心理学会主席,是人本主义心理学的主要创始人,被称为"人本主义心理学之父"。马斯洛提出了"需要层级论""自我实现""高峰体验""存在需要"等一系列新概念。马斯洛主张"以人为中心"的心理学研究,研究人的本性、自由、潜能、动机、经验、价值、创造力、生命意义、自我实现等对个人和社会富有意义的问题。马斯洛从人性论出发,强调一种新人形象;强调人性的积极向善;强调社会、环境应该允许人性潜能的实现。需要层级论在马斯洛的心理学体系中占据了基础性的地位,而自我实现论则是他心理学体系的核心。马斯洛认为,人类行为的心理驱动力不是性本能,而是人的需要。在各种需要之间,有先后顺序与高低层次之分。人在满足高一层次的需要之前,至少必须先部分满足低一层次的需要。每一层次的需要与满足,将决定个体人格发展的境界或程度。马斯洛提出不能像弗洛伊德那样以心理变态者、精神病患者作为研究对象,也不能像华生行为主义学派那样以小白鼠为研究对象,而应该以最优秀的人作为研究对象,马斯洛把他研究的杰出人物称为"自

---

① 李娜,杨连菊.浅析人本主义心理学[J].理论界,2007(1):166-167.

我实现"的人。心理健康的人就是自我实现的人,没有心理问题,没有神经症和精神病倾向,对天赋、能力和潜力能充分开拓和利用,这样的人能实现自己的愿望,对他们力所能及的事情总是尽力地去完成。自我实现者的潜意识是创造性的、友爱和积极的。马斯洛的人本主义心理学理论促进了以人为中心的管理理论的应用与发展,为现代管理学的发展奠定了心理学基础。

卡尔·罗杰斯是美国心理学家,人本主义心理学的主要代表人物之一。他从事心理咨询和治疗的实践与研究,并因"以当事人为中心"的心理治疗方法而驰名。以人为中心的治疗理论主张研究对人类进步富有意义的问题,关心人的价值和尊严。他还提出了自我概念的理论,在《卡尔·罗杰斯文选》中,卡尔·罗杰斯说:一个人看待他自己的方式是预测将发生行为的最重要因素,因为伴随现实的自我概念,还有一种对外界现实和该个体认为他所处境况的真实的感知。这个自我是个体经验的某些方面的自然衍生物。按卡尔·罗杰斯的看法,每个人心中有两个自我:一个是他的自我概念,即实际自我;另一个是他打算成为的自我,即理想自我。如果两种自我有更大重合或相当接近,人们的心理是健康的;反之,如果两种自我评价间差距过大,心理问题就容易出现。当最初的自我概念形成之后,人的自我实现趋向开始激活。自我实现是人格结构中唯一的动机,其他一切动机都可归属于这种自我实现倾向。每个人都有实现的倾向,都能自我做出决定。假如能有适宜的环境,人有能力指导、调整和控制自己的行为,完全可以进行良好的主观选择和适应。

2)人本主义经济学

经济学是现代的一个独立学科,是关于经济发展规律的科学。现代经济学已经有宏观经济学、微观经济学、政治经济学等众多专业方向,并应用于各个领域,指导人类进行财富积累与创造。人本主义经济学是相对物本经济学来说的。物本经济学要从亚当·斯密的《国富论》算起,已有二百余年的历史,此阶段以物质财富为主要研究对象和内容。自20世纪50年代以来,经济学研究开始重新注重人的因素,"在绕了'经济学地球'一圈之后,新经济学重新回到了古典经济学所强调的人本身"。① 美国人本主义经济学家大卫·埃德曼提出,人与生俱来就具有内在的价值或尊严,而不能被看作是工具加以

① 宋承先.过渡经济学与中国经济[M].上海:上海财经大学出版社,1996:355.

利用。在现代企业中,企业雇员不能参与决策,这完全违背了民主的原则。①马克思、恩格斯运用人本思想,在其著作《资本论》中将人作为经济学主体纳入考察对象,批评了传统经济学中"见物不见人"的倾向。② 人本主义经济学使我们"透过物看到了人"。

美国芝加哥大学经济学和社会学教授加里·S·贝克尔(Gary S. Becker)是1992年诺贝尔经济学奖获得者。1976年,他出版了自己的代表作《人类行为的经济分析》。该书认为,人的行为万变不离其宗,各种人类行为都可以归源为效用最大化,而经济分析是效用最大化、偏好稳定和均衡分析的三位一体。他认为:"经济分析提供了理解全部人类行为的可贵的统一方法。"③英国经济学家罗纳德·哈里·科斯教授在1983年召开的新制度经济学第一届年会上的发言中提出:"在当代制度经济学中,我们应该从现实的组织制度出发,同样,让我们从现实的人出发……当代制度经济学应该从人的实际出发来研究人。"④

我国学者巫继学(2004)认为,人本经济学寓意在经济活动的过程中自始至终以人为本,将人作为出发点与归宿点。一是要确认经济生活中人的主体性;二是强调在经济活动中对人本身的尊重;三是关注对人的价值的肯定与实现。⑤ 我国学者陈惠雄(1999)认为,经济学从关注饥荒、家政到研究财富,从研究财富生产到研究财富分配,从研究财富分配到研究财富的主体——人,从研究人与人的财富生产与分配关系到研究人的满足——效用,从效用到偏好又回到快乐——对人类行为的终极价值与终极目的的探究,经济学在演化中获得不断发展。他认为人本经济学有三个理论依据:其一,人的欲望及需要是经济学的逻辑起点;其二,人是经济活动的主体;其三,人是经济活动的目的与归宿。总之,人是经济活动的起点、主体和归宿。人类的一切经济活动都是为了人本身。经济学的研究对象就是消费、生产、分配、交换诸经济环节中的人以及由此涉及的人与人、人与社会、人与自然之间的关系⑥。我

① 刘建利.西方人本管理思想的起源、发展及启示[J].商场现代化,2009(1):79-80.
② 马克思,恩格斯.马克思恩格斯全集(第30卷)[M].北京:人民出版社,1995:479-480.
③ 加里·S·贝克尔.人类行为的经济分析[M].王业宇,陈琪,译.上海:格致出版社,2008:19.
④ 罗纳德·哈里·科斯.企业、市场与法律[M].盛洪,陈郁,译.上海:格致出版社,2009:8.
⑤ 巫继学.人本经济学:以人为本的政治经济学诠释[J].中州学刊,2004(9):31-35.
⑥ 陈惠雄.人本经济学原理[M].上海:上海财经大学出版社,2006:14-15.

国学者张理智(1998)在他的著作《人本主义经济学》中用通俗的语言介绍了众多诺贝尔经济学奖获得者的观点,他指出经济学是人生艺术,"每个人都具有特定的、与他人不同的自我偏好集;每个人都具有特定的、与他人不同的自我主观价值参考系;每个人归根结底都是自说自话的、以自我为本位的、具有自我主观理性的人本主义者。"①

3)人本主义管理学

管理学是系统研究管理活动的基本规律和一般方法的科学。管理学是适应现代社会化大生产的需要产生的,它主要研究在现有的条件下,如何通过合理的组织和配置人、财、物等因素,提高生产力的水平。在人本思想的影响下,管理领域也发生了巨变。回顾国外管理实践和管理理论的演进,已经从"工具人""经济人"发展到"以人为本"的管理阶段,人成为管理理论和实践的中心。② 目前,将这一理念发挥到极致的是日本经营之圣稻盛和夫先生,他始终把为了追求员工及家人的幸福放在公司的第一目标,位列第二的目标是为了协作商的员工及其家庭的幸福,第三目标是为了客户,第四目标是为了社区,第五目标才是为了股东。把员工的发展放在首位,"敬天爱人,以心经营"的经营哲学是稻盛和夫管理成功最大的秘密。

人本主义管理学认为,人是企业一切活动的中心,管理是人的一种活动形式,管理关系是人的关系,所以应树立首要的管理是对人的管理目标。我国学者张绍学(1998)认为,满足人的物质欲望是现代人本管理的出发点;高尚的精神境界是现代人本管理的根本要求;自我完善的人格追求是现代人本管理的内在要求③。

2.1.3 对本书的启示

综上,人本思想及人本主义心理学、人本主义经济学、人本主义管理学为人本审计的研究提供了思想和理论基础,具体来说,对本书有以下启示。

① 张理智. 人本主义经济学[M]. 北京:中国经济出版社,1998:214.
② 张绍学. 以人为本:儒学爱民与现代管理的核心[M]. 成都:西南财经大学出版社,1998:前言.
③ 张绍学. 以人为本:儒学爱民与现代管理的核心[M]. 成都:西南财经大学出版社,1998:65-174.

1) 人本思想对本书的启示

人本思想是我们构建人本审计理论体系的主要思想来源,它为我们构建人本审计理论体系提供了理论基础。在人本思想的指导下,我们反思物本审计的缺陷和不足,把"人"放到前所未有的高度,从而重新认识我们所熟悉的审计:审计的本质是什么? 审计的对象是什么? 审计的职能是什么? 审计的假设、目标又是什么? 审计的概念体系由什么组成? 等等,以上构成了人本审计的基础理论。在人本审计基础理论的指导下,继续需要构建人本审计的应用理论,最后设计人本审计下的实践模式。整个人本审计理论体系的构建离不开对人的关注,把人放在核心的位置去考虑问题,是人本思想在审计理论研究中的最大体现。

2) 人本主义心理学对本书的启示

人本主义心理学对人本审计理论体系的建立有诸多启示:一是审计更应关注人的心理,探究其规律,为审计服务。审计所关注的人,从审计三方面关系人角度划分,主要指委托人(国家、团体或个人)、审计人(审计人员)与被审计人(财产代管者或经营者),他们各自都有不同的心理状态,他们的心理对审计工作都有直接或间接的影响。本书主要关注的是被审计人及其行为,而行为与心理是密不可分的,特别是对被审计人的心理状态进行分析,可以为我们更好地分析被审计人的行为动机、划分行为类型、总结行为规律起到很好的帮助作用,这也为我们发现审计疑点、确定审计重点、正确地获取识别审计证据、客观公正地评价提供有力支持。二是审计目标应拓展到促进人的行为改善等建设性目标上来。根据被审计人有被人肯定和自我完善的心理需要,审计应考虑被审计人积极的心理需求,在确定审计目标时,不仅要实现查错揭弊的作用,而且也可以实现促使人及其行为进一步改善的功能,促进人及其行为的持续改善,发挥审计的建设性作用。

3) 人本经济学对本书的启示

人本经济学对我们研究人本审计理论的意义是巨大的。审计始终在围绕经济活动发表意见,对经济活动运行的真实性、合规性、绩效性进行监督、鉴证、评价,传统的审计一直以来都是通过经济活动中物的表象来进行的,现在如果我们透过经济活动中物的表象去研究其背后的人及其行为,就能够抓住经济活动的本质与审计的主要矛盾。人本主义经济学对我们研究审计理论至少有以下启发:一是我们研究审计的视角应由经济活动中的"物"转变到"人"身上,研究人及其行为才能抓住审计的实质;二是我们对审计的本质有了更新的认识,审计离不开对人的评价,不应只对经济活动中"物"的情况发表意见,要透过物看清人;三是让我们更清楚地认识到人追求经济利益的行为动机,这为我们确立审计目标提供了思路。

4) 人本管理学对本书的启示

人本主义管理学对审计的影响也是巨大的,因为审计本身就是一项管理活动。本书所研究的主要对象是被审计人及其行为,从这个角度出发,至少有以下启示:一是审计行为也要以人为本,不应将自己(审计人)简单地视为管理者、监督者,而将被审计人视为被管理者、被监督者,从而将两者对立起来,而应将两者视为管理活动相互依存、不可或缺的两个要素,一种特定的审计生态。这为我们建立人本审计理论的保障机制提供了借鉴。二是审计本质还是对人的一项管理活动,只不过它偏重于监督、鉴证和评价。如果审计这一管理活动只是围绕经济活动中的物的一面甚至是账簿开展,就会失去正确的方向。三是审计还应将促进被审计人行为的改善作为一个重要目标,如此才能发挥审计的建设性作用,提升审计的价值和功能。

2.2 行为科学理论

行为科学是 20 世纪 30 年代开始形成的一门研究人类行为的新学科。早在行为科学形成之前,我们的先哲们就提出了关于行为的一些论述。我国春秋末期的思想家和教育家,儒家思想的创始人——孔子,早在 2000 多年前,就提出了"始吾于人也,听其言而信其行;今吾于人也,听其言而观其行。于予与改是"。[①] 之所以孔子主张将"听其言而信其行"改为"听其言而观其行",就说明了通过观察人的行为而做出对这个人判断的重要性。同样,国外的先哲

---

① 孔子.论语今译[M].余国庆,注译.合肥:黄山书社出版社,2002:88.

黑格尔早在 1817 年在他的《小逻辑》里说道,"人不外是他的一系列行为所构成的"。① 黑格尔明确地告诉我们,人不外是他的一系列行为所构成的。你要认识一个人,就去认识他的一系列行为!

2.2.1　行为科学的基本内容

行为科学是一门综合性科学,该学科综合运用了社会学、人类学、心理学、经济学、法律学、教育学、精神病学及管理理论和方法,是研究人的行为的边缘学科。行为科学改以"事"为中心为以"人"为中心,综合分析人的行为动机、行为方式、发展变化规律,预测人的行为,控制人的行为。

行为科学主要包括六大理论,分别是:人际关系理论、人类需要层次论、人性管理理论、激励理论、群体行为理论、领导行为理论。行为科学理论提出了以人为中心来研究管理问题,肯定了人的社会性和复杂性,对管理思想的发展有四方面的贡献:一是突出人的因素和对人的研究;二是吸收和借鉴相关学科成果形成了完善的学科体系;三是提出了非正式组织的作用;四是提出了一系列具体要求以提高管理水平。②

2.2.2　行为科学的基本概念分析

行为科学理论有三个基本概念,即需要、动机与行为,理解和掌握三者的内涵和关系对我们深入研究被审计人的行为有密切的关系。在此基础上,对人类的行为进行系统分析,对建立人本审计理论体系有重要的借鉴意义。

1) 需要、动机与行为的内涵和关系

(1) 需要。需要是产生行为的原动力,研究人的行为必须从研究和控制人的需要出发。所谓需要,是指人对某种目标的渴求和欲望。需要是人脑对生理和社会需求的反映,心理学家也把促成人们各种行为动机的欲望称为需要。需要运动过程一般经过七个阶段(见图 2-2)。

---

① 黑格尔.小逻辑[M].2版.贺麟,译.北京:商务印书馆,1980:293.
② 该部分主要参考了百度百科:行为科学理论的部分内容。

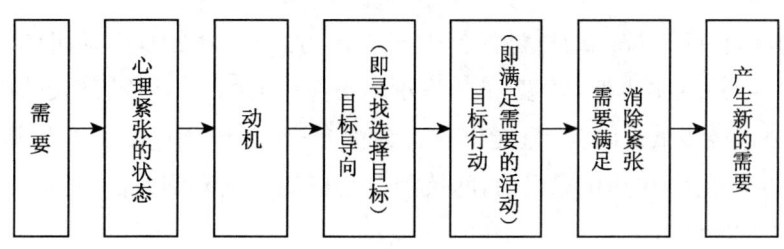

图 2-2　需要运动过程

资料来源：苏东水．管理心理学［M］．上海：复旦大学出版社，2011：113．

人的需要是多种多样的。一般来说，可以按照需要的起源分为生理需要和社会需要；按需要的对象分为物质需要和精神需要。关于需要的理论，主要有德国心理学家 K·勒温（K. Lewin）的需要理论、美国心理学家 H·A·墨里（H. A. Murray）的需要理论、美国心理学家 A·H·马斯洛（A. H. Maslow）的需要层次理论等。A·H·马斯洛按由低到高把需求分为五个层次，分别是生理需求、安全需求、社交需求、尊重需求、自我实现需求。A·H·马斯洛的需要层次理论见图 2-3。

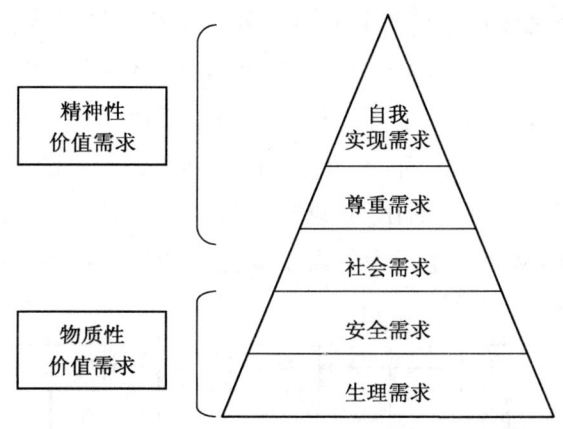

图 2-3　A·H·马斯洛的需要层次理论图

（2）动机。"动机"一词源于拉丁文 movere，原意是推动（to move）的意思。根据《现代汉语词典》的解释，动机是指"推动人从事某种行为的念头"。[1]可见，动机是指引起个人行为，维持该行为，并将此行为导向某一目标（个人

---

① 中国社会科学院语言研究所词典编辑室．现代汉语词典［M］．北京：商务印书馆，1998：302．

需要的满足)的过程。动机是促使人产生行为的直接原因,而动机的主要来源有二:一是内在条件(需要);二是外在条件(刺激)。[①] 动机是人的内在动力,无法直接测量。因为,只能以言行为中介,通过对言行的了解与测试,间接地探究人的内在动机。目前,间接测量动机的方法有问卷法、访谈法、实验法、投射测验法等[②]。

(3) 行为。根据《现代汉语词典》的解释,行为是指"受思想支配而表现出来的活动"。[③] 人类行为就是人类日常生活所表现的一切动作。关于人类行为的定义,心理学家克特·勒温曾写成如下公式:

$$B = F(P \cdot E)$$

式中　B——行为;

　　　P——个人——内在心理因素;

　　　E——环境——外界环境的影响(自然、社会)。

上述公式表示,一个人的行为(behavior)是其人格或个性(personality)与其当时所处情景或环境(environment)的函数。换句话说,人的表现是由他们自身的素质和当时面对的情景共同决定的。克特·勒温认为,"人的行为是个体与其周围环境相互作用的结果"的理论,从个体因素和环境因素的相互作用来考察人的行为,揭示了人类行为的基本规律。从一般意义上来说,人的行为都符合这一公式,然而,人的行为还受到激励因素的制约,激励因素在人类行为中有着非常重要的作用,只有当激励存在时,人的潜在的行为意识才能被激发出来,从而产生行为的需要和行为的目标,这也称为行为的基本模式(见图 2-4)。

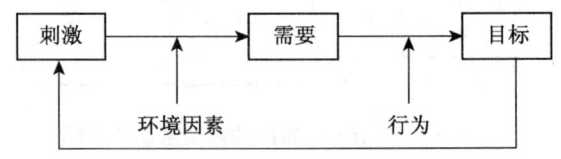

图 2-4　行为的基本模式

资料来源:肖媛. 企业经济运行中人的行为价值分析[M]. 北京:中国社会科学出版社,2008:64.

_____

① 苏东水. 管理心理学[M]. 上海:复旦大学出版社,2011:137.
② 朱宝常. 应用心理学教程[M]. 北京:清华大学出版社,2004:27.
③ 中国社会科学院语言研究所词典编辑室. 现代汉语词典[M]. 北京:商务印书馆,2005:1524.

（4）三者的关系。根据行为的基本模式，人受外部和内部的刺激而产生需要，而需要使一个人产生欲望与驱动力，心理学上称为动机，有了动机就会付诸行为，即寻找、选择、实现目标，如图 2-5 所示。这其中，动机和需要是有所区别的。需要往往和人的主观愿望相联系，动机往往和人的行动相联系。有需要就一定就有动机，动机却是在需要基础上产生的。有动机不一定会有行为，但行为肯定是在需要、动机基础上产生的。动机是需要和行动之间的桥梁。动机与行为是密切相关的，行为背后都有其动机。美国经济学家道格拉斯·C·诺思在《制度、制度变迁与经济绩效》一书中指出："我们必须深入分析人类行为的两个具体方面：动机；对环境的辨识[①]。"美国资深企业咨询师、精神分析学家、组织精神分析研究国际协会（International Society for the Psychoanalytic Study of Organizations）前主席肯·艾索尔德在他的专著《行为背后的动机》一书中对行为背后的动机进行了论述，告诉人们如何与潜意识动机交朋友，如何成功驾驭它们。他在该书的封面中提出，"每个人，每个组织，都有不为人知的动机，针对动机的策略才是最有效的策略"[②]。可见，行为背后都有动机，要对行为进行观察，就必须对其背后的动机进行研究。

图 2-5　需要、动机、目标与行为的关系

资料来源：苏东水. 管理心理学［M］. 上海：复旦大学出版社，2011：139.

2）行为的特征和分类

一般来说，人的行为由五个基本要素构成，即行为主体、行为客体、行为环境、行为手段和行为结果。行为主体：人，具体而言是指具有认知、思维能力，并有情感、意志等心理活动的人。行为客体：人的行为目标指向。行为环境：行为主体与客体发生联系的客观环境。行为手段：行为主体作用于客体时所应用的工具和使用的方法等。行为结果：行为主体预想的行为与实际完成行为之间相符的程度。

---

① 道格拉斯·C·诺思. 制度、制度变迁与经济绩效［M］. 杭行，译. 上海：格致出版社，2008：9.
② 肯·艾索尔德. 行为背后的动机［M］. 张智丰，译. 北京：中国人民大学出版社，2011：封面.

苏东水(1987)认为,综合心理学家研究的结果,人类行为特征至少有下列几个方面:自发的行为、有原因的行为、有目的的行为、持久性的行为、可改变的行为。[①] 与苏东水的研究结果相似,管理心理学研究认为行为具有六个特点:即行为具有目的性、能动性、预见性、程序性、多样性和可度性。徐国君教授(2003)把行为的特征归纳为六点:主体性、目的性、因果性、责任性、动态性和空间性。主体性是指行为依存于人,人的身体是行为的载体,行为不可能与人分开。目的性是指人们在做出某种行为之前,通常会在大脑中经过思考、运筹,受感性和理性的共同作用,确定行动的方向、预期的结果。因果性是指行为的内在动因是目的,同时它还作为直接原因,导致行为的产出。一定的行为带来特定的结果,这种内在的因果联系,意味着人要在行动之前和行动过程中,对行为施加控制。控制分自我控制和外在控制,后者最终通过前者来实现。责任性是指行为和结果存在必然关系,理应建立行为的责任归属观。这里的责任并不是不利的方面,也包括有利的方面。通过分清是"谁干的",才能明确奖惩的对象。责任不清是管理的大忌。动态性是指行为是一种活动的进行过程,没有作为或没有外在表现,不能构成行为。行为也不可能在一个时点瞬间完成,一定有个时间延续的问题,只不过有时间长短的区分。空间性是指行为还必然在三维立体空间中进行,对行为要从环境和现实的角度去把握和理解[②]。

行为的分类比较复杂,因为分类的标准各式各样,与本书所研究的审计活动相关的行为有以下几种分类:

(1)从是生物属性还是社会属性来看,人类的行为分为:本能行为和社会行为。本能行为是由人的生物属性所决定的。社会行为是由人的社会属性所决定的。

(2)从心理学的角度,就行为目标和动机的关系来看,行为可分为四种:意志行为、潜意识行为、娱乐消遣行为和运动动作的无意识行为。意志行为是指人们有明确动机目标的行为。潜意识行为是指人们具有明确目标但无明确动机的行为。娱乐消遣行为是指人们有明确动机但却无明确目标的行为。运动动作的无意识行为是指不必要用意识去控制但它的目标动机却又

---

① 苏东水.管理心理学[M].上海:复旦大学出版社,2011:57-58.
② 徐国君.三维会计研究[M].北京:中国财政经济出版社,2003:208-209.

是十分显著的行为。

（3）从法律角度来看，人的行为可分为合法行为、不合法行为、事实行为三类。合法行为是指符合国家法律规定或为国家法律所认可的能够引起法律后果的行为，这种行为在民法上主要表现为民事法律行为。不合法行为是指不符合法律要求或违反法律规定的行为，包括违约行为、侵权行为、不履行法定义务的行为等。事实行为是指行为人主观上不一定具有发生、变更或消灭正常民事法律关系的意思，但客观上能够引起这种后果的行为，如因创作作品而发生的著作权关系。

（4）从管理的角度来看，行为包括激励、决策、领导、组织和创新等，这些重要的行为环环相扣，构成整个管理行为的基本框架。激励，就其词义上看，就是指激发鼓励的意思。所谓激发，就是通过某些刺激使人发奋起来。在管理学中，激励主要是指激发人的动机，使人有一股内在的动力，朝着所期望的目标前进的心理活动过程。决策，就其词义上看，就是指决定策略或办法的意思。在管理学中，决策就是指人们为了达到一定目标，在掌握充分的信息和对有关情况进行深入分析的基础上，用科学的方法拟订并评估各种方案，从中选出合理方案的过程。领导，就其词义上看，就是指率领并引导朝一定方向前进。在管理学中，领导就是领导者带领、指挥、引导和激励部下为实现目标而努力工作的过程。组织，就其词义上看，就是指安排分散的人或事物使具有一定的系统性和整体性。在管理学中，作为涉及活动过程的组织是指为了实现组织目标对组织的资源进行有效的配置的过程。创新，就其词义上看，就是指有创造性。在管理学中，创新就是指创新主体为了发展的需要，在一定的观念指导下，以一种新颖独特的方法，通过艰苦、专心致志的努力，改造客体，使之产生有社会价值的、新颖别致的成果的活动。

3）影响行为的因素分析

上文已提到行为动机是在内在条件和外在条件共同作用下产生的。苏东水认为对个人动机具有决定性影响作用的有三种因素：一是嗜好与兴趣；二是价值观；三是抱负水准。[①] 冬青（1987）在他编著的《揭开行为奥秘——行为科学概论》一书中，对影响职工个人行为的因素进行了系统分析，该分析思

---

① 苏东水. 管理心理学［M］. 上海：复旦大学出版社，2011：141-143.

路也适用被审计人。他认为影响职工个人行为的因素主要有五个方面：生理因素、心理因素、文化因素、自然环境因素、社会环境因素，并设计了 C 形影响个体行为因素分析表（见图 2-6）①，这个体系为我们研究被审计人的行为影响因素提供了借鉴。

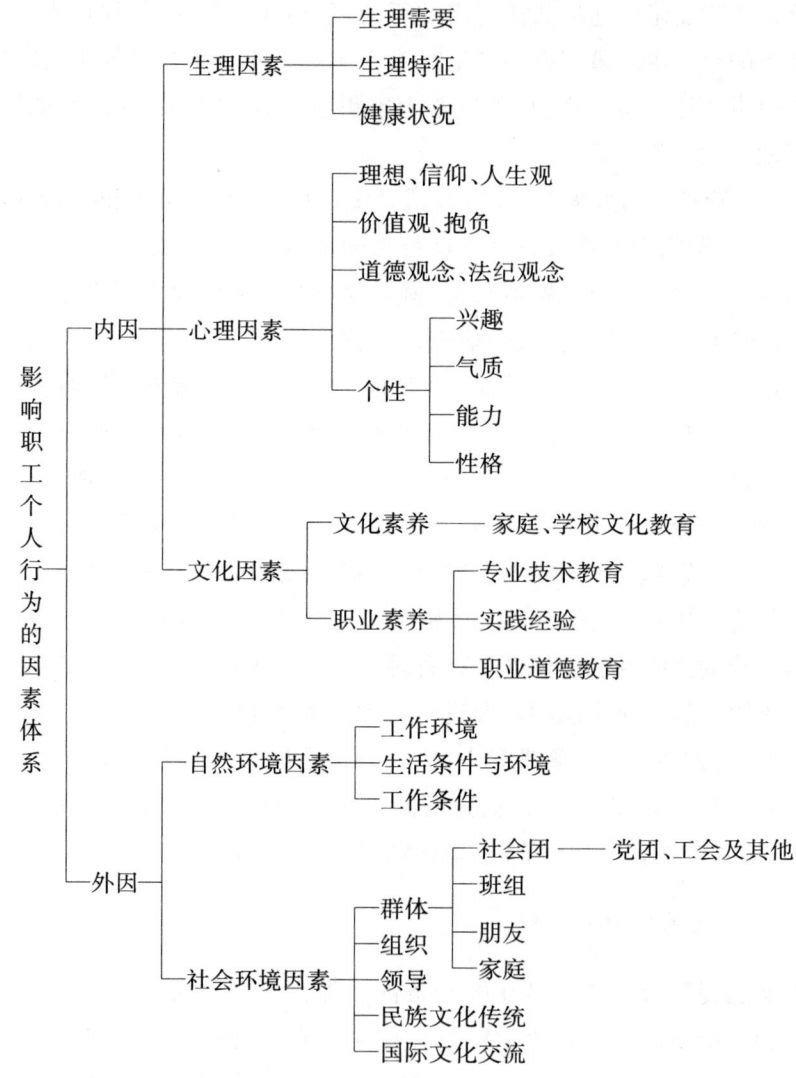

图 2-6　C 形影响个体行为因素分析表

① 冬青.揭开行为奥秘——行为科学概论[M].北京：中国经济出版社，1987：67.

4）行为的评价与控制

如何对行为进行评价和控制,不仅是管理学、心理学等学科需要研究的问题,也是审计学应研究的新课题。苏东水(1987)认为,行为的产生与维持都靠动机,对行为动机的测量方法有观察法、自陈法、投射法。[①] 肖媛(2008)认为,行为研究的中心只能是人,进行行为研究的目的是实现对行为的有效管理,行为管理的核心问题是如何充分调动和发挥人的积极性、主动性和创造性,实现行为效用的最大化。从目前对人的行为的认知来看,行为的特征主要有随机性、间断性、差异性、难度量性和可激励性。[②] 人的行为是多方面的,但无论何种行为,也只能从行为者的能力、行为过程、行为结果三个方面进行考察。比较客观地考察一个人的行为,最好是从行为过程和行为结果两方面入手(见图2-7)。[③]

规范	Ⅰ行为可察 可从过程、结果来控制	Ⅲ行为可察 可以通过过程来控制
不规范	Ⅱ行为可察 可以通过结果来控制	Ⅳ行为难察 机制设计难,靠人来保证

图2-7　行为过程、效果与可察性

资料来源:肖媛.企业经济运行中人的行为价值分析[M].北京:中国社会科学出版社,2008:77.

从图2-7中可以看出,人的行为有可以考察和难以考察两类。在可以考察的一类中,又可以分为通过过程考察、通过结果考察及可同时通过过程和结果考察三种。

对行为的考察要花代价,由于作用在行为者身上有激励、监督和竞争机制三种力,从理论上讲,对可以考察的行为都可以通过监督的办法来控制,当然也可以利用激励或竞争机制来刺激其行为。但对难以考察的行为则无法用监督的办法,而只能通过激励或竞争机制实施控制(见图2-8)。[④]

---

① 苏东水.管理心理学[M].上海:复旦大学出版社,2011:141-143.
② 肖媛.企业经济运行中人的行为价值分析[M].北京:中国社会科学出版社,2008:65.
③ 肖媛.企业经济运行中人的行为价值分析[M].北京:中国社会科学出版社,2008:77.
④ 肖媛.企业经济运行中人的行为价值分析[M].北京:中国社会科学出版社,2008:78.

人本审计

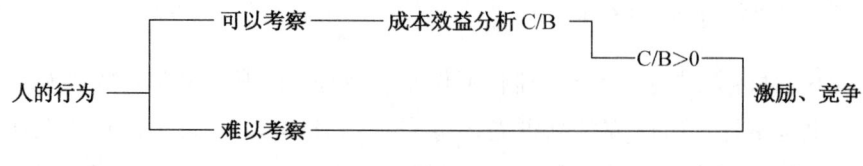

图2-8 行为的可察性及其控制方式

资料来源:肖媛.企业经济运行中人的行为价值分析[M].北京:中国社会科学出版社,2008:78.

随着信息技术的发展,人类已经进入大数据时代,对人类行为的评价已经变得越来越简单。美国东北大学教授艾伯特-拉斯洛·巴拉巴西(Albert-László Barabási),全球复杂网络研究权威、无尺度网络的创立者,在他的著作《爆发:大数据时代预见未来的新思维》中指出,"人类的大部分行为都受制于规律、模型以及原理法则,而且它们的可重现性和可预测性与自然科学不相上下。"[①]巴拉巴西的研究是在人类生活数字化的大数据时代基础上进行的,移动电话、网络以及电子邮件使人类行为变得更加容易量化,将我们的社会变成了一个巨大的数据库。他提出,人类日常行为模式不是随机的,而是具有"爆发性"的。巴拉巴西揭开了人类行为中令人惊讶的深层次的秩序,使得人类变得比预期中更容易预测得多,人类行为93%是可以预测的。

5)胜任力模型及测评方法

除了上述对一般行为的评价和控制理论以外,目前正在兴起的是对管理者实际工作能力进行测评的胜任力模型理论和方法。胜任力法(competency method)的应用最早起源于20世纪50年代初,当时正值美国联邦政府选拔外交官,他们感觉过去以智力因素为基础选拔外交官的效果不太理想。许多表面上很优秀的人才,在实际工作中的表现却令人非常失望。作为哈佛大学的教授D·C·麦克里兰(D. C. McClelland)博士应邀帮助美国联邦政府设计一种能够有效地预测实际工作业绩的人员选拔方法。麦克里兰博士应用了奠定胜任力模型基础的一些关键性的理论和技术。他通过对工作表现优秀与一般的外交官的具体行为特征的比较分析,识别到能够真正区分工作业绩

---

① 艾伯特-拉斯洛·巴拉巴西.爆发:大数据时代预见未来的新思维[M].马慧,译.北京:中国人民大学出版社,2012:13.

的个人条件,最终美国联邦政府把提炼出的优秀外交官所具有的能力作为选拔标准。目前,国外研究胜任力的代表人物主要有 Mcclelland、Boyatzis 和 Spencer 等;我国的主要代表人物有王重鸣和时勘等①。此外,我国的赵辉(2006)等对党政领导干部胜任力模型进行了系统研究,他们的研究成果被广泛应用于政府、企业等领域,取得了很好的效果,因而引起学术界极大的重视,成为当今心理与行为研究领域的一个热点。

(1) 胜任力概念及含义。胜任力概念最早出现在 1973 年 D·C·麦克里兰(D. C. McClelland)撰写的《测验胜任特征而不是测验智力》(Testing competence rather than intelligence)的文章中。② 他认为,以往的智力测试等手段不能挑选出哪些人员适合从事比较复杂的工作,也不能预测高层职位人员的工作业绩的高低,而"胜任力"根据具体人的个人条件和行为特征,可以做出判断。麦克里兰认为,胜任力是用行为的方式描述出来的员工需要具备的知识、技巧和工作能力。这些行为是可指导的、可观察的、可衡量的,而且是对个人和企业成功极其重要的。美国心理学家斯班瑟(Spencer)于 1993 年给出了一个较完整的定义。即胜任力是指"能将某一工作(或组织、文化)中有卓越成就者与表现平平者区分开来的个人的深层次特征,它可以是知识、技能、社会角色、自我概念、特质和动机等,即任何可以被可靠测量或计数的并且能显著区分优秀与一般绩效的个体的特征。"

(2) 胜任能力模型。D·C·麦克里兰(1973)提出了胜任能力"冰山"模型(见图2-9)。他认为胜任能力包括海面上的冰山和海面下的深层次部分。海面上是人的显性能力,包括基本行为表现、所具有的知识和一部分能力,海面下是人的隐性能力,包括隐性的能力和职业素养(其中包括动机、品质和自我认知)。"冰山以

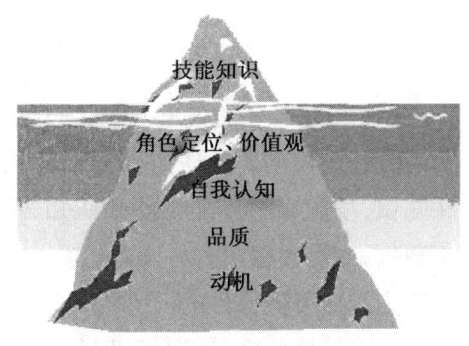

图 2-9　胜任能力"冰山"模型

① 赵辉,黄晓,韦小军. 党政领导干部胜任力模型的构建[J]. 科学管理研究,2006(4):88-91.

② D C MCCLELLAND . Testing Competence rather than intelligence [J]. American Psychologist,1973(28):1-14.

上部分"是容易了解与测量的部分,而"冰山以下部分"是人内在的、难以测量的部分。它们不太容易通过外界的影响而得到改变,但却对人员的行为与表现起着关键性的作用。美国学者理查德·博亚特兹(Richard Boyatzis)在 D·C·麦克里兰"冰山"模型的基础上,又提出了"素质洋葱"模型(见图2-10)。该模型各核心要素由内至外分别是个性/动机、自我形象、价值观、态度、知识、技能等。在这个模型中最表层的是知识和技能,最里层、最核心的是个性/动机,它们是个体最深层次的胜任特征,是最不容易改变和发展的。胜任能力模型目前已经成为人力资源管理的基础,通过建立胜任能力模型可以为人员选拔、人员测评、技校考核、培训与开发提供基础性的平台。

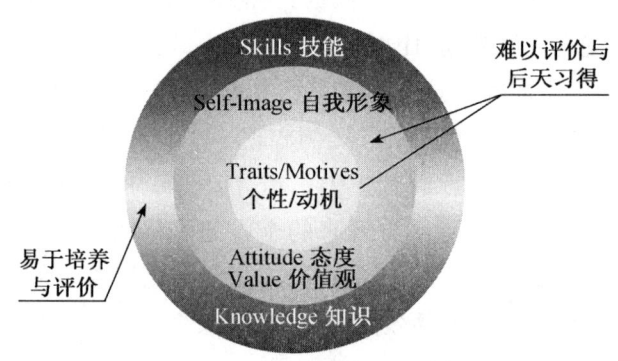

图 2-10 "素质洋葱"模型

(3) 构建胜任力模型及测评技术和方法。为了区分员工绩效的优劣就要构建胜任力模型。胜任力模型构建的基本原理是辨别优秀员工与一般员工在知识、技能、社会角色、自我认知、特质、动机等方面的差异,通过收集和分析数据,并对数据进行科学的整合,从而建立某岗位工作胜任特征模型构架,并产生相应可操作性的人力资源管理体系。建立胜任力模型步骤的主要有:确定战略绩效标准;选取标准样本;收集数据信息;分析数据信息;建立胜任力模型;验证胜任力模型。胜任力模型在人力资源管理活动中起着基础性、决定性的作用。它分别为企业的人员招聘、人员考核、人员培训和人员激励提供了强有力的依据,它是现代人力资源管理的新基点。构建胜任力模型流程见图2-11。

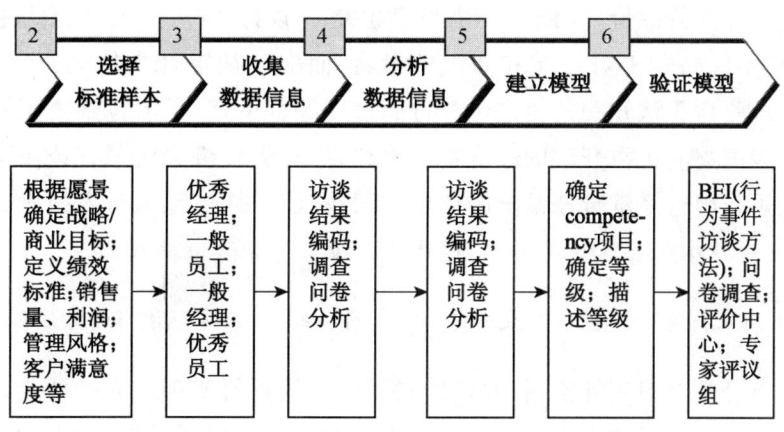

图 2-11　构建胜任力模型流程

2.2.3　对本书的启示

行为科学理论对本书的启示意义重大,它至少告诉我们以下几点。

1)行为具有审计属性

行为的审计属性是指行为具有可纳入审计系统成为审计对象的特性。通过行为科学的论述说明,一是行为具有经济价值;二是行为是一切经济活动的本原;三是行为是审计鉴证、监督、评价、建议的对象。所以,应将行为过程和结果纳入审计系统,而且应将其作为审计理论和实践的导向。

2)审计所面对的经济活动是人及其行为所主导的

行为是有动机、有动因的,任何行为都是为了实现一定的目的或目标,而特定的行为能够带来特定的产出,行为是有后果的。行为与经济活动有因果关系。

3)应对被审计人行为背后的动机等进行深层次审查

审计活动的对象不仅包括被审计人行为的结果,追根溯源应对人及其行为进行审计,而且应当将其行为的动机、行动过程全面纳入审计范围,如此审计才是系统全面的。目前,世界各国正在大力开展的绩效审计,要对被审计人绩效情况进行评价,仅依靠几个数字也是不够的,应对人及其行为进行审查,而且不仅局限于对技能和知识的考察,而应从被审计人的动机、个人品质、价值观、自我认知和角色定位等方面进行综合审查,得出客观公正的审计评价。我国当前正在开展的经济责任审计,要对党政机关或国有企业单位的负责人进行履行经济责任情况的评价,履行经济责任情况是对人的全方位的评价,仅靠几本账显然是不够的,也要对人及其行为进行审查。

4)对人行为的过程和结果进行审计是可行的,但应掌握适当的方法和思路

在审计中要对人评价,就要借助对人的行为评价实现对人的评价。对行为的评价可以通过考察被审计人在工作中的行为表现,将被审计人的行为表现与审计设定的标准行为进行对比,从而确定其是否符合合规或绩效的要求。可以运用关键事件法、行为定向锚定等级评价法、行为观察评价法、行为数据分析法等进行评价。在绩效审计中,要评出行为人的绩效高低,为决策层选人用人作为参考依据,应借鉴构建胜任力模型的理论及人才测评技术和方法,对人及其行为进行审查,分出行为绩效的高低。

2.3 受托责任理论

2.3.1 受托责任理论的内容

国内学者普遍认为受托责任是推动审计发展的根本力量。审计因受托责任的产生而产生,并伴随着受托责任的发展而发展。受托责任理论是对契约经济学中委托代理理论的继承和发展,该理论认为受托责任是一种普遍的经济关系,也是一种普遍的、动态的社会关系。一个是委托人,另一个是受托人或代理人。委托人将资财的经营管理权授予受托人,受托人接受托付后即应承担所托付的责任,这种责任就是受托责任。虽然中外学者对受托责任的理解不尽相同,但是从最一般意义上讲,它是指一种报告说明责任,是责任承担人向有关方面说明其行为过程与结果的责任。[①] 英国审计学家汤姆·李

---

① 刘明辉. 高级审计研究[M]. 大连:东北财经大学出版社,2009:8.

(1993)认为,受托责任产生了审计,审计正是履行受托经济责任的手段。审计学家 D·弗林特(1988)在《审计哲学与原理导论》中指出:"作为一种近乎普遍的真理,凡存在审计的地方,一定存在一种受托经济责任关系,受托经济责任关系是审计存在的重要条件。审计是一种确保受托责任有效履行的社会控制机制。"①澳大利亚审计学家 R·D·怀特和 R·J·麦克维克指出:"受托经济责任与审计是紧密交织的,缺一不可。除非一个组织内有人对该组织投入的资金负责,否则审计就无法有效进行。"②国内学者、著名会计学家娄尔行(1987)指出:"当经济发展到一定阶段,从事经济活动的主体职能上的分解,出现了委托与受托关系,委托者对受托者履行职责的情况进行审查,受托者作为委托者的责任者,也需要接受审查以解除自己的责任,这种客观条件促使审计的产生和发展。"③杨时展教授在 1990 年提出,审计工作的精义在于受托责任。有受托责任,才有审计,没有受托责任,就无所用其审计;理解受托责任,才能理解审计,不理解受托责任,就不能理解审计。审计不但因受托责任的发生而发生,而且因受托责任的发展而发展。④ 王光远在《管理审计理论》中就指出原始的受托责任是一种公共责任,人们占有公共资源是要为社会谋求利益。⑤ 蔡春(2001)认为,审计的本质目标即是确保受托经济责任的全面有效履行。

　　在受托责任理论中至少涉及审计的三方关系人。首先,是基于受托经济责任关系,产生了财产管理的委托人与财产管理的受托人,委托人是第一关系人,受托人是第二关系人。其次,因为委托人与受托人双方的信息不对称以及道德风险的存在,客观上产生了对受托人的受托经济责任履约情况进行检查审计的需要。再次,受自身诸多条件的限制,委托人很难亲自去审计,于是就产生了第三关系人——独立的审计人。审计人独立地对受托人履行经济责任情况进行审计,并向委托人进行报告。三方关系见图 2-12。

　　① 　D FLINT. Philosophy and Principles of Auditing: An Introduciton, Macmillan Educaiton Ltd. , 1988:27.
　　② 　转引自:蔡春,等. 现代审计功能拓展论[M]. 北京:中国时代经济出版社,2006:31.
　　③ 　娄尔行. 审计学概论[M]. 上海:上海人民出版社,1987:20.
　　④ 　文硕. 世界审计史[M]. 北京:中国审计出版社,1990:序.
　　⑤ 　王光远. 管理审计理论[M]. 北京:中国人民大学出版社,1996:162.

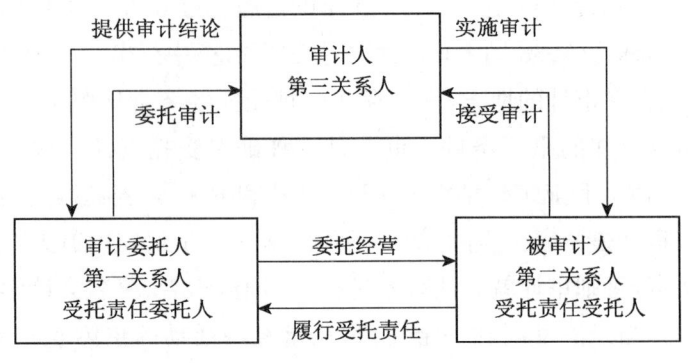

图 2-12　审计关系图

2.3.2　受托责任的拓展

　　分析审计理论和实践的发展,一直伴随着受托责任的拓展而拓展。在世界范围内,随着受托经济责任内容的不断发展,现代审计功能呈现出一种不断拓展、创新的明显趋势。在国家审计领域,随着民主政治的发展,社会公众已提出了关注公共资源管理配置使用的绩效、环境保护、社会责任履行、国家经济安全等新要求,而国家审计正在开展的绩效审计、环境审计、社会责任审计、经济安全审计就是这一拓展的体现。在我国,党的十八大报告指出:"推进权力运行公开化、规范化,完善党务公开、政务公开、司法公开和各领域办事公开制度,健全质询、问责、经济责任审计、引咎辞职、罢免等制度,加强党内监督、民主监督、法律监督、舆论监督,让人民监督权力,让权力在阳光下运行。"①加强对权力的制约和监督已成为新时期受托责任的要求,而我国正在积极推开的对党政领导干部的经济责任审计就是应这一拓展要求而开展的。在民间审计领域,新的受托责任提出了降低风险、加强人力资源审计、关注环境保护、为企业提供管理咨询服务等新要求。为此,审计引入了现代风险导向审计思想和方法,审计功能已从原有的历史财务报告审计拓展到范围广阔的审计鉴证与审计认证,经营审计、环境审计与认证、社会责任审计等新兴审

---

　　①　参见:胡锦涛 2012 年 11 月 8 日在中国共产党第十八次全国代表大会上的报告《坚定不移沿着中国特色社会主义道路前进　为全面建成小康社会而奋斗》。

计类型层出不穷。在内部审计领域,审计功能已从原有财务审计转向管理咨询与风险控制,在完善公司治理结构与提高公司治理效率方面发挥着至关重要的作用。

2.3.3　对本书的启示

　　根据受托责任理论,我们对审计的本质有了更清楚的认识。在人本视角下,受托责任理论的实质是审计人为了完成委托人的委托而对受托人履行受托责任进行的评价过程,审计实质是介入委托人与受托人之间的人类的评价过程,只不过评价的是经济责任而已。随着受托责任的拓展,社会对审计提出了更高的期望和要求。一方面,有关对人的审计已经进入审计的视野,如经济责任审计、环境审计、社会责任审计等都要求对人履行经济责任情况进行评价,要求对人的需求进行关注,而这都要求对人及其行为进行审计;另一方面,要求审计关注企业风险等深层次问题,而现有审计理论和理念的缺陷,导致审计只关注了风险的表面,并没有深入风险的实质——人及其行为,审计显得力不从心,难以完成受托任务。如何对人及其行为进行审计,从而更好地完成受托任务成为新时期审计的新课题。

3 人本审计理论体系的构建思路

　　本书所构建的人本审计理论体系思路是首先确定逻辑起点,其次构建人本审计理论体系的框架,主要有基础理论和应用理论两部分。其中,基础理论主要由审计本质、审计假设、审计目标、审计概念等组成;应用理论主要按行为类型、审计主体、审计操作规范分别阐述,在此基础上,设计出行为导向的人本审计模式。

3.1 审计理论与审计理论体系

3.1.1 审计理论的含义

　　要研究审计理论,应先明确什么是理论。《韦氏新国际辞典》认为:"理论即是一套紧密相连的假定性、概念性和实用性的原理的整体,它构成对所要探索领域的可供参考的一般框架。"①《钱伯斯20世纪精解词典》认为:"理论是对事物的解释或是事物的体系,它揭示一门科学或艺术的抽象原理(则),与实务相对应。"②我国《辞海》将理论解释为:"理论是概念原理的体系,是系统化了的理性认识,具有全面性、逻辑性和系统性的特征。"③我国《现代汉语词典》将理论解释为"人们由实践概括出来的关于自然界和社会的知识的有系统的结论"。④ 由此,我们可以得出"理论"至少包括四个方面的特征:理论是从实践工作中概括出来的,没有实践工作就不可能形成理论;理论是系统

---

① Websters Third New International Dictionary,1961:2371.
② Chambers 20th Century Dictionary,New Edition 1983:1341.
③ 辞海编辑委员会. 辞海[M]. 上海:上海世纪出版股份有限公司,2010:1121.
④ 中国社会科学院语言研究所词典编辑室. 现代汉语词典[M]. 北京:商务印书馆,2005:835-836.

化的理性认识,是对客观事物本质和规律性的正确反映;理论可以用来指导实践工作;理论是抽象的、普遍性的,但其起点和终点又是具体的。

　　加拿大著名审计学家 R·J·安德森(R. J. Anderson)教授认为:"审计理论的目的是提供一个合理的、首尾相应的概念结构以决定实现既定审计目标必需的审计程序……审计理论还提供一个评价与改善现行实务与程序的框架结构。"①英国著名审计学家 D·弗林特教授的看法是:"审计理论旨在提供一套有关审计活动的首尾一贯的命题以解释审计的社会目的与目标,进而为将审计实务与程序同审计目的与目标联系起来提供合理基础与依据。"②可见,审计理论是对审计这一客观事物的理性认识,是由具有内在逻辑关系的各要素组成的概念、原理体系。

3.1.2　审计理论体系的含义

　　《现代汉语词典》将"体系"解释为"若干有关事物或某些意识互相联系而构成的一个整体"③。笔者认为,体系的基本特征是它的关联性、全面性、整体性。所谓理论体系,是由若干个同一性质且相互联系的理论系统组成的综合系统,而每个系统又自成一体,形成一个既相互联系又自我封闭的理论框架。任何一门科学都必须由理论作为基础才能解决问题,审计学科也不例外。审计作为一种职业一旦出现,不能建立理论体系来支持是没有根基的。正如莫茨和夏拉夫所言:"随着审计科学的日益成熟,这种对理论的渴求就越来越迫切了。确实,某种职业没有一个全面的、完整的理论结构来支持,是难以确立的,因此,本书需要建立审计的哲学。"④审计理论体系是各审计理论系统组成的综合系统,是体系化的一个整体。审计理论体系是审计理论各子系统的集合,是审计理论各子系统按一定的结构和方式联系的具有相互联系、相互作用的有机整体,是各子系统的一般概念、基本内容、基本特征、基本要素通过

---

　　①　R J ADERSON. The External Audit1:Concepts and Techniques,copp clark pitman,1977:119.

　　②　D FLINT. Philosophy and Principles of Auditing:An Introduction,macmillan Education Ltd. ,1988:9.

　　③　中国社会科学院语言研究所词典编辑室. 现代汉语词典[M].北京:商务印书馆,2005:1342.

　　④　莫茨·P·K,H·A·夏拉夫. 审计理论结构[M]. 文硕,等,译. 北京:中国商业出版社,1990:7.

一定的方式结合的集合体。

3.1.3　审计理论体系的作用

审计理论体系在审计理论系统中的重要作用是十分明显的,它主要表现在以下三个方面:

一是审计理论体系是审计理论关系的具体表现形式。通过审计理论体系可以把审计理论的各要素紧密联系起来,分析各要素之间的内在逻辑关系,区分其在整个理论体系中的位置和作用,从而展望未来的发展方向。

二是审计理论体系为丰富和发展审计理论建立了基本框架。审计实践和理论都是不断发展的,而审计理论则更需具备超前性。审计理论体系的完善为丰富和发展审计理论建立了基本框架。当科学完善的审计理论体系形成后,从中可以采用逻辑推理的方法验证出审计理论不适应当前发展的缺陷,以及未来审计理论的发展目标和方向,从而能够及时准确把握问题的关键,按照既定的基本程序,向着既定的基本方向发展和完善。

三是审计理论体系是规范审计实践的指南。审计理论体系不仅包括审计基础理论,还包括审计应用理论。审计应用理论以审计基础理论为指导,是处理具体审计工作时应遵循的原则、程序和方法的知识体系。审计应用理论指导并规范着审计实践工作如何实施。完整有效的审计理论体系保证了审计实践工作规范进行,实现审计目标,进而满足社会需要,确保审计职业在社会中的地位。

3.2　人本审计理论体系的逻辑起点

3.2.1　确立审计理论体系逻辑起点的要求

构建人本审计理论体系从何入手,应先明确其逻辑起点。人本审计理论体系逻辑起点的确定成为人本审计理论体系构建的关键与开端。研究人本审计理论体系的逻辑起点,有利于我们正确地认识和构建人本审计理论、运用和检验人本审计理论、归纳和演绎人本审计理论、发展和创新人本审计理论。一般来说,确立人本审计理论体系的逻辑起点有以下要求:①该逻辑起点是人本审计理论体系的研究起点。②该逻辑起点应是人本审计理论体系中最基本的要素。③该逻辑起点的内涵应贯穿于人本审计理论体系的全过程。④该逻辑起点范畴作为人本审计理论体系中的一个基本要素,同整个体系的各要素发生着多方面的联系。

3.2.2 审计理论体系逻辑起点的观点比较分析

由于不同学者研究范式的差异,导致审计理论界对逻辑起点存在不同见解。笔者认为主要有四种观点:一是哲学基础逻辑起点,代表人物是莫茨·P·K和H·A·夏拉夫,代表著作是其合著的《审计理论结构》;二是审计假设逻辑起点,代表人物是C·W·尚德尔,代表著作是《审计理论——评价、调查和判断》;三是审计目标逻辑起点,代表人物及代表著作是《蒙哥马利审计学》、安德森的《外部审计学》及汤姆·李的《公司审计》;四是审计本质逻辑起点,国外代表是D·弗林特的《审计哲学与原理导论》,国内代表是蔡春教授的《审计理论结构研究》。另外,还有审计环境逻辑起点论、审计对象逻辑起点论以及两元或多元逻辑起点论。

综合分析以上有关审计理论体系逻辑起点的观点,虽然观点难以统一,但从各自的研究角度出发,都有其存在的道理。从更加科学的角度去分析,前三种逻辑起点论并不完全符合逻辑起点的要求,都存在缺陷和不足。分析莫茨·P·K和H·A·夏拉夫的哲学基础逻辑起点论,虽然他们将深邃的哲学思想运用于审计研究,有力地批驳了"审计无理论"的论调,但若以哲学基础作为审计理论体系研究的起点则显得过于抽象,与其他学科无从区别,审计理论无法体现其所应用的特点。分析审计假设逻辑起点论,审计假设是由审计环境决定的,而审计环境又在不断发展变化的,有些审计假设因环境的变化而受到挑战。从审计假设出发,很难推出审计目标,没有目标,使审计理论和审计实践很难联系。分析审计目标逻辑起点论,审计目标受审计目的与审计职能的双重制约,只反映两者重叠的部分因素,结果既未能全面包括审计目的因素,也未能全面反映审计职能的因素,不能全面揭示审计对象的因素。从审计实践活动看,审计目的是主观的、外在的。审计目标作为审计实践活动本身的目标,一般是对审计所提供的信息的内容、种类,提供时间、形式及其质量、特征等方面的要求。可见审计目标实质上是审计职能的具体化,以审计目标作为逻辑起点而展开的审计理论体系难以揭示更高层次的审计理论,无法揭示审计发展的真正原因。

3.2.3　人本审计理论体系的逻辑起点

笔者认为,研究人本审计理论体系应以审计本质为逻辑起点。本质是指一个事物区别于其他事物的根本属性,是组成事物基本要素的内在有机联系。一个事物的本质是由其本身所固有的特殊矛盾决定的,因而它是与其他事物相区别的依据。审计本质也就是审计所固有的,决定审计性质、面貌和发展的根本属性。莫茨·P·K和H·A·夏拉夫虽是审计假设为逻辑起点的代表,但在其著作《审计理论结构》(1961)中也提到,"审计哲学的基础当然应从讨论审计的本质开始"①。英国汤姆·李(1984)在研究审计理论结构的过程中提出了审计本质是审计理论结构中的一个重要要素的结论。竹德操(1992)认为,审计理论分为五个层次,其中第一层次的理论是有关审计的本质,反映审计最一般特性的理论,它是所有审计的高度概括,指导所有的审计工作。② 蔡春(1994)不仅将审计本质作为审计理论结构中的第一要素,并且认为审计本质的研究对整个审计理论结构具有导向作用,而且决定着整个审计理论结构的发展方向。他认为:"只有准确地揭示并把握了审计的本质,才能把握住审计理论的发展方向","只有在审计本质认识上有所创新与突破,才能带动整个审计理论(结构)的研究有质的跃迁"③。

审计本质在审计理论体系中处于无可替代的位置。首先,审计本质表明了审计学科与其他学科的本质区别,这是审计理论研究最原始的命题,是审计理论研究的出发点。其次,审计本质反映的是审计最基本的内容。最后,审计本质在整个审计理论要素中起决定作用,决定着其他理论要素。审计在人类探索审计理论的过程中,源于对审计本质的不同认识,就会带来对审计假设、目标、概念以及原则、对象、职能的不同认识,也就会构建出不同的审计

---

①　莫茨·P·K,H·A·夏拉夫.审计理论结构[M].文硕,等,译.北京:中国商业出版社,1990:16.

②　竹德操.试论审计理论体系[J].审计与经济研究,1992(4):9.

③　蔡春.审计理论结构研究论[M].大连:东北财经大学出版社,2001.19

理论体系。笔者认为,人本审计理论与以往审计理论最大的不同就是审计本质的不同,源于此,才会有假设、目标、概念以及应用理论的不同,所以审计本质应为人本审计研究的逻辑起点。人本审计观下的审计本质既是对以往传统审计的改良,也是对审计本原的回归。

3.3 人本审计理论体系的构建

3.3.1 构建人本审计理论体系的原则

人本审计理论体系作为系统化的对审计规律客观认识的理论体系,构建理论框架体系应当自始至终都遵循一定的原则,保证理论体系的整体性、关联性和全面性,从而保证该理论体系的科学性。本书认为,人本审计理论框架构建应主要遵循如下基本原则。

1)前瞻性原则

理论来源于实践并指导实践。人本审计理论体系作为新时期审计理论体系的创新探索,在保持其稳定性的基础上,必须提前考虑时代的变化和审计的发展规律,特别是分析知识经济时代对审计的影响,审计紧跟时代亟须创新变革的内生要求。因此,人本审计理论体系构建必须具有前瞻性,只有这样才能保证理论体系的相对稳定性,才能产生现实意义和经久的贡献力。

2)系统性原则

这是系统科学方法的首要原则,它要求我们的思维要具有联系性、全局性,因为思维的联系性、全局性决定了人本审计理论框架的整体性,框架构成要素的数量要合理,结构要协调,要素要有机组合,使系统功能充分发挥,这样才便于分析和综合,归纳和演绎,使局部和整体协调一致。

3)客观性原则

人本审计理论研究的目的在于揭示审计的本质属性和规律,以便更有效地揭示审计的社会职能和作用。因此,在构建人本审计理论体系时,要将审计与其所处的环境之间的需求关系,以及审计对这种潜在的需求所发挥的潜在功能客观地反映和揭示出来。

4) 层次性原则

人本审计理论体系由多层次、多要素构成。各层次之间形成严密的逻辑关系,各要素之间并非都是简单的并列关系,而是相互联系、相互作用的。因此,构建人本审计理论体系必然要采用多层次、多要素的结构,充分体现该理论体系的逻辑性和协调性。

5) 应用性原则

人本审计理论体系既来源于实践又指导实践。人本审计理论体系的各个构成部分(要素)是有现实作用的,可以指导审计实践避免陷入物本审计的误区,在实践工作中抓住事物的关键,实现事半功倍的作用,从而提升审计的层次和水平,有效发展审计的作用。

之所以构建人本审计理论体系应遵循以上五项主要原则,有三个原因:首先是前瞻性。人本审计理论是基于审计研究的前沿提出来的,对人及其行为进行审计是一个全新的领域。要保证理论研究的引领性,就必须站在审计研究的前沿去思考问题。其次是系统性和层次性。人本审计理论体系是一个系统的理论体系,是对审计基础理论和应用理论以及实践操作模式进行的系统创新研究。在构建理论体系中,是按照基础理论—应用理论—实践模式来分别构建的,具有明显的递进关系,层次符合一般逻辑。最后是客观性和应用性。人本审计是基于受托责任的拓展需求而提出来的,有客观的基础,并可以验证。人本审计理论体系不仅包括基础理论,还包括应用理论以及实践模式设计,并加以案例分析,具有较强的实践指导意义,这也保证了该理论体系的科学性和有效性。

3.3.2 审计理论体系研究观点的比较分析

在审计理论研究发展历程中,中外学者研究的角度是不同的。国外学者一般是从审计理论结构开始的,无论是早期理论工作者(如皮克斯利、迪克西、蒙哥马利、维克多、琴斯顿等)的审计理论思想,还是审计理论研究成熟时期理论工作者(如莫茨·P·K与H·A·夏拉夫、C·W·尚德尔、汤姆·李与D·弗林特、安德森等)的审计理论思想,都是从审计理论结构框架要素进行研究的,先谈审计理论结构再谈审计理论体系。而中国学者则是先研究审计理论体系再回头借鉴国外成熟理论,再谈审计理论结构。① 所谓审计理论结构,是审计理论体系的基础结构,是由一系列审计理论要素组成的具有相互联系、相互作用的框架结构。所谓审计理论体系,是由若干理论系统组成的综合系统,而每一个系统又自成一体,形成一个既相互联系又自我封闭的理论框架。由于人本审计理论结构是人本审计理论体系的基础和重要组成部分,所以研究人本审计理论体系应考察其审计理论结构。在本书中,笔者借鉴了国外有关审计理论结构的研究成果,并以此为基础,开展人本审计理论体系的构建研究。

从审计理论结构的研究来说,国外学者进行了大量的研究,形成了各种模式,一直影响并指引着我国学者在此方面的研究。比如,有莫茨和夏拉夫模式、尚德尔模式、蒙哥马利模式、安德森模式、汤姆·李和D·弗林特模式、三泽一模式。从审计理论体系的研究来说,国内学者进行了一些研究,比如,萧英达、蔡春、王文彬和林钟高、袁晓勇、张建军也提出了各自的模式②。

1) 莫茨和夏拉夫模式

莫茨·P·K和H·A·夏拉夫在《审计理论结构》一书中提出了由基本哲学、审计假设、审计概念、应用标准和实务应用领域五部分组成的审计理论结构体系(见图3-1)。其中,基本哲学涉及审计决策的科学方法;审计假设是一种信念,是指导行动的根据;审计概念是把理论组织起来的中心,可帮助人们把理论要素加以归类;应用标准是衡量审计质量的尺度,为审计行为提供指南。莫茨·P·K和H·A·夏拉夫的审计理论结构框架,奠定了后来学者研究的基础,但是他们所提出的审计理论结构也存在一定的不足。比如,他们所提出的理论结构中"抽象思考的核心"是指审计可能涉及的知识领域,包括数学、法律、伦理、语法作文、电子技术等。"基础"这一要素是指关系到审计决策的科学方法。它们与其他的"审计假设""审计概念""审计准则"等不

① 郭华平. 中国审计理论体系发展研究[M]. 北京:经济管理出版社,2007:131.
② 刘明辉. 高级审计研究[M]. 大连:东北财经大学出版社,2009:38-42.

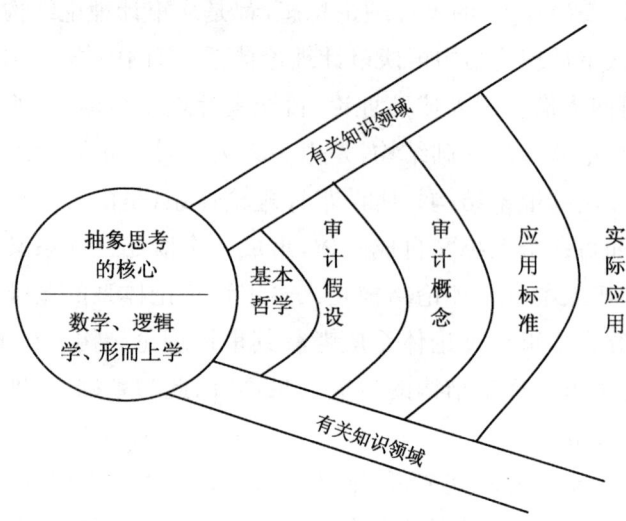

具有同质性。而且此模式未涉及审计目标,这是不全面的。

图 3-1　莫茨和夏拉夫模式

2)尚德尔模式

C・W・尚德尔在《审计理论——评价、调查和判断》中提出的审计理论结构体系由假设、定理、结构、原则和标准五部分组成。基本假设是根据需要建立的,是不加证明就要求人们接受的一些基本概念或假定;定理是能用基本假设予以说明的命题;结构是说明理论的组成部分及其相互关联概念的模式;原则是用于解释实务中的有普遍性的规定;标准是某一学科中有关程序的质量要求。可以看出,这一审计理论结构不包括基本哲学、审计概念、审计实务领域,但却增加了定理、结构和原则。尚德尔模式与莫茨和夏拉夫模式一样,并没有考虑审计目标,而且将假设和定理放在了同一层次上,存在不合理之处。

3)蒙哥马利模式

《蒙哥马利审计学》第 11 版在总结各家观点的基础上,提出了以下的审计理论结构要素,即审计目标、准则、假设、概念和技术。其中,审计目标既包括审计总目的,又包括每项审计的特定目的;审计准则指公认审计准则;审计假设不可证明,但对一门学科的发展很重要;概念是产生于观察和经验的一门学科的不同方面的概括的思想观念;技术则包括不同形式的证据和取得、评价、鉴定、综合证据的方法。蒙哥马利审计学虽然提出了比较贴切的审计理论的结构要素,但并未对要素之间的相互关系进行阐述,因此对审计理论结构的研究并不彻底。

4) 安德森模式

加拿大审计学家安德森的《外部审计学》一书在总结前人的基础上,进一步修改充实审计理论结构体系(见图 3-2)。他认为,审计理论结构由审计目的、公认审计准则、审计概念、审计假设、审计技术、审计程序和审计结论组成。安德森从审计目的出发绘制的审计理论结构比较完整,但也存在一定的不足。首先,他所描绘的审计理论结构仅仅适用于财务审计,并不适合目前已经开展的绩效审计等新领域。其次,安德森模式认为,审计概念和审计假设来源于公认审计准则,公认审计准则来源于审计目的。事实上,审计准则是在审计假设和审计概念的指导下,在实践中不断总结提炼而成,此模式在逻辑推导上存在缺陷。

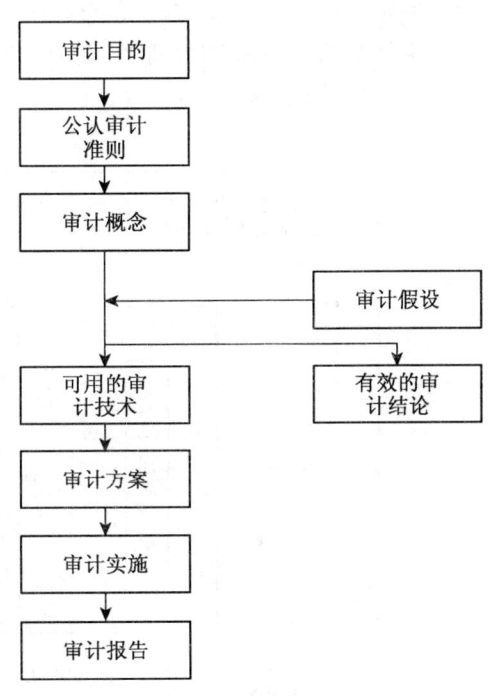

图 3-2 安德森模式

5) 汤姆·李和 D·弗林特模式

英国的著名审计学家汤姆·李和 D·弗林特对审计理论结构的观点基本一致。汤姆·李在《公司审计》一书中认为,审计理论结构由本质与目标、假设和概念递进组成。D·弗林特则在《审计哲学与原理导论》中提出本质和目标→假设→概念→标准是审计理论结构的模式。他们都以审计本质作为审计理论结构的起点,是对审计理论的进一步发展,审计本质起点也是近年来被许多学者接受的一种代表性的观点。但是,也应该看到,用审计本质和审计目标并列支撑其他要素是不合适的,因为审计本质和审计目标存在质的区别,而且逻辑起点有两个或两个以上,就称不上起点了。

6) 三泽一模式

日本学者三泽一在所著《审计学》一书中用了十章的篇幅来讲述审计的基本理论。他将审计理论按审计类别分为会计审计理论和业务审计理论;按审计主体分为会计师审计理论、监事审计理论、内部审计理论。他还研究了审计理论结构(见图 3-3)。

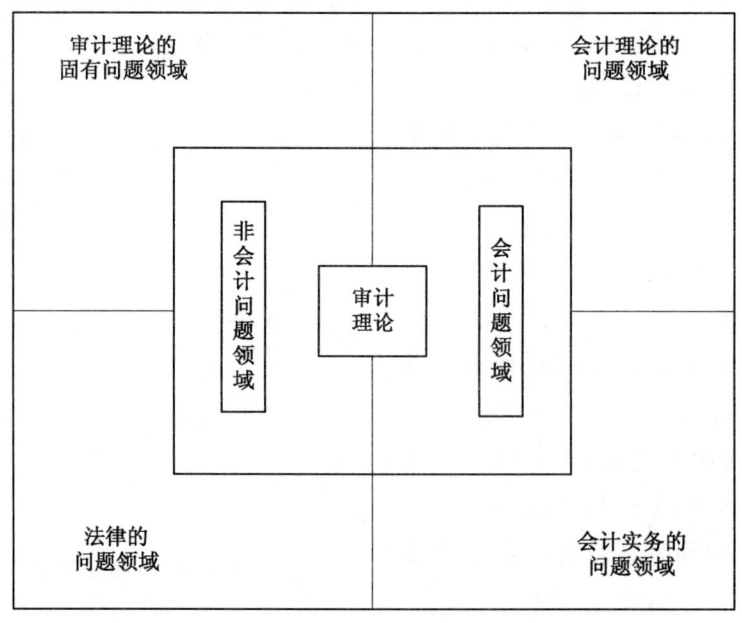

图 3-3　三泽一模式

三泽一的审计理论结构是以审计的主要类别和以审计师为主体来划分的,只说明了审计依据和审计对象的关系,而没有就"审计一般"来表示审计理论结构,这并不能清晰揭示审计理论结构的要素及相互关系。

7) 我国学者对审计理论结构和审计理论体系的有益探索

我国学者对审计理论结构的探索始于 20 世纪 90 年代初期。萧英达在其所著的《比较审计学》中提出，"以审计目的为指导、以审计假设为基础，再加上各种审计概念（包括性质、对象、职能等），便可建造一个完整的审计理论结构体系。"①蔡春在其《审计理论结构研究》一书中指出，审计理论结构应由审计本质、审计假设、审计目标、审计规范、审计信息和审计控制手段与方式六个要素组成②。王文彬、林钟高在其所著的《审计基本理论》中提出应建立一个由审计目标理论、审计行为主体理论和审计方法理论构成的审计理论体系③。袁晓勇认为，应以审计假设和审计目标共同作为审计研究的逻辑起点，据此构建的审计理论结构包括审计基本理论和审计应用理论两个基本层次④。张建军认为，审计理论结构应由审计目标、审计假设、审计概念、审计准则所构成，最终对审计实务进行指导⑤。

进入 21 世纪，我国学者对审计理论结构或审计理论体系研究提出了新观点。王会金（2002）认为，审计理论体系按理论研究的性质可分为三个层次：审计基础理论、审计应用理论和审计发展理论⑥。徐政旦（2004）提出了审计理论结构框架的设想，该框架主要由审计本质、审计目标、审计假设、审计概念、审计准则、审计程序与方法、审计报告等要素组成。各个要素虽有主次之分，但他们是互相联系的。各个要素及整个结构系统受到政治、哲学、经济、文化、法律、科学发展、相关知识的影响⑦。王笑竹、任向峰和徐春瑛（2004）认为，审计理论框架体系的组成要素包括审计主体、审计客体、审计动因、审计运行⑧。王炳华（2007）认为，审计理论要素包括审计环境、审计假设、审计本质、审计目标、审计准则、审计主客体、审计程序与方法、审计风险、审计报告⑨。周友梅（2007）认为，审计理论结构包括审计前提理论、审计客体理论、审计使命理论、审计方法理论、审计资料理论等要素⑩。石爱中（2008）认为，

① 萧英达. 比较审计学[M]. 北京：中国财政经济出版社，1991：28.
② 蔡春. 审计理论结构研究[M]. 大连：东北财经大学出版社，2001：20.
③ 王文彬，林钟高. 审计基本理论[M]. 上海：上海三联书店，1994：56.
④ 袁晓勇. 关于建立我国审计理论结构的设想[J]. 财会通讯，1997(3)：13-14.
⑤ 张建军. 审计概念体系研究[M]. 北京：中国财政经济出版社，1997：17.
⑥ 王会金. 现代审计理论体系框架结构之研究[J]. 审计研究，2006(4)：41-44.
⑦ 徐政旦. 审计理论框架结构研究[J]. 上海市经济管理干部学院学报，2004(1)：53-57.
⑧ 王笑竹，任向峰，徐春瑛. 审计理论框架体系的研究[J]. 商业经济，2004(2)：30-31.
⑨ 王炳华. 审计环境起点与审计理论结构的建立：一个综述[J]. 中国管理信息化，2007(9)：90-92.
⑩ 周友梅. 论审计理论及其结构[J]. 当代财经，2007(2)：107-110.

审计学基本概念包括:审计、审计主体、审计客体、审计目标、审计程序、审计方法、审计证据、审计标准、审计报告、审计工作底稿等①。陈汉文(2009)分析的审计理论要素包括:审计需求、审计职业道德、审计师独立性、审计法律责任、审计组织形式②。宋英慧和安亚人(2009)认为,以信息认证为逻辑起点,审计理论框架由信息认证、审计本质、审计目标、审计概念、审计准则等要素组成③。谢荣(2011)认为,审计理论要素包括:审计目标、审计假设、审计概念、审计规范、审计基本方法、审计报告、审计责任④。尹平(2011)认为,政府理论体系包括绪论、史论、法论、立论(基础理论)、实论、例论、纵论和兼论⑤。马正凯和黄晓波(2011)认为,审计基础理论是研究审计学的基本理论问题,包括审计本质和目标、审计假设、审计规范、审计对象、审计方法与程序、审计质量检验与控制等⑥。冯均科、陈淑芳和张丽达(2012)认为,政府审计理论框架包括政府审计环境理论、政府审计关系理论、政府审计规范理论⑦。郑石桥(2012)认为,审计理论结构作为一个观念系统,是对审计实体系统的观念总结,它应该包括下列要素:审计动因、审计主体、审计客体、审计目标、审计假设、审计概念、审计标准、审计准则、审计处理、审计本质、审计环境。上述各要素之间并不存在一个完整的逻辑上的排名先后⑧。

以上分析无论对审计理论体系的研究,还是对审计理论结构框架的研究,基本都赞同要有一个、两个或多个逻辑起点,它是研究审计理论体系的出发点;在研究审计理论体系过程中,要涉及诸多组成要素,不同的分类就会有不同的组成要素;各要素之间存在内在的逻辑关系,并相互作用,共同构成审计理论体系;无论怎么分类,审计理论体系都可以划分为基础理论部分和实用理论部分,基础理论部分解决最基础的理论问题,应用理论解决实务方面

① 石爱中.加强审计理论研究——坚持审计实践,注重研究方法[J].审计研究,2008(3):10-16.
② 陈汉文.审计理论[M].北京:机械工业出版社,2009:4.
③ 宋英慧,安亚人.审计理论框架新论[J].税务与经济.2009(3):49-53.
④ 谢荣.高级审计理论与实务[M].北京:经济科学出版社,2011:5.
⑤ 尹平.论安全导向的政府审计理论体系[J].会计之友,2011(12):4-8.
⑥ 马正凯,黄晓波.审计理论框架的构建及分析[J].赤峰学院学报(自然科学版),2011(2):101-104.
⑦ 冯均科,陈淑芳,张丽达.基于受托责任构建政府审计理论框架的研究[J].审计与经济研究,2012(5):9-15.
⑧ 郑石桥.审计理论结构框架[C].中国审计学会审计教育分会首届博士论坛论文集(下),2012:276-287.

的问题,基础理论对应用理论有指引的作用,两者都是审计理论体系的一部分。

3.3.3　人本审计理论体系的构建思路

由于对人本审计理论的研究还处于起步阶段,构建其理论体系也不可能一蹴而就,所以本书尝试构建的人本审计理论体系从最基础、最核心部分开展研究,内容主要包含两个子系统:一个是人本审计基础理论体系;另一个是人本审计应用理论体系。

在研究人本审计理论体系过程中,应先从其体系框架入手,并以其为研究重点。人本审计理论结构贯穿人本审计理论体系始终,人本审计理论结构以审计本质为逻辑起点,由于审计环境对审计理论的巨大影响,特别是知识经济时代的到来,管理心理学、组织行为学和行为科学的发展,都对人本审计理论的产生和发展起到了促进作用,所以把它作为一个外部影响因素,但它并不构成审计理论结构的要素。人本审计理论作为一套紧密相连的假定性的、概念性的和实用性的原理的整体,构成了对所要探索的人本审计领域的可供参考的一般框架,它是对人本审计系统化的理性认识。

人本审计基础理论是指可以通用于任何人本审计实践活动的具有普遍指导性的审计理论,笔者把构成其理论结构的要素分为主要要素和次要要素,其中主要要素由审计本质、审计假设、审计目标、审计概念等构成,次要要素由审计原则、审计职能、审计对象等构成。在次要要素中,审计原则是在审计本质、假设、目标、概念基础上构建的;审计职能是基于审计本质和审计目标而提出的;审计对象在审计本质中已提及,本书不对次要要素进行详细论述,仅对主要要素进行论述。以上将在本书的第4、第5、第6、第7章详细论述。

人本审计应用理论则是以基础理论为原理运用于审计实践所形成的一系列指导实践的理论。人本审计应用理论如何划分,如何规范地开展,是人本审计应用理论需要解决的问题。按行为类型、审计主体、审计操作规范来分别阐述人本审计应用是比较系统的一个思路,按行为类型划分为行为可靠性审计理论、行为合法性审计理论、行为有效性审计理论;按审计的主体划分为人本国家审计应用理论、人本民间审计应用理论、人本内部审计应用理论;

按审计操作规范划分为人本审计准则理论、人本审计程序与方法理论、人本审计报告理论。该理论体系具备了系统性、先进性、可行性的特点,为人本审计理论的后续研究提供了借鉴和基础。在以上基础上,设计出以行为为导向的人本审计模式,包括审计的程序、方法、报告建议等内容。以上将在本书的第 8、第 9、第 10 章详细论述。

　　根据系统论的观点,人本审计理论是一个系统,人本审计基础理论和人本审计应用理论则是分属人本审计理论体系的两个紧密相连的子系统,人本审计基础理论是根本和基础,它需要解决的是"是什么"和"为什么"的问题;人本审计应用理论作为衔接实践的应用性理论,对基础理论进一步延伸和细化,它需要解决的是"应做什么"和"怎么做"的问题①。人本审计理论体系框架见图 3-4。

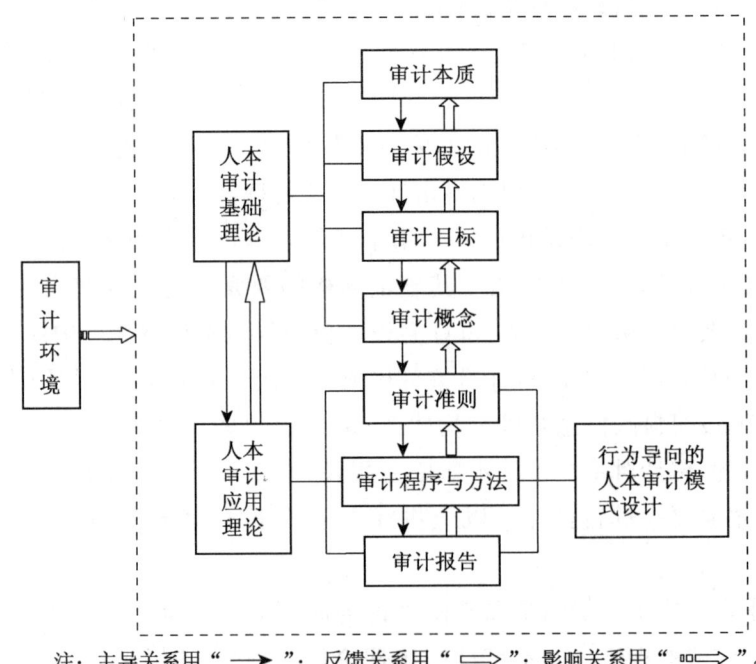

注:主导关系用" ➡ ";反馈关系用" ⟹ ";影响关系用" ⟹ "。

图 3-4　人本审计理论体系框架

---

① 姜毅,李雪.人本审计理论结构初探[J].中国会计与教育研究,2012(6):157-170.

3.4　人本审计理论体系的特点分析

本书所构建的人本审计理论体系,基本具备了系统性、先进性、可行性的特点,为人本审计理论的后续研究提供了借鉴和基础。

一是系统性。所构建的人本审计理论体系结构以人本审计本质为逻辑起点,分基础理论和应用理论两大部分,实现了基础理论和应用理论的有效衔接,系统内各要素既互相独立又密切联系,具备了整体性和关联性等特点。图 3-4 显示,人本审计环境与人本审计理论结构系统存在相互作用关系:一方面,审计环境对人本审计理论的存在和发展产生多方面的影响作用,它既为人本审计的产生提供了土壤和条件,也为人本审计的发展提供了保障条件;另一方面,审计理论体系结构诸要素也要适应外部环境的需要。图 3-4 显示,"审计本质"要素处于该理论体系的最高层,统领整个审计理论体系;"审计假设"介于"本质"要素和"目标"要素之间,既承接了审计本质的要义,又指导审计目标的确立;"审计目标"是根据审计本质要求,按照审计假设前提确定的;"审计概念"正是根据以上三要素来确立的。以上四要素构成了人本审计基础理论的主要内容。在人本审计基础理论指导下,构建了一系列人本审计应用理论,整个审计理论体系首尾呼应、紧密相连,符合审计理论结构的要求。

二是先进性。所构建的人本审计理论结构,是在分析了审计环境的变迁和传统审计理论缺陷的基础上,提出了对审计本质的新认识,让审计回归其实质,进而在此基础上构建了人本审计理论结构,抓住了事物的主要矛盾,解决了审计理论"见物不见人"的问题。整个理论体系围绕"人—物—人"的审计内在关系来构建,更符合经济社会发展规律。分析以往审计理论研究基本停留在"物"这一阶段,看似研究得很透彻,但没有站在"人"的角度去研究和思考问题,人类经济社会发展的规律要求以"人"为中心,让"人"的需求得到满足。由"物"的研究上升到"人—物—人"的研究,符合人类经济社会发展规律,也符合受托经济责任发展的要求。本理论结构打破了以往物本审计的桎梏,解决了审计理论"见物不见人"的弊端,抓住了"人"这一主导因素,鉴证、监督、评价等职能有了明确的方向,审计的建设性更加突出,审计的作用更加明显。

　　三是可行性。本书所构建的审计理论结构旨在增强其可行性，所构建的人本审计理论结构包括在人本审计基础理论指导下的应用理论，而且把应用理论作为重点研究的内容。在行为类型上解决了可靠性、合法性、有效性三类行为的应用理论；在审计主体上，提出了人本审计如何在国家审计、民间审计、内部审计中的应用；在审计操作上，重点解决了人本审计准则、人本审计程序与方法、人本审计报告三个主要要素的应用理论，使应用理论脚踏实地，具有较强的可行性和实践性，对未来的人本审计实践也会有较好的指导作用。

4 人本审计本质论

回顾审计四五千年的发展历史,虽然人本审计思想早已显现,但由于受物本主义的影响,以往传统审计从理论到实践都体现着物本主义的特点。由于物本审计的固有缺陷,影响了审计功能的有效发挥。物本审计逐渐发展为人本审计,成为审计发展的必然。

4.1 审计本质的含义及观点评析

4.1.1 审计本质的含义

《现代汉语词典》将"本质"解释为"指事物本身所固有的、决定事物性质、面貌和发展的根本属性。事物的本质是隐蔽的,是通过现象来表现的,不能用简单的直观去认识,必须透过现象掌握本质"。① 笔者认为,审计本质也就是审计所固有的、决定审计的性质、面貌和发展的根本属性,是区别于其他事物的基本特质。审计本质是审计理论的一个重要概念。英国汤姆·李和D·弗林特将审计的本质和目标作为审计理论结构中的第一基本要素。我国蔡春教授不仅将其作为审计理论结构中的第一要素,而且认为审计本质的研究在审计理论结构中具有导向的作用,决定着审计理论结构的发展方向。

审计本质对于回答"为什么要审计""审计是什么"和"审计能干什么"三个基本审计问题具有明确的指导意义。所以在本书第3章所构建的人本审计理论体系中将审计本质作为逻辑起点。

---

① 中国社会科学院语言研究所词典编辑室.现代汉语词典[M].北京:商务印书馆,2005:61.

4.1.2 对已有审计本质观点的评析

审计本质在审计理论体系中具有非常重要的地位,但目前理论界对审计本质仍缺乏统一认识。总结国内外对审计本质的认识,袁小勇(2010)认为主要有七种观点:"查账论""方法过程论""经济监督论""信号传递论""保险论""经济控制论""免疫系统论"[①]。徐政旦等(2011)主编的《审计研究前沿》(第二版)提出,从审计方法、审计职能角度对审计本质的认识主要有:"查账论""方法过程论""经济监督论";从审计作用角度对审计本质的认识主要有:"代理论""信息论""保险论""行为论";结合审计的方法、职能和作用对审计本质的认识主要有:"受托责任控制论""经济控制论""经济鉴证论"[②]。笔者认为,人们对审计本质的研究是随着实践的发展和认识水平的提高而不断完善的。以上各种观点由于受物本主义的影响,对审计本质的研究基本是围绕有关"事—物"的关系开展的,都可称为"物本审计",并没有抓住人及其行为这一主要矛盾,没有揭示审计的本质。以下对其中有代表性的"查账论""方法过程论""经济监督论""经济控制论"四种观点进行分析。

1) 关于"查账论"

在美国,"查账论"的绝对统治地位一直保持到 20 世纪 70 年代;而在英国,"查账论"影响之深直至 20 世纪 80 年代。著名审计学家罗伯特·H·蒙哥马利在其《蒙氏审计学》(第一版)中提到早期的审计是"簿记员审计"。据他测算,当时"整个审计过程 3/4 的时间是花在合计和过账上"。1953 年,美国注册会计师协会名词术语委员会(The Committee on Terminology)在《会计名词公告第 1 号》中定义:审计是一种检查,其旨在按照公认会计原则对公司和其他实体向公众和有关方面提供的财务报表的公允性和一致性表述意见。1961 年,开审计理论研究先河的莫茨·P·K 和 H·A·夏拉夫在合著的《审计理论结构》(《The Philosophy of Auditing》)一书中认为:审计是对财务资料的检查,其旨在判断财务资料所代表和反映的经济业务与财务状况的

---

① 袁小勇.论审计的本质[J].中国注册会计师,2010(5):33-39.
② 徐政旦,等.审计研究前沿[M].2 版.上海:上海财经大学出版社,2011:48-59.

真实性。直到 1972 年,美国注册会计师协会《审计准则说明书第 1 号》(SAS. No. 1)对审计的定义仍未跳出查账论的圈子,即认为:独立会计师对财务报表进行检查的目的是对其是否按照公认会计原则公允地反映了财务状况、经营成果和财务状况之变动情况表示意见。1974 年版的《大英百科全书》认为,审计是指由原负责编制账表的会计人员以外的会计专家对企业活动、账册和报表所进行的检查。[1] "查账论"见账不见人、"见物不见人"的行为,是早期的物本审计观,也是典型的物本审计观,已不适应现在审计实践的发展要求。

2) 关于"方法过程论"

1973 年,美国会计学会(AAA)在其出版的被誉为审计理论发展之第二座里程碑的《基本审计概念说明》(《A Statement of Basic Auditing Concepts》,简称《ASOBAC》)中对审计做了新的阐述,将审计视为一种系统的方法和过程,认为审计是整个经济信息系统中的一个有机组成部分,发挥着信息传递、增加经济信息价值的作用。"方法过程论"至今在西方审计理论界还有较强大的生命力。但方法过程论只侧重于论述审计的方法和手段,并没有说明审计产生的根本原因,它所认为审计的对象是经济活动中物的性质没有改变,也属物本审计观,没有揭示审计的本质属性。

3) 关于"经济监督论"

作为对"查账论"的否定和对"方法过程论"的扬弃,我国审计理论界提出了"经济监督论"这一命题,即认为审计是一种特殊的经济监督。它体现了我国审计学界独特的见解。1989 年年初,中国审计学会在贵州安顺市举行的学术讨论会,就此问题取得了较多的一致意见,提出了审计的定义:审计是由专职机构或人员,依法对被审单位的财政、财务收支及其有关经济活动的真实性、合法性、效益性进行审查,评价责任,用以维护财经法纪,改善经营管理,提高经济效益,促进宏观调控的独立性经济监督活动。但"经济监督论"无法将审计监督与其他经济监督区别开来,因而并未揭示审计本身所有的根本属

---

① 转引自:蔡春.审计理论结构研究[M].大连:东北财经大学出版社,2001:24.

性①;经济监督论不能涵盖绩效审计、环境审计等新兴审计类型职能的拓展要求;经济监督论监督的是经济活动中物化的方面,没有触及人及其行为,没有分析人对经济活动的主导作用,没有揭示审计的本质。

4)关于"经济控制论"

《利马宣言——审计规则指南》(1971)第一节中指出:"审计本身不是目的,而是控制系统不可分割的组成部分。这种控制系统的目的是要及早地揭露背离公认标准、违反原则和法令制度及违背资源管理的效率性、效果性和经济性原则的现象,以便在各种情况下尽可能及早采取改正措施,使当事人承担责任、赔偿经济损失或采取措施防止重蹈覆辙,至少也要使今后更难发生。"②英国著名审计学家 D·弗林特教授认为:审计是为确保受托责任履行的一种社会控制机制③。蔡春教授在其著作《审计理论结构研究》中指出,审计在本质上是一种确保受托经济责任全面有效履行的特殊经济控制。经济责任包括行为责任与报告责任的各项内容,并把行为责任分为保全责任、守法遵纪责任、控制责任、节约责任、效率责任、效果责任、社会责任七大类④。经济控制论在经济监督论的基础上把审计的职能又往前推进了一大步,而且蔡春教授对审计确保的行为责任进行了大致的分类。

但笔者认为,"控制"一词不能涵盖审计的固有职能,按《新华词典》对控制的解释:"掌握、支配、使之不超出一定范围"⑤,或按《现代汉语词典》的解释:"掌握住不使任意活动或超出范围"⑥。"控制"一词只是比较符合财务合规审计的职能,但却把审计的建设性排除在外,在审计实践中,审计早已不是单纯拿着尺子看被审计对象是否按既定标准执行了有关职责,而是发挥着为宏观管理服务、作为国家治理重要组成部分的职能,"控制"一词并不能涵盖审计的职能和作用;经济控制论也没有提及人及行为对经济活动的主导作用,没有揭示审计的本质。

---

① 袁小勇. 论审计的本质[J]. 中国注册会计师. 2010(5):33-39.

② INTOSAI. The Lina Declaration-Auditing Precepts and Guidelines,1977:1.

③ D FLINT. Philosophy and Principles of Auditing: An Introduction [M]. Macmillan Education Ltd. 1988: 15.

④ 蔡春. 审计理论结构研究[M]. 大连:东北财经大学出版社,2001:88.

⑤ 商务印书馆辞书研究中心. 新华词典[M]. 北京:商务印书馆,2001:564.

⑥ 中国社会科学院语言研究所词典编辑室. 现代汉语词典[M]. 北京:商务印书馆,2005:782.

4.2 物本审计的表现形式、特点和缺陷

4.2.1 物本审计的表现形式

从实践层面看,在审计的实践工作中,无论是国家审计还是民间审计、内部审计,或多或少都存在着物本审计的影子。审计人员受物本审计理念的影响,埋头在账簿中,以致没有时间看清审计对面的人,忘了自己的使命。物本审计在实践中主要有以下三种表现形式:

一是在审计理念上的表现。目前,审计人员还是停留在物本审计理念上。"审计人员就是与数字打交道",看账似乎是审计人员的天生工作,至于被审计人是个什么人,他的所作所为是什么,那不是审计人员关心的。

二是在审计实施上的表现。当前,在审计实践中"见物不见人"、重视财务收支无主体关联结果的现象还是非常明显的。通常在一个审计项目中,审计人员大部分在办公室检查账簿,看了一段时间的账簿后就会出具审计报告。审计人员非常注重对资产的盘点、负债的核对、权益的核实,但并不关心其背后人的行为,也不会分析被审计人的行为如何体现在账簿上,被审计人行为的动机、过程及结果与账簿的关系。如果账簿完美,即使知晓被审计人行为不端甚至舞弊,也会借口执行了审计准则而不予追究。即使在中国独创的经济责任审计领域,虽然审计对象已经明确是"人",但审计人员在审计过程中更多的还是关注账簿是否真实、经济活动是否合法,至于被审计"人"如何做出的决策,如何影响经济活动的真实、合法和效益,并没有进行深刻的分析。

三是在审计报告上的表现。限于目前的审计准则和审计人员的能力,审计报告仅对报表发表意见,并没有直接对被审计人发表意见。审计结束后,出具的审计报告说的是被审计单位如何如何,很少正面回答被审计单位管理层实际履行受托责任的情况。以下以民间审计和国家审计的三份报告为例,描述物本审计的表现,分析其存在的缺陷。

1) 注册会计师无保留意见的审计报告(根据《中国注册会计师审计准则第 1501 号——对财务报表形成审计意见和出具审计报告(2010 年 11 月 1 日修订)》)

ABC 股份有限公司全体股东：

我们审计了后附的 ABC 股份有限公司(以下简称 ABC 公司)财务报表，包括 2012 年 12 月 31 日的资产负债表,2012 年度的利润表、股东权益变动表和现金流量表以及财务报表附注。

一、管理层对财务报表的责任

×××。

二、注册会计师的责任

我们的责任是在实施审计工作的基础上对财务报表发表审计意见。×××。

三、审计意见

我们认为,上述 ABC 公司财务报表在所有重大方面按照企业会计准则的规定编制,公允地反映了 ABC 公司 2012 年 12 月 31 日的财务状况以及 2012 年度的经营成果和现金流量。

××会计师事务所　中国注册会计师:×××

中国　北京市　2013 年×月×日

分析:由该报告可以看出,注册会计师受股东委托对会计报表发表了意见,但并没有对经营管理者受托经营情况发表正面意见,报表虽然是反映经营管理者受托经营结果的文件,但并不能全部代表经营管理者受托经营履行责任的情况。注册会计师依照《企业会计准则》和《××会计制度》等物化的标准对报表发表意见,并没有对受托经营者及其行为发表意见,没有评价受托经营者的经营能力,也没有回答受托经营者是全部履行还是部分履行了受托责任,履行得如何。

2) 国家审计一般审计报告参考格式(根据审计署审法发[2011]24 号修改)

根据《中华人民共和国审计法》第××条的规定,××××(审计机关全称或者规范简称)派出审计组,自××××年××月××日至××××年××月××日,对××××(被审计单位全称或者规范简称。写全称时还应注明"以下简称××××")××××(审计范围)进行了审计,××××(根据需要可简要列明审计重点),对重要事项进行了必要的延伸和追溯。××××(被审计单位简称)及有关单位对其提供的财务会计资料以及其他相关资料的真实性和完整性负责。×××(审计机关全称或者规范简称)的责任是依法独立实施审计并出具审计报告。

一、被审计单位基本情况

××。

二、审计评价意见

审计结果表明×××。

[说明:①本部分应围绕项目审计目标,依照有关法律、法规、政策及其他标准,对被审计单位的财政收支、财务收支及其有关经济活动的真实、合法、效益情况进行评价。②本部分既包括正面评价,也包括对审计发现的主要问题的简要概括。③只对所审计的事项发表审计评价意见,对审计过程中未涉及、审计证据不充分、评价依据或者标准不明确以及超越审计职责范围的事项,不发表审计评价意见。]

三、审计发现的主要问题和处理(处罚)意见

××。

[说明:①此部分反映的问题主要包括审计发现的被审计单位违反国家规定的财政收支与财务收支问题、影响绩效的突出问题、内部控制和信息系统重大缺陷等。②反映被审计单位违反国家规定的财政收支、财务收支问题的,一般应表述违法违规事实、定性及依据、处理或处罚意见及依据;反映影响绩效的突出问题的,一般应表述事实、标准、原因、后果,以及改进意见;反映内部控制和信息系统重大缺陷的,一般应表述有关缺陷情况、后果及改进意见。]

分析:按照 2011 年 1 月 1 日起施行的《中华人民共和国国家审计准则》的规范要求,我国国家审计除经济责任审计外的审计对象还是停留在"提供的财务会计资料以及其他相关资料"上,没有抓住被审计单位的人这一主要矛盾;评价的对象也是财政财务收支的真实、合法、效益情况,没有正面对受托公共责任的领导履行责任情况发表意见,这也在一定程度上造成了我国党政机关和国有企业领导人不关心审计报告也不关心审计整改的现象发生。

3) 经济责任审计报告参考格式(根据 2012 年某市审计局党政机关负责人经济责任审计报告模板)

×××同志20××年××月至20××年××月任期经济责任审计报告

根据《中华人民共和国审计法》第二十五条和《党政主要领导干部和国有企业领导人员经济责任审计规定》(中办发[2010]32 号)的规定,受 A 市委组织部委托,A 市审计局派出审计组自20××年××月××日至20××年××月××日,对××局(原)局长×××同志20××年××月至20××年××月任期经济责任履行情况进行了就地审计,对重要事项进行了必要的延伸和追溯。××局对其提供的财务会计资料以及其他相关资料的真实性和完整性负责。A 市审计局的责任是依法独立实施审计并出具审计报告。

一、基本情况

×××是市政府直属行政单位,其主要职责是×××、×××。内设×××、×××等××个处室,编制××人,实有××人。下辖×××、×××等××个单位,编制××人,实有××人。该单位为市级财政全额拨款,20××年至20××年,共收到财政拨入资金××万元,支出××万元,截止到20××年年末累计结余××万元。

×××同志自××××年××月至××××年××月任该单位局长,负责×××(列明直接分管工作)。

本次审计,以财政财务收支为基础,以履行经济职责为主线,按照审计方案确定的范围和重点内容,延伸审计或调查了×××、×××等下属单位,部分事项进行了延伸审计(调查),并听取了×××同志(领导干部本人)和×××同志、×××同志(其他听取意见的范围)的意见。×××同志按时提交了任职期间履行经济职责的述职报告。

二、经济责任事项审计情况

(一)经济职责履行情况

1. 市委、市政府及上级部门考核的重要经济工作目标完成情况

2. 贯彻执行国家及上级决策部署情况

3. 部门经济职责履行情况

(二)财政财务收支情况

1. 部门预算执行情况

2. 财务收支情况

3. 行政事业性收费、基金收支情况

(三)重大经济事项决策与执行情况

1. 项目投资建设情况

2. 物资或服务采购情况

3. 资产(资源)使用处理情况

4. 其他重要经济事项

(四)内部经济监督与管理情况

(五)审计整改情况

(六)个人遵守财经纪律及有关廉政规定情况

三、审计评价

审计结果表明,20××年至20×××年×××同志任××局局长期间,××局(全面完成)了市委市政府考核的重要工作指标;(全面贯彻执行)了国家有关法律、法规和上级决策部署;会计资料(基本真实)反映了单位的财政财务收支状况,财政财务收支(基本合规);财政资金使用效益(达到预期效果);决策制度(健全);经核实,(决策程序规范)、(决策内容合法)、(决策目标全面实现);内控制度(健全有效)。×××同志直接分管的下属单位未发现违法违规问题,财务收支(监管有效)。以前年度审计查出的问题(得到全面整改)。但审计也发现,××局在××××、××××、××××等方面还存在一些问题。在本次审计范围内,未发现×××同志有违反廉洁从政有关规定的行为。对于×××问题,×××同志应负直接责任,对×××问题,×××同志负主管责任,对×××问题,×××同志负领导责任。

四、审计发现的主要问题及处理意见

(一)×××问题。×××同志对此负有××责任。

（二）×××问题。×××同志对此负有××责任。

五、审计建议

分析:虽然经过十多年的发展,经济责任审计已经成为审计机关的一项重要工作,但分析上述最新的经济责任报告模板,可以发现:目前的经济责任审计并没有摆脱物本审计的影响,尚未建立起以人为中心的审计思路。首先,审计的对象完全依托账簿等经济活动的有关资料,没有对人及其行为进行考察;其次,依据的标准也是以物为中心的会计制度等的标准;最后,没有正面回答受托者的履行责任情况。审计可以发现被审计单位是否有严重的违规问题,但不能很好地评价被审计人的履行责任的能力、决策水平、行为改进的建议,造成审计报告只可以作为不提拔使用干部的参考,不能作为评价、使用、提拔、调任干部的依据。

以上说明,审计实践始终没有摆脱以账簿等物为中心的实践模式,这与受托审计的初衷还是有差距的,受托审计的目的是审查被审计人是否履行了职责、履行得如何,借助账簿来审查评价,本无可厚非,但若对被审计人及其行为未进行有效的审计,只是凭账簿就做出审计评价,哪怕被审计人行为败坏,但就凭所谓的完美账簿就进行评价会造成"失之毫厘、谬以千里"的错误。分析造成以上现象的原因:一方面,现行的审计准则并没有将人及其行为放到足够重要的位置,造成审计人员忽视了人及其行为的重要作用;另一方面,现行审计人员的理念和能力也达不到人本审计的要求。

4.2.2 物本审计的特点

通过上述理论和实践两个层面的论述可以明确,所谓物本审计,就是以物为中心、为根本的审计。物本审计认为账簿及经济活动等"物"在审计系统中占有绝对重要位置,无论从审计对象、审计目标、审计标准,再到审计内容和所提建议,都要围绕"物"来进行,有时虽然也会考虑人及其行为,但只是处于从属的地位。物本审计有以下特点:

首先,审计对象是"物"性的。根据传统理论对审计对象的解释,审计对象是指审计所要考察的客体,即被审单位的财务收支,及其有关的经营管理活动和作为提供这些经济活动信息载体的会计报表及其他有关资料。具体来说,一是被审计单位的财政财务收支及其有关的经济活动。二是被审计单位提供的各种财政财务收支状况及其有关经济活动信息的载体。会计资料和其他有关经济资料是审计对象的现象,其反映的被审计单位的财政财务收支及有关经济活动是审计对象的本质①。这说明,传统审计理论认为审计对象的最终源头是财政财务收支及有关经济活动,而实际上最终导致经济活动结果产生的是人及其行为,这才是最终的审计对象。

其次,审计模式或方法是围绕"物"来设计的。以物本审计理论指导的审计实践工作,先后经历了账项基础导向到制度基础导向再到风险导向审计模式的发展,始终在围绕账、制度、风险来确立审计的实践操作模式,并未将其背后的"人"正式纳入审计操作模式中。在审计实践中,运用的审计方法也基本是围绕以上内容来设计的,如盘点现金、抽查账簿、核对账务、分析性复核等方法,很少运用到对人及其行为进行审计的方法上。

再次,审计提供的信息大都是有关物化的信息。与物本会计一样,建立在物性对象基础上的审计结果,提供出来的也必然是用货币量度的物化价值的信息。正如上面所列示的审计报告,内容大多是说明账簿是否真实、合法、合规,会计报表是否有重大错报,内部控制制度是否健全有效,但很少披露受托人履行经济责任的情况,也很少披露受托人重要行为事项。

最后,审计的目的一般停留在检查、鉴证、监督、评价经济活动的真实、合法、合规、绩效性上,很少对受托人履行受托责任存在的不足及存在的原因进行深刻分析,难以提出改进受托人行为的建议或意见,审计的建设性功能受限。

4.2.3 物本审计的理论缺陷分析

分析物本审计,虽然在审计发展的历史上做出了很大的贡献,而且其科学合理的部分也会在未来审计的发展中得到继承,但其弊端和缺陷也是非常明显的,需要我们加以反思和厘清。②

---

① 宋常.审计学[M].北京:中国人民大学出版社,2011:12.
② 徐国君,姜毅.审计学革命——从物本审计到人本审计[J].中国注册会计师,2012(10):57-62.

1）忽视了人及其行为的根本作用

审计以物为中心和根本，停留在事物的表面，没有抓住审计本身所必然固有的特性。物本审计忽视了其背后人的主导作用，"见物不见人"，使审计成了无源之水、无本之木，从而导致人们对审计本质的认识浅表化、物的异化。

2）不能有效发挥审计的作用

物本审计虽然试图严格按照既定的物性的标准对物性的审计对象进行检查、鉴证、监督、控制、评价，看似非常科学合理，但就事论事，没有抓住人这一主要矛盾，审计活动失去了应有的终极性目标，造成了鉴证、监督、评价、建议不到位，不能从根本上解决经济活动中存在的问题，审计成效难以提高。

3）割裂了经济活动结果与人及其行为过程的有机关系

物本审计片面追求物化的结果，不能有效对经济活动的本原——人及其行为进行足够关注，没有深入分析被审计人的行为动机和各种环境因素，忽视对行为过程的审查，导致审计停留在事物的表面，难以触及其本源和实质，不能全面分析被审计人履行经济责任的情况。虽然知道"是什么"，但不知"为什么"和"怎么办"，审计作用难以提升。

4）没有正面回答受托者责任履行情况

虽然社会公众期望审计人员应能毫无遗漏地发现被审计人存在的严重的舞弊行为，但审计人员限于审计成本和自身能力不足，不能满足公众的要求，导致现行的物本审计一直对财务报表或经济活动事项发表意见，不能对被审计人直接发表意见，没有实现委托者对审计者的要求。

4.3　人本审计的本质、特点和理论意义

马克思主义认识论告诉我们，认识从实践中产生，随实践而发展，认识的根本目的是为了实践，认识的真理性也只有在实践中得到检验和证明；认识的发展过程是从感性认识到理性认识，再由理性认识到能动地改造客观世界

的辩证过程；一个正确的认识，往往需要经过物质与精神、实践与认识之间的多次反复；社会实践的无穷无尽决定了认识发展的永无止境。我们对审计本质的认识也是如此。

4.3.1 人本审计的本质

人本审计是与物本审计相对应的一个概念，是对审计本质的再认识，也是对审计本质认识的回归。该种意义的人本审计，既不是人力资源审计、行为审计名称的变换，也不是在传统审计之外另起炉灶新建立一个审计分支，而是继承物本审计的科学成分，将以人为本的原则系统运用于审计领域，是在对传统审计本质的革新基础上建立的新审计系统。新的审计本质观也继承了物本审计中有生命力的部分：一是审计是一个完成受托责任评价的过程，即审计人根据委托人对被审计人受托经济责任情况评价的过程。二是审计具有三大职能，分别是监督、鉴证和评价，这是审计的使命，也是审计能立命安身之所在。三是审计要对账簿或经济活动的公允性、合规性、绩效性发表意见，这也是审计的重点目标和内容。四是审计受委托人委托，要履行报告等反映的职责。

本书认为，人本审计的本质是指以人及其行为为中心、为根本的审计观。在此基础上，需对审计的定义进行重新界定。笔者认为，审计是一种社会现象，是人类对自身行为的评价活动。具体来说，审计是审计人对照既定标准，评价被审计人及其行为的可靠性、合法性、有效性，从而确定被审计人的受托责任，提出改进行为的建议并向行为者问责的活动。

分析人本审计观下的审计本质，主要包含三个方面。

1）人本审计要以被审计人及其行为为导向

人本审计观下的审计不再以账项、制度、风险为导向，而是建立起全新的以人及其行为为导向的审计模式。在该种模式下，重视对行为风险的评估；审计思路调整为"由内而外"和"由外而内"相结合；审计方法引入了对行为动机、行为、人格、能力、气质的测评方法，丰富了审计的技术和方法。

2）人本审计观下的审计要对人及其行为进行评价

人本审计观下的审计不再是以物为中心，而是人评人，不是人评物。审计是透过物去看人,是人类对人及其行为的评价活动。从某种意义上来讲,审计人员也是评判者,只不过评判的是受托经济责任完成情况。这也是人本审计与物本审计的一个最大区别。

3) 人本审计要对人及其行为发表意见并报告

审计人对被审计人及其行为进行审计后,就可以结合分析经济活动的情况,综合分析行为动机、过程和结果,对被审计人行为的可靠性、合法性、有效性发表意见,并将被审计人的行为信息报告给受托人,最终评价被审计人履行受托责任情况,向受托人或被审计人提出改进行为的建议并向反面消极行为问责。

4.3.2　人本审计的特点

人本审计关注人的行为过程对经济活动产生的主导作用,重视"人—事/物"的关系,从而能更好地把握审计的实质。人本审计主要有如下基本特点。

1) "以人为中心"贯穿审计始终

人本审计最大也是最主要的特点就是新审计系统以人为中心,即审计的着眼点是人,审计过程中关注人及其行为,审计也由人结束,审计报告的对象是人,最终向人问责,向人提建议,促进人及其行为的改善提高。

2) 以"人的行为"为审计对象

人本审计把对人及其行为的可靠性、合法性、有效性作为最主要的审计内容和最终的着力点,行为是因,经济事项的完成是果,有因才有果,对人的行为进行审计把握了审计的根本,这是人本审计的基本特征。

3) 以"改进人行为"为审计目标

人本审计是以改进人及其行为,从而促进人类社会进步为存在的内在动因。人类对自身的行为进行鉴证、审查、监督、评价而出现的人本审计,关注人的行为过程,关注行为存在的问题和不足,发挥审计监督作用,提出建设性审计的建议,促进人做出正确的决策,保证行为的合法、合规、有效,从而推动社会的进步。

4.3.3 人本审计的优点及界定审计本质的理论意义

1) 人本审计的优点

由上分析,人本审计具有以下优点:

(1) 科学地认识了审计的本质。人本审计让审计本质重归"人—事/物"的关系,一方面会更好地指导审计理论的发展,另一方面也会使人们抓住事物的主要矛盾,促进审计实践的大发展。

(2) 更好地发挥审计建设性作用。人本审计以人为出发点,也以人为落脚点,审计的作用不仅是评价人类行为,而是要提出改进行为的建议,建立起类似责权利相结合的机制,促进人及其行为的持续改进和完善,解决以往传统审计不能解决的难题。

(3) 更好地实现了委托方的要求。人本审计正面回答了受托经营管理者履行责任的情况,摆脱了过去单纯借助受托经济责任的载体——物来发表意见的不足,实现了人与物的结合和统一,全面符合委托方的要求,缩小了审计期望差距,审计的职能和作用大大提升。正因为人本审计适应了新环境的变化,让审计本质回归其实质,由物本审计到人本审计成为审计发展的必然。

(4) 审计功能实现拓展。人本审计强调约束、监督、激励人的行为,实现了经济活动结果与人的行为的有机统一。审计从更深的层次分析人及其行为的动机、行为过程和行为结果,对行为问题的原因分析得更透,提出的建议也更有针对性,审计的功能拓展到改进人的行为的功能上来。

2) 人本审计本质界定的理论意义

分析人本审计本质的理论意义有以下三个方面:

(1) 人本审计本质成为审计理论体系的逻辑起点。人本审计观下的审计本质是人本审计理论体系构建的逻辑起点,人本审计本质在整个审计理论体系中处于核心的位置,起着统领整个审计理论体系的作用。由人本审计本质推出人本审计的假设,根据人本审计本质要求和人本审计假设前提确定了人本审计目标,根据以上三者,确立了人本审计概念体系,从而奠定了人本审计基础理论体系。在人本审计基础理论指导下,构建了一系列人本审计应用理论,构成了整个人本审计理论体系。

（2）人本审计本质是人本审计基础理论的核心要素。人本审计本质是构建人本审计基础理论其他要素的重要基础。在人本审计本质下,审计假设将人及其行为纳入新的审计假设理论体系中,使得新的审计假设体系更加完善和科学;在人本审计本质下,审计目标要关注被审计人及其行为,并把分析行为动机、过程和结果纳入目标体系中,新的审计目标不仅揭露人及其行为存在的问题,而且要提出改进行为的建议,发挥审计的建设性作用;在人本审计本质下,审计概念除了继承以往的审计概念外,还将有关人及其行为的新概念纳入理论体系中,这为衔接人本审计应用理论搭建好了桥梁。人本审计假设、人本审计目标、人本审计概念的构建都离不开人本审计本质的支持;同时,人本审计假设、人本审计目标、人本审计概念对审计本质也进一步作了补充和丰富,共同构成了人本审计基础理论体系。

（3）人本审计本质为人本审计应用理论发挥指引作用。人本审计本质对人本审计应用理论及具体审计模式设计起到了很好的引导作用:一是在理念上将人及其行为纳入审计系统;二是在具体设计上,人及其行为贯穿审计过程的始终,审计活动抓住了事物的本质,使得新的审计模式更加科学有效地开展工作,审计的职能和作用大大提升。

4.4 人本审计应用价值:以国家审计为例

毋庸讳言,物本审计存在诸多缺陷,在一定程度上阻碍了审计事业的发展,而人本审计适应了社会的发展,必将引领审计理论研究和实践工作迈向一个新高度。以国家审计为例,国家审计因物本审计而存在诸多缺陷和不足,人本审计将改变这一现状,较好地实现国家审计功能的应有作用。本书第十二章将用两个审计案例来说明人本审计在国家审计中的应用价值。

4.4.1 国家审计功能发展演变分析

国家审计经过几千年的发展演变,发生了翻天覆地的变化。以我国为例,按照功能的演进划分,国家审计大致经过了以下三个阶段:第一个阶段是20世纪以前,主要功能是评价和认证,期间也有司法的功能;第二阶段是20世纪以来至新中国成立期间,主要功能是评价和认证,期间也有建设的功能;第三阶段是1982年至今,国家审计的功能发展到认证、评价、建设、鉴证、预防、揭露、抵御、执法等功能。具体见表4-1、表4-2和表4-3①。目前,国家审计的主要功能是维护国家财政经济秩序,提高财政资金使用效益,促进廉政建设,保障国民经济和社会健康发展。国家审计已经成为国家经济运行安全的"免疫系统",是国家治理的重要组成部分。

表 4-1　20 世纪以前历代国家审计职能的演变情况

朝代	本质性职能	主要功能职能	官府/官吏	隶属关系	审计方式	审计特点
西周	监督	评价、认证、执法	宰夫	小宰	审计会计	有独立性,地位低
春秋战国	监督	评价、司法	丞相、御史、尚书等兼职	国君	上计制度	地位低
秦汉朝	监督	评价、认证、司法	御史大夫	皇帝	上计制度	地位高,权力大,独立
三国至隋朝	监督	评价、认证、司法	御史大夫、比部	尚书省	监察财政	机构独立,监管司法
唐朝	监督	评价、认证	比部、御史台、史大夫	皇帝、刑部	财政司法监督合一	机构独立,有弹劾和处理权
宋朝	监督	评价、认证	比部	三司度支、户部盐铁	财审合一	地位低、权力小
元朝	监督	认证、司法	御史台	皇帝	监察与审计合一	独立性较低,行政型
明朝	监督	认证	户部十三清吏司都察院	户部、皇帝	行政司法监察合一	独立性较低,行政型
清朝	监督	评价、认证	都察院	户部、皇帝	行使外部审计职能	由内部稽核转为专制审计

---

① 杨轶.中国国家审计职能演化历程及趋势分析[EB/OL].(2011-11-08).http://www.audit.gov.cn/.

表 4-2　20 世纪以来至新中国成立期间的国家审计职能演变情况

时期	本质性职能	主要功能性职能	审计部门	隶属关系	主要审计法规
民国时期	监督	评价、认证	中央审计处、审计院	国务总理、大总统	《审计处暂行章程》《审计条例》《审计法》
广东革命政府时期	监督	评价、认证	审计局	大元帅	《海陆空审计条例》
国民党政府时期	监督	评价、认证、司法	第二局、审计院、审计部	监察院、国民政府	《审计院组织法》《中华民国国民政府审计法》
革命根据地时期	监督	认证、建设	审计局、审计处、审计委员会	罢工位会员、中央财政人们委员部、中央执行委员会	《审计局组织法》《中华苏维埃共和国中央政府执行委员会审计条例》

表 4-3　1982 年至今的国家审计职能演化情况

阶段	本质性职能	主要功能性职能	审计部门	隶属关系	主要审计法规
第一阶段（1983—1992）	监督	认证、评价、支付	审计署	国务院	《审计条例》
第二阶段（1993—1997）	监督	认证、评价、建设、执法	审计署	国务院	《审计法》《实施条例》《国家基本审计准则》
第三阶段（1998—2007）	监督	认证、评价、建设、鉴证、执法	审计署	国务院	《审计条例》
第四阶段（2008—）	监督	认证、评价、建设、鉴证、提示、防御、执法	审计署	国务院	《审计法》《实施条例》《国家基本审计准则》《国家审计准则》

资料来源：杨轶.中国国家审计职能演化历程及趋势分析[EB/OL].(2011-11-08)http://www.audit.gov.cn/.笔者对之略加修改。

　　分析国外现代国家审计的发展，以美国为例，美国审计总署 1921 年成立，最初的主要工作是财务审计，即检查行政机关财务会计制度的完善程度和财政执行情况，对行政机关的会计凭证、账簿和报表以及已经发生的财政财务收支的原始票据是否真实、合规、合法进行审查和评价，工作手段是依靠逐张检查会计凭证和单据来完成。经过 20 世纪 40 年代末 50 年代初的政策，审计总署的工作重心由微观的财务审计转向宏观的绩效审计，审计总署的主要任务是对政府重大决策的收益性进行评估，分析将来决策执行时的财政负担状况，以及研究决策执行的方法、程序和技术问题。进入 21 世纪，审计总署的大部分工作是负责对联邦政府进行绩效审核、项目评估、政策分析等,财务审计只占其工作总量的15%。至2004年,审计总署更名为政府责任署,履行"协助国会实现宪法责任、提高联邦政府绩效和保证联邦政府对美国公民的责任"之职[①]。国家审计由传统的财务审计发展到现在的绩效审计、问责审计,在国家运行中发挥着日益重要的作用。

4.4.2　国家审计功能的局限性分析

随着国家审计的发展,其功能日益完善和强大,但我们实现全部目标了吗?笔者认为,国家审计发展到了今天,我们的国家审计功能还受到一些固有的限制,仍存在很多问题没有解决:一是屡审屡犯的问题没有解决;二是没有建立起良好的问责机制;三是审计的建设性作用没有发挥好。

一是屡审屡犯的问题没有解决。2010年2月19日,审计长刘家义在国务院新闻办公室举行的新闻发布会上指出,以往审计工作中出现的"屡查屡犯"现象,"此类问题不是个案,带有一定的共性,是制度性问题,不可能通过一次审计揭露彻底改掉,需要改革体制,这是一个不断推进的过程"。据2010年7月14日中国新闻网报道,审计长刘家义就2010年上半年审计情况统计结果坦言,在审计工作中,"屡审屡犯"的问题确实存在。审计和被审计好似猫和老鼠的关系,谁也离不开谁,屡审屡犯,屡犯屡审,屡审屡犯。审计好似走进了一个怪圈,永远解决不了这一现实问题。

分析造成审计屡审屡犯问题的原因有很多。观点一,认为"屡犯"的成本太低,对"屡犯"下手太轻——不痛不痒的"通报""纠正""责令整改",没人会把它当做多大一回事,造成了屡审屡犯。观点二,认为是因为体制上的不顺,导致审计难以走出"怪圈"。目前的国家审计缺少有效的配合支持,不能形成审计、问责、处罚、整改的相关监督部门的互动机制和整体合力,审计只是在唱"独角戏"。从审计的效果看,审计年年审,问题照样年年出,针对审计发现的问题,审计只能"重重举起,轻轻放下"。被审计单位对审计整改置若罔闻,问题"涛声依旧",审计机关也只能无可奈何,叹惜不止。观点三,认为国家没有赋予审计更大的权力,导致审计想为而难有为。目前对审计决定的落实,

---

①　李永强.美国政府审计发展及启示[J].财会通讯(学术版),2007(11):84.

我国现行法规规定"被审计单位应该执行审计决定"以及"可申请人民法院强制执行"。对审计决定的落实审计部门没有直接的、有效的监督手段,执法缺乏制约性和强制力,也就谈不上威慑力。因此,对被审计单位拒不执行审计决定的,"屡审屡犯,屡纠屡犯"也就成为必然。但笔者认为还有一个重要原因也不可忽视,那就是物本审计对审计造成的影响,以往审计以物为中心,审计的重心在经济活动等物化的东西,并没有触及经济活动的本源即人及其行为,没有抓住事物的实质,造成了屡审屡犯。

二是没有建立起良好的问责机制。从"审计风暴"到"免疫系统",审计连年抛出重磅炸弹,揭露和查处的问题始终触目惊心,但"审计风暴年年刮、审计整改年年搞、违法违规年年有"的局面仍未有较大改观,"审计之后,谁来问责"已成为社会公众愈加期盼解决的问题。所谓审计问责,是由问责主体针对审计机关发现的政府及其公务员对其职责和义务产生否定性结果的质疑并追究相关责任的制度规范。近几年来,审计问责已在我国得到了广泛开展,但"由谁问责、向谁问责、所问何责、如何施问"等审计问责涉及的关键问题还没有很好地解决,离制度化、规范化、科学化仍有很大差距。分析审计问责机制尚需建立健全的原因有很多,笔者认为其中一个重要原因是没有对人问责。据冯均科(2009)所做的国家审计机关对审计问责制度的评价问卷结果,在"'对人问责'与'对机构问责'的一般做法是"问卷中,有13.84%的问卷认为重点问责于人,有28.19%的问卷认为重点问责于机构①。这说明,目前,审计机关重视对法人的处理处罚,轻视对自然人的处理处罚,被审计单位的违法、违规问题是有关人员所造成的,由单位承担责任意味着个人可以逃避责任。这意味着,审计问责未解决"责任人"的问题,主要解决被审计法人的问题,只治标,不治本。

三是审计的建设性作用没有发挥好。目前,国家审计提出了审计是国家经济运行安全的"免疫系统",其主要有三大功能:预防性功能、建设性功能、抵御性功能。对于什么是建设性功能,刘家义审计长指出,建设性是指能在揭露问题的基础上,提出更多更好的解决问题的办法和措施。② 我国国家审计在发挥建设性功能上还存在诸多不足,这表现在审计实践工作中,审计就

① 冯均科.审计问责:理论研究与制度设计[M].北京:经济科学出版社,2009:200.
② 刘家义.以科学发展观为指导推动审计工作全面发展[J].审计研究,2008(3):3-9.

事论事,没有深刻分析问题发生的原因,所提的建议也是浮在事物的表面,大多是加强内部管理、高度重视所查处的问题等笼统的建议,真正建设性强的建议不多。分析造成建设性功能受限的原因,其中之一就是没有深刻分析经济活动背后的人及其行为如何发生的,其行为背后的动机是什么,没有找到问题的根源,也就提不出有针对性的建议了,审计的建设性也就很难发挥出来。

4.4.3 人本审计在实现国家审计功能中的作用

相对物本审计,人本审计除了在理论上具有创新审计学科的意义外,在实现国家审计功能中还有以下现实意义[①]。

1) 实现审计技术和方法的革新

人本审计融合了传统审计学、行为科学、心理学、人类学、经济学、管理学等多学科的优势,在继承传统审计的技术、方法和现代计算机信息技术的基础上,开拓创新运用能力测试、行为评价、访谈、调查等新技术和方法,实现审计技术和方法的革新。

2) 实现受托审计责任的全面提升

人本审计观下的审计不再遮遮掩掩,只对会计报表是否公允或经济活动的真实合法效益情况等发表意见,而是直接对受托人履行经济责任情况发表意见,不仅实现了对受托责任进行再认定和再解除的作用,而且对受托人的行为动机、履行职责的能力、履行经济责任的结果进行系统全面分析,起到考核、奖惩的依据作用,特别是在经济责任审计中真正起到评价、使用、提拔、调任干部的作用。

3) 解决审计屡审屡犯难题

人本审计观下的审计不再对物或事问责,也不仅对法人问责,而是直接

---

① 徐国君,姜毅.审计学革命——从物本审计到人本审计[J].中国注册会计师,2012(10):57-62.

对责任人问责,系统剖析责任人的行为动机、行为过程和行为结果,提出对责任人的处理意见,记入责任人的行为档案,直击责任人的神经,使其不再漠视问题的发生,树立责任的理念。审计由事/物及人,形成良好的社会环境,切实解决审计屡审屡犯难题。

4)更好地发挥建设性作用

人本审计以人为出发点,也以人为落脚点,审计的作用不仅是评价人的行为,更重要的是系统分析人的行为存在的缺陷,站在人性的角度提出改进人的行为的建议。审计不再只是提出改进事和物的建议,而是提出改进人及其行为的建议,审计的建设性也会得到大大提升。

5)促进国家民主政治的发展

在人本审计观下,由物本审计走向人本审计、由官本审计走向民本审计成为历史的必然。审计会更加关注人的需求,尊重人的发展,更有效地协调人的关系,审计实践会朝着民生审计、资源环境审计、绩效审计、责任审计等新领域拓展,这些新领域都会推进国家民主政治的发展,从而促进国家的进步。

5   人本审计假设论

在人本审计本质的指引下,人本审计假设就成为下一步论证的内容。人本审计假设直接影响着人本审计基础理论的其他核心要素的构建。

5.1 审计假设的含义和意义

5.1.1   审计假设的含义

《现代汉语词典》将"假设"解释为"科学研究上对客观事物的假定的说明,假设要根据事实提出,经过实践证明是正确的,就成为理论"。[①] 笔者认为,与会计假设一样,审计假设是审计理论和实践的基本前提或假定。假设是一个既抽象而又具体的概念,说其抽象是因为其本身是否存在无法予以可靠地验证;说其具体是因为几乎所有的学科,无论是自然科学还是社会科学的研究都会碰到它、需要它。假设是人类认识接近客观真理的方式,也是论证理论所需要的必经之路。由审计假设的含义,可以得出审计假设的以下特点。

1) 审计假设在本质上是普遍性的,而且是推导其他审计命题的基础

为深入研究和发展审计学科领域的理论和实践,不得不人为地割断诸事物之间的某些联系,从而把审计学科领域限定在一个可操作的范围之内。当然,"人为地割断"绝不是随心所欲,而"科学地割断"就会形成审计假设,为审计学科领域的推理和逻辑展开提供一个出发点或基础。没有基础和出发点,我们就无法推理和做出相应的结论,也无法同不承认这些基础和出发点的人,去讨论和证明什么东西。莫茨・P・K 和 H・A・夏拉夫在《审计理论结

---

① 中国社会科学院语言研究所词典编辑室. 现代汉语词典[M]. 北京:商务印书馆,2005:609.

构》一书中指出了审计假设的意义:"它们既可用作审计理论的演绎基础,也可用来构建整个审计理论体系。"①因此,审计假设对审计学科的建立和发展是不可缺少的。

2)判断审计假设能否成立的唯一标准是审计实践

支持审计假设的是审计实践而不是审计原则、审计概念等理性的东西,因而审计假设不可能由审计原则、审计概念等推理而成。判断一项审计假设是否成立,只要看支持或否定审计假设的审计实践是否成立就可以。

3)审计假设随审计环境的变化而变化

任何事物都是环境的产物,假设也不例外。一旦环境变化(包括会计报告和审计报告用途的变化),审计假设势必会发生变化,因此适应新的环境的假设也就随之而生。审计实践证明,许多曾被认为有效和有用的审计假设,在日后受到了挑战,甚至会丧失其存在的价值。面对失效的审计假设,要么按照变化了的环境建立新的审计假设,作为新的出发点去修订已有的审计理论结构,促进审计学科的发展;要么不顾事实抱着失效的审计假设不放,使已构建的审计理论结构最终失去基础而遭倾覆。审计学科的发展史同样展现了审计学科假设的发展历程。所以,建立新的审计假设是审计学科发展的重要标志。

4)审计假设具有逻辑性、抽象性、系统性的特点

审计假设是由概念、判断和推理构成的逻辑关系,体现了内在的逻辑关系;审计假设的抽象性是指它应该在一系列经验、事实材料基础上进行提炼与概括;审计假设的系统性是指各项假设必须首尾贯通、浑然一体,构成一个完整的体系。

5.1.2 审计假设的意义

由审计假设的含义,我们知道研究审计假设对构建科学合理的审计理论体系和审计实践的重要意义。

---

① MAUTZ, SHARAF. Philosophy of Auditing [M]. American Accounting Association, 1961: 42.

1）审计假设是审计理论体系逻辑推理的前提，审计假设科学与否决定着审计理论体系的科学性

第一次试图建立审计假设的莫茨·P·K和H·A·夏拉夫在《审计理论结构》一书中是这样解释的："亚里士多德说过：'每一可论证的科学多半是从未经论证的公理开始的；否则，论证的阶段就永无止境。'从这一简单的论述中，我们能认识到假设存在的理由。没有出发点，我们就无法进行推理或思维，我们也不可能向那些不接受讨论基础的人'证明'任何事物。不管我们是要使自己满意，还是为了使别人满意，均是如此。假设在任何理论大厦里，都占据着基础的位置。假设也许不是明确的真理，但是，不管假设是不是真理，我们必须承认它，这才是关键所在。因为没有假设，我们就不能有进一步的作为。"①审计假设为发展符合逻辑的、完整的审计理论提供了必要的基础。审计如果打算成为一门学科，要解决其他问题，要经受职业内部和外部的批评，那么，表述若干类似的审计假设就是必不可少的。所以，审计假设是研究审计理论体系的前提，正确的审计假设保证了构建审计理论体系的科学性，如果审计假设不正确，则由此构造的审计理论体系也是不科学和经不起检验的。

2）审计假设来源于审计实践并用于指导审计实践

审计假设不仅对审计理论研究至关重要，而且对审计实践有较强的指导作用。审计假设来源于审计实践，并需要通过实践来进行验证；同时审计假设又对审计实践发挥指导作用。审计假设对审计实践的指导作用体现在两个方面：一是可以作为审计理论体系的前提，推导出审计基本理论和应用理论，进而指导实践；二是在审计实践中，审计假设能帮助审计师选择适当的方式和方法进行工作。没有审计假设，审计工作就无法进行②。

3）审计假设是合理确定审计人员职责的重要依据

正确合理的审计假设是实施审计工作和履行审计职责的基本条件；缺乏

① 莫茨·P·K，H·A·夏拉夫.审计理论结构[M].文硕，等，译.北京：中国商业出版社，1990：47-48.
② 刘明辉.高级审计研究[M].大连：东北财经大学出版社，2009：69.

正确的审计假设,审计工作实施缺乏逻辑依据,也使审计职责难以界定。莫茨和夏拉夫创新提出的很多审计假设就与审计人员的责任密切相关。比如,他们提出的财务报表和财务数据可验证假设,审计人员才能通过实施审计程序,运用各种审计方法,获取必要的审计证据,发表审计意见。没有此条假设,审计人员的责任就无法界定。审计假设为界定审计人员的责任、规范审计人员的行为提供了依据[①]。

5.2 审计假设研究典型观点比较分析

综观国外有关审计假设的论述,先后有四种代表模式在各个时期对审计理论的研究发挥了重要作用。一是莫茨·P·K 和 H·A·夏拉夫(1961)在《审计理论结构》中提出的八项基本假设模式[②]。二是汤姆·李(1972)在《公司审计》一书中提出的三类十三项审计假设模式[③]。三是 C·W·尚德尔(1978)在《审计理论:评价、调查与判断》一书中提出的五项审计假设模式[④]。四是 D·弗林特(1988)在《审计哲学与原理导论》中提出的七项审计假设模式[⑤]。国外四种审计假设模式的主要内容和重要意义见表 5-1。

表 5-1 国外四种审计假设模式比较表

审计假设模式	主要内容	重要意义
莫茨和夏拉夫模式	①财务报表和财务资料是可以验证的。②审计师和被审单位管理当局之间没有必然的利害冲突。③提交验证的财务报表和其他信息资料不存在串通舞弊和其他非常行为。④完善的内部控制系统可以减少舞弊发生的可能性。⑤公认会计原则的一致运用可以使财务状况、经营成果和财务状况变动得以公允表达。⑥如果没有明确的反证,对被审单位来说,过去真实的情况将来也属真实。⑦审计师完全有能力独立审查财务资料并提出报告。⑧独立审计师承担的职业责任与其职业地位相称	首次提出了审计假设,启发和推动了审计界对包括审计假设在内的审计理论的研究,具有划时代的意义

① 谢荣. 论审计假设的理论意义和实践意义[J]. 财经研究,1994(2):40-46.

② MAUTZ P K, H A SHARAF. Philosophy of Auditing [M]. American Accounting Association,1961:42.

③ Tom Lee. Company Auditing [M]. 3rd edition. Van Wostrand Reinhold Co. Ltd. ,1986:84-85.

④ C·W·尚德尔. 审计理论[M]. 汤云为,等,译. 北京:中国商业出版社,1989:23-29.

⑤ D FLINT. Philosophy and Principles of Auditing [M]. Macmillan Educaiton. Ltd. ,1988:23-39.

（续表）

审计假设模式	主要内容	重要意义
汤姆·李模式	①审计依据假设。企业对外提供的会计信息缺乏足够的可信性,股东和其他报告使用者没有充分的理由相信这些会计信息;提高企业财务报表中会计信息的可信性是审计的最基本任务;审计是提供会计信息可信性的最佳手段;通过审计,会计信息的可信性是可以提高和验证的;与企业有利害关系人对会计信息的可信性是持怀疑态度的。②审计行为假设。审计师与管理部门之间的冲突并不妨碍审计的实施;法律并不限制审计师的行为;审计师在精神上和地位上是独立的;审计师能承担所胜任的审计任务;审计师能对其工作和意见的质量负责。③审计功能假设。审计可以获取充分可靠的审计证据,并以适当形式在合理的时间和成本范围内进行审计;内部控制的存在可使会计信息避免重大的错误和舞弊;公认会计概念与基础的适当和一致运用,可使财务报表公允表达	①清晰地将假设分为三个层次:第一层次分析了公司审计产生的原因;第二层次分析了对审计人员的要求;第三层次分析了履行审计职能的基本条件。②将审计动因纳入审计假设体系中来,具有划时代意义。③打破了莫茨和夏拉夫认为审计师与管理人员不存在冲突的假设。④提出了审计证据假设
尚德尔模式	①目的基本假设。②判断基本假设。③证据基本假设。④标准基本假设。⑤传输基本假设	将审计假设按照一般的评价过程进行研究,涉及范围广泛,拓展了审计假设理论
弗林特模式	①受托经济责任关系是审计存在的首要前提。②经济责任的内涵微妙、复杂、重要,以致如果没有审计,该种责任的解除就无法证实。③审计必须具备的特征是其地位的独立性和摆脱调查与报告方面的约束。④审计的对象、内容都可以通过证据予以证实。⑤可以对行为、业绩、成果和信息质量等确认责任标准并进行计量,然后对照标准作出判断。⑥被审财务或其他报表资料的含义和目的是充分的、清晰的,审计可以对其可信性做出充分表达。⑦审计可以产生经济或社会效益	根据现代审计的发展,综合考察研究了广义的审计假设产生的原因,为建立广义的审计理论结构提供了参考的基础

　　分析国内学者有关审计假设的论述,以蔡春教授研究最有代表性。蔡春教授(2001)对国外四种审计假设模式进行了继承和创新,提出了"第①项责任关系假设、第②项正当怀疑假设、第③项可确认假设、第④项独立性假设、第⑤项有效性假设"五项假设。这五项假设简洁明了,抓住了审计的核心,逻辑性强,自成体系,构成了审计理论与实务的前提和条件。其中,"责任关系假设"是审计存在的前提条件;"正当怀疑假设"解释了审计之所以能存在的直接原因;"可确认假设"提供了审计能顺利实施的基本依据;"独立性假设"确立了审计与其他检查活动有别的本质特征;"有效性假设"是审计能发挥独特作用的前提。①

---

　　①　蔡春.审计理论结构研究[M].大连:东北财经大学出版社,2001:57-65.

国内外有关审计假设的经典论述,都适应了各个时期审计理论和实践发展的需要,并进一步促进了审计事业的发展。如同本书第一章所述,以上审计假设或多或少也包含着一些人本审计思想的萌芽。比如,莫茨和夏拉夫模式中所提到的"提交验证的资料不存在串通舞弊和其他非常行为";汤姆·李模式提到了审计行为假设;尚德尔模式提出了判断基本假设;弗林特模式提出了受托经济责任关系是审计存在的首要前提,审计可以对行为等确定责任标准并进行计量,然后对照标准做出判断。但随着人本主义的兴起,站在人本审计的视角,分析以上审计假设模式,并没有充分体现人本审计理论的前提和条件,尚有欠缺和不足。

1) 某些审计假设与实践不符,不能成为审计理论研究的前提

由于审计实践的发展变化,某些审计假设已经与事实不符。比如,在莫茨·P·K和H·A·夏拉夫所提出的八项基本假设中,第③项审计假设:"提交验证的财务报表和其他信息资料不存在串通舞弊和其他非常行为"①,在实际中存在舞弊和其他非常行为的现象经常发生,这也促使审计模式由制度基础导向向风险导向模式过渡;第⑥项审计假设:"如果没有明确的反证,对被审单位来说,过去真实的情况将来也属真实"②,实际审计面对的情况是千变万化的,过去真实并不代表未来也真实,这种逻辑推理是不科学的。汤姆·李所提出的"内部控制的存在可使会计信息避免重大的错误和舞弊"③,实际在内部控制非常健全的组织,其也有可能发生重大的错误和舞弊,因为内部控制制度是人设计的,人总有办法绕过制度去干虚假欺骗甚至是严重舞弊的行为。

2) 没有体现现代新兴审计类型的发展要求

上述莫茨和夏拉夫的假设及汤姆·李的假设基本上基于财务审计视角提出来的,停留在对年度会计报表的可信性发表审计意见的基础上,而现代审计发展至今,已远远超出了财务审计的界限。在本书研究背景所提到的绩效审计、环境审计、责任审计,都要关注人的行为表现及人的需求,而上述基

---

① ② MAUTZ P K, H A SHARAF. Philosophy of Auditing [M]. American Accounting Association, 1961:42.

③ TOM LEE. Company Auditing [M]. 3rd edition. Van Wostrand Reinhold Co. Ltd. ,1986:84-85.

本假设基本没有考虑这些实际因素。在我国独创的经济责任审计中,审计对象已明确是人,但审计假设并没有考虑被审计人及其行为,就明显不符合审计实践,这也违背了审计假设设立的初衷了。

3)没有揭示人及其行为在审计活动中的重要作用

在以上审计假设模式中,都没有将人及其行为对经济活动的本原作用作为审计理论研究的前提。传统的审计对象一直是经济活动中的物和事,忽视了人及其行为的本原作用,造成了以往的审计理论没有抓住人及其行为这一主要矛盾,没有反映审计活动的内在规律。

4)没有体现审计的建设性目的

审计一直履行着完成受托经济责任审计的任务,这其中不仅有查错揭弊、鉴证、降低信息风险等目标,也包含着审计也要发挥改进人及其行为的建设性目标。目前,国内外正在大力开展的绩效审计,我国正在开展的"免疫系统"审计都在着重体现着审计的建设性目的。以上审计假设模式并没有体现这一实践发展的要求。

5.3　人本审计假设体系的构建

5.3.1　构建人本审计假设的原则

比较分析国内外有关审计假设的观点,分析其存在的缺陷,在构建人本审计假设体系时应把握以下原则。

1)抽象性和简洁性

人本审计假设应高度概括,具有较强的抽象性,而不是面面俱到地罗列各种审计的前提和条件。人本审计假设应尽可能简洁明了,便于理解。

2)完整性和体系性

人本审计假设应是一个完整的系统,在共同的审计本质指引下由不同特征的假设组成。各个假设之间既有联系又有区别,但不能互相矛盾,共同构成了人本审计假设体系。

3) 务实性和有效性

人本审计假设不是空中楼阁,它必须具有实践指导性,对具体的审计准则、程序与方法、报告等具有指导意义。同时,人本审计假设作为人本思想指导下的新假设体系,应适应知识经济时代的新要求,发挥其应有的作用和价值。

5.3.2 人本审计假设体系组成要素

在人本审计观的指引下,笔者对以上典型的审计假设观进行了选择和修正。

1)"受托经济责任关系"假设

D·弗林特提出的第①、第②项假设以及蔡春教授提出的第①项假设:责任关系假设,确立了审计存在的基本前提,弥补了莫茨·P·K和H·A·夏拉夫、汤姆·李研究中的一大缺陷。基于审计存在的前提是受托经济责任关系,在此基础上,可以改进为"受托经济责任关系"假设。

2)"一切经济活动及其结果源于人及其行为"假设

借鉴D·弗林特所提出的"可以对行为、业绩、成果和信息质量等确定责任标准并进行计量,然后对照标准做出判断"的假设,笔者深入分析了行为与经济活动的因果关系,提出了更深层次意义上的"一切经济活动及其结果源于人及其行为"假设。

3)"人及其行为问题易发性"假设

汤姆·李假设模式中基本依据假设以及蔡春教授的第②项假设:正当怀疑假设,实际说明的是进行审计的基本原因,但还没有抓住审计的最基本的原因本质,可以概括为"人及其行为问题易发性"假设。

4)"人及其行为可确认"假设

从以上比较研究中可以看出,国外三种审计假设模式都有"可验证性假设"的特点,蔡春教授将之改进为第③项假设:可确认假设。站在人本审计本质观下,可确认的实质是人及其行为,笔者将之进一步改进为"人及其行为可确认"假设。在这一假设中,隐含着审计可以对人发表意见的意思。

　　5)"审计可以促进人及其行为改善"假设

　　借鉴汤姆·李的"审计功能假设"、C·W·尚德尔的"传输基本假设"、D·弗林特的"审计可以产生经济或社会效益假设",笔者认为,在人本审计观下还有一条重要的审计假设就是"审计可以促进人及其行为改善"假设。

　　综上所述,以上五项假设相互联系,共同构成了整个审计理论与实务的基本前提与条件。"受托经济责任关系"假设是审计产生的基本前提;"一切经济活动及其结果源于人及其行为"假设是人本审计的基础,它确立了审计对人及其行为进行审计的条件。"人及其行为问题易发性"假设解释了审计存在的直接原因;"人及其行为可确认"假设提供了实施各种审计手段的基本依据;"审计可以促进人及其行为改善"假设确立了审计存在的必要性和价值所在。

5.3.3　各项人本审计假设的含义

　　1)关于"受托经济责任关系"假设

　　"受托经济责任关系"假设是人本审计产生的基本前提。按照审计关系人理论,审计行为的发生必须有审计人、被审计人、审计委托人或接受人这样三方关系人[①],审计行为正体现了"人—人"的关系。在第2章理论基础中已经对受托责任理论进行了论述,受托责任是不断拓展的。笔者把第一层次的受托责任总结为行为真实可靠,要求受托人真实可靠地履行行为报告的责任,禁止造假欺骗行为的发生;第二层次的受托责任是要求行为合法合规,要求遵守有关法律、法规及规章制度,禁止舞弊等违法、违规行为的发生;第三层次的受托责任是绩效地运用各种资源,要求实现经济活动的经济节约、高效运行、实现预期目标,禁止浪费、低效无果行为的发生。"受托经济责任关系"假设要求审计人员始终围绕受托经济责任的内容开展审计,这是审计存

---

　　①　蔡春.审计理论结构研究[M].大连:东北财经大学出版社,2001:142.

在的前提条件。

2）关于"一切经济活动及其结果源于人及其行为"假设

"一切经济活动及其结果源于人及其行为"假设是人本审计的基础。正因为一切经济活动及其结果源于人及其行为，所以人本审计成为可能和必然。这也是人本审计不同于以往审计的最明显特征。该假设说明了三层含义。第一层含义，审计所面对的账簿记载事项、经济活动不是偶然发生的，是人及其行为主导造成的；第二层含义，人的行为的发生也不是偶然发生的，其背后有人的动机、需要，在人所处的内、外部条件等因素共同作用下产生了行为；第三层含义，审计所面对的经济活动结果是与行为动机、行为过程相关的，内在具有因果关系，应追根溯源对人及其行为进行审计。

3）关于"人及其行为问题易发性"假设

"人及其行为问题易发性"假设是人本审计存在的直接原因。人类每天都在不断进步发展，正因为有缺陷或不足，才有审计的必要。"人及其行为问题易发性"假设说明了三层含义。第一层含义，每个人都不是十全十美的，人及其行为或多或少存在问题或不足；第二层含义，人及其行为存在问题是必然的，这也是人类不断发展的动力所在；第三层含义，人应该正视所存在的问题和不足，应"一日三省吾身"，不断完善和改进自己的行为，只要人类及其行为存在问题，就有审计的必要。

4）关于"人及其行为可确认"假设

"人及其行为可确认"假设是人本审计准则理论、程序理论、报告理论的基础。正因为人及其行为可以进行监督、鉴证、评价，才使得审计标准的制定、审计证据的收集与评价以及审计程序的实施具有实际意义。"人及其行为可确认"假设有三层含义。第一层含义，人及其行为可以评价。人的心中总有把尺子去衡量别人做得如何。在行为科学等理论的支持下，虽然对一项行为的评价，在人与人之间会有差别，但对于基本道德尺度、国家法律法规、良好绩效实务等方面的看法还是基本一致的。第二层含义，审计最终要对人发表意见，实现受托责任的最终要求。第三层含义，应对人及其行为一个鉴证结果说明，并将这一结果报告给委托人。

5)关于"审计可以促进人及其行为改善"假设

"审计可以促进人及其行为改善"假设是审计的价值所在。"审计可以促进人及其行为改善"假设包含三层含义。第一层含义,审计能够发现被审计人行为的缺陷和不足;第二层含义,审计能够提出改进被审计人行为的改善建议;第三层含义,审计可以通过问责等手段促进被审计人改善行为。

5.3.4　人本审计假设体系的验证

假设的验证方法主要有四种,即直接验证、间接验证、局部验证与反证[①],它们分别适用于不同的情况。本书将结合前面提出的审计假设的含义和特点,主要运用间接验证和反证的方法验证所提出五项审计假设的科学性。

1)五项审计假设符合构建假设的原则

五项审计假设都是从大量、最常见的实践中总结出来的,具有高度的抽象性。五项审计假设围绕人及其行为构建起一个完整的体系。从分析审计关系人,到分析人的行为动机、过程、结果,再到评价人的行为、报告人的行为,最后是促进人的行为的改善,是一个完整的循环。五项审计假设具有明显的务实性,都是来源于实践,也会在实践中得到验证。五项审计假设具有有效性,简洁明了,通俗易懂,每一个审计假设都包含多层含义,可以引申出多个论断,而且对人本审计目标、概念具有直接的推导作用,对行为导向的人本审计模式具有较强的指导意义。五项审计假设互为依托,但各自独立成为一体,具有明显的排他性。以上说明,所构建的人本审计假设体系符合构建的各项原则。

2)"受托经济责任关系"假设与"人及其行为问题易发性"假设的验证

审计产生的前提是受托经济责任关系,而之所以会有委托的需求,一方面是因为信息不对称和道德风险的因素存在;另一方面是因为即使不存在以上因素,人及其行为存在缺陷也是受托责任产生的前提。人及其行为如果不

---

①　王前.假说与理论[M].沈阳:辽宁人民出版社,1987:70-75.

存在问题，都严格按照委托人的要求去履行职责，就没有审计的必要，但人毕竟有贪欲之心，也不可能如此完美，就产生了审计。以上两项审计假设进行了互相验证。

3）"一切经济活动及其结果源于人及其行为"假设、"人及其行为可确认"假设、"审计可以促进人及其行为改善"假设的验证

如果用反证来验证这一组假设，就会非常清楚。如果经济活动不是源于人及其行为，委托人委托审计人对受托人进行审计就没有必要了；如果人及其行为不可确认，就无法委托，委托就失去了意义；如果审计不能促进人及其行为改善，审计就失去了存在的价值，审计只能走向萎缩和消亡。

5.4　人本审计假设的实践意义

人本审计假设在审计理论体系中处于中间的环节，它不仅对审计目标、审计概念起到指导作用，而且对审计实践活动具有重大影响，引导和约束着具体的审计实践活动。

"受托经济责任关系"假设是审计得以存在的前提条件，这条假设解释了为什么审计不能固化在对账表、经济活动的审查，而是需要对人及其行为进行评价，这正是受托经济责任拓展的需要。审计源于受托责任，也因受托责任发展而发展，不变的是受托经济责任关系，变化的是受托的经济责任内容。

"一切经济活动及其结果源于人及其行为"假设解释了审计为什么要对人及其行为进行审计。在审计实践活动中，审计人员习惯了看账本、分析经济活动，难以适应对人及其行为进行审计，这就要求审计人员改变审计理念，调整审计思路，革新审计技术和方法，转变到对被审计人及其行为进行审计这一中心上来。

"人及其行为问题易发性"假设说明了审计存在的必要条件。审计之所以能存在是源于受托经济责任关系，但如果被审计人及其行为没有任何问题，审计也就没有存在的必要。这条假设也说明了审计的目标所在，即要揭露被审计人及其行为存在的问题。

"人及其行为可确认"界定分清了被审计人和审计人的各自职责和责任。

被审计人对其行为负责,提供可确认的行为结果是被审计人的责任;审计人员接受委托对被审计人进行审计,对其提供的资料进行行为可靠性、合法性、有效性审计,如果审计人发现根据被审计人提供的资料无法确认其行为结果,就可以发表保留意见的审计报告。本条假设也告诉审计人员在审计实践中应适应对人及其行为进行审计的需要,开发出新的审计技术和方法,对人及其行为进行客观、公正、有效的评价。

"审计可以促进人及其行为改善"假设充分说明了审计活动的价值。本条假设解释了审计目标不仅要揭露行为存在的问题,还要促进被审计人及其行为的改善,这就要求审计人员对被审计人的行为进行充分的了解和分析,提出改进行为的建议,发挥审计的建设性作用。

6 人本审计目标论

在人本审计本质的指引下,明确了审计存在的基本前提即假设之后,再研究审计行为活动的目的或目标就成为必然的延伸。审计目标是人本审计基础理论中重要的一个组成要素。

6.1 审计目标的含义、作用及影响因素

6.1.1 审计目标的含义

严格说来,在汉语词意上,"目的"与"目标"是有区别的。根据《现代汉语词典》的解释,目的是"想要达到的地点或境地;想要得到的结果"[①]。而目标则是"想要达到的境地或标准"[②]。因此,可以认为,目标是目的的具体化,是标准化的目的;目标本身包含目的指向和衡量目的实现标准之意。目的是人们或组织行动的出发点与归宿点,决定行为的方向。因此,研究任何问题或从事任何工作,都应先把目的搞明确,审计也不例外。审计目的是指审计活动指向的最终结果,是审计作为人类行为有意识、有方向、能动性追求的理想结果的高度抽象或概括,它引导人们将审计活动进行到底。审计目标则是审计目的的具体化,表现为了实现审计目的所分解的一个个子项工作结果的完成标志。由于审计目标的研究内容更为具体,国内外有关构建审计理论体系的论述中涉及"审计目标"时大多以审计目标而非审计目的来表述[③],所以本书也选择审计目标来论述。

---

①② 中国社会科学院语言研究所词典编辑室. 现代汉语词典[M]. 北京:商务印书馆,2005:971.
③ 有关"目的"和"目标"的关系见蔡春的《审计理论结构研究》一书第66页的论述。

6.1.2　审计目标的作用

1) 审计目标是审计理论体系的重要组成部分

研究审计理论体系必须要研究审计目标,审计目标在审计理论结构中处于举足轻重的地位。笔者所提出的人本审计理论体系,审计目标是一个重要的因素。没有审计目标这一要素,审计理论体系不可能是严密完整的。它在审计理论体系中的地位与作用是:一方面直接完整地反映和体现审计本质与审计假设的要求与精神;另一方面又直接决定、指导和制约着审计概念、审计应用理论和审计实践模式。因此,可以说,审计目标是整个审计理论体系的枢纽,是它将整个理论体系中的各要素有机地联系起来。如此也可以说,审计目标的研究是人本审计理论体系研究的轴心。

2) 审计目标是审计行为(活动)的出发点和归宿点

正所谓,目标是行为的出发点,也是行为的落脚点。众所周知,审计行为(活动)有其明显的目的性与明确的目标。整个审计行为正是从其特定的目标出发并围绕其特定目标来进行,即落脚于期望的目标。例如,在传统财务报表审计中,其目标即是为了验证经济活动的真实性和合法性,因而审计活动以此为出发点,并围绕此目标来收集与评价证据,最终得出经济活动是否公允的结论并反映到审计报告之中。又如,在以经济性、效率性、效果性为主要目标的绩效审计中,审计行为活动的出发点就是审查经济活动是否经济节约、有效和实现了预期效果,整个审计证据的收集与评价过程都是围绕这一目标而展开,最终审计报告也必须说明这方面的情况。因此,审计目标是审计行为的导向,审计行为的出发点和落脚点均是审计目标。

3) 审计目标是联系审计理论与审计实践的桥梁

审计目标不仅是审计理论体系的重要组成因素,也是审计实践活动中起决定作用的客观因素。审计目标决定着审计实践的走向和发展路径。同时在审计实践发展中,受各种因素的影响,审计目标也在不断地发展演变,这种改变也会影响审计理论其他要素的发展,从而影响整个审计理论的发展,审计目标成为联系审计理论和实践的桥梁。

6.1.3 审计目标的影响因素分析

作为一种特殊的人类行为,审计具有明显的、特殊的目标。审计目标随着审计环境的变化而变化,随着受托要求的拓展而拓展,随着主观认识程度的提高而提高。分析审计目标的影响因素主要有三方面:一是社会环境及需求的变化;二是审计自身的能力;三是法律、法庭判决以及会计职业团体制定的审计准则。

1)社会环境及需求的变化

审计作为一种监督职业,是国家治理和市场经济中非常重要的一个环节。审计面对的是整个社会,社会对审计的期望值很多时候是高于审计现实的表现,这迫使审计不断努力改变着自己,适应着社会的发展。时代的变迁和社会需求的变化会直接导致审计目标的调整。

2)审计自身的能力

审计自身的能力是影响审计目标确立的决定性制约因素。如果把社会环境和人们需求的变化作为审计目标变化的外因,那审计自身能力就是影响审计目标变化的内因。因审计期望差的存在,社会对审计的需求不一定全部实现,这有赖于审计能力的不断提高。

3)法律、法庭判决及会计职业团体制定的审计准则

这使得审计目标不断发展演变。著名会计学家迈克尔·查特菲尔德认为,美国和英国的审计发展受到国家法律、法庭判决和会计职业团体三个方面的重要影响[①]。国家法律对审计的要求是强制性的,必须遵循执行,因国家法律的变化,审计的使命和目标发展变化也就成为必然。在英美等国家,法庭判决对审计的要求更加明确,因而也成为审计目标和内容发生变化的外部因素。会计职业团体通过对审计准则的制定施加影响,也在影响着审计目标。会计职业团体会根据社会的需求,将适当的审计目标纳入审计准则,从

---

① 迈克尔·查特菲尔德. 会计思想史[M]. 文硕,董晓柏,译. 北京:中国商业出版社,1999:189.

而成为审计师必须遵循的最低标准。

综上所述,审计目标受社会环境和需求、自身能力、法庭判决及会计职业团体制定的审计准则三大因素的制约,三大影响因素的发展变化也会影响审计目标的发展变化。

6.2　审计目标演进过程分析

6.2.1　审计目标演进过程

对于审计目标的发展演变,许多专家学者根据不同的目的要求做出了不同的划分。英国学者汤姆·李在《Company Auditing》(1986 年版)一书中,对英国公司审计目标的演变作了六个阶段的划分[①](见表 6-1)。

表 6-1　英国审计目标之演变过程

期间	主要目标	次要目标	目标变化原因
1844—1880 年	揭弊查错	—	企业员工不忠行为的增加
1881—1900 年	揭弊查错	验证财会记录的准确性	认识到会计是一项技术性很强的职业与若干职业会计师团体的成立
1901—1920 年	揭弊查错	验证财会记录的准确性;鉴证财务报表的可信性	财务报表的改进与会计信息使用者的增多
1921—1940 年	揭弊查错;验证财会记录的准确性	鉴证财务报表的可信性	财务会计实务和报告技术的持续进步与管理层对其揭露和防范舞弊差错责任的逐渐意识
1941—1960 年	验证财务记录的准确性;鉴证财务报表的可信性	揭弊查错	管理部门普遍承认揭弊查错的责任以及影响会计与审计的公司法的全面修改
1961—1985 年	鉴证财务报表的可信性	揭弊查错	《公司法》、财务报告和会计实务的进一步改善;报告和审计实务规范的不断完善

---

① 　TOM LEE. Company Auditing [M]. Van Nostrand Reinhold(uk)Co., Ltd., 1986:31.

按照我国学者萧英达和胡春元对审计目标演变历程的分析,审计目标主要有四个阶段:一是查错揭弊审计目标阶段;二是以验证财务报表的真实公允为主的审计目标阶段;三是查错揭弊与验证财务报表的真实公允并重的审计目标阶段;四是以降低信息风险为核心的财务报表验证时期的审计目标阶段[①]。

第一阶段:以揭弊查错为主要审计目标。这一阶段起始于独立审计产生之时,直至20世纪30年代财务报表审计形成后方告结束。当时的经济环境的特点是经济不发达,经济业务简单。当时社会对审计产生需求的主要原因是公司股东需要通过审计来了解掌握公司管理人员履行其经营职能的情况。由于经济业务较为简单,审计师通过对账项的详细审查,基本上可以满足审计师查错纠弊的需要。

第二阶段:以验证财务报表的真实公允为主要审计目标。这一阶段起始于20世纪30年代中期,直到60年代,审计师对审计风险的认识也由朦胧阶段向被动接受阶段转换。促使独立审计目标向第二阶段转换的原因是多方面的。

第三阶段:以鉴证财务报表的真实公允和揭弊查错并重为主要审计目标。这一阶段的开始以美国注册会计师协会(AICPA)在1988年颁布第53、第54号《审计准则公告》为标志。

第四阶段:降低信息风险。这一审计目标以美国注册会计师协会发布的《改进企业报告》为最初标志,以1996年公布第78号《审计准则公告》为确立标志。从此,降低信息风险成为审计的主要目标。

按照西方学者对审计目标的分类,一般极少提到审计总目标,而都是提及直接目标,如财务审计目标、绩效审计(也称管理审计、经营审计)目标等。按照最高审计机关国际组织对审计的分类主要有合规审计和绩效审计两大类,财务审计属于合规审计[②]。财务审计的目标一般强调的是公允性,如美国注册会计师协会的《审计准则说明书第1号》规定:"独立审计人员对财务报表的审计目标是对财务报表在所有的重要方面是否公允地按照一般公认会计原则反映财务状况、经营成果和现金流量情况发表意见。"财务审计目标有的

① 李雪.审计理论研究[M].青岛:中国海洋大学出版社,2005:145.
② INTOSAI,1992:18-19.

也强调真实合法性,如英国 1985 年的《公司法》规定:"审计的目标就是在审计报告中就被审计单位的会计报表是否反映了真实公允的观念和遵守了《公司法》表示意见。"德国《审计准则》规定:"审计的目标是审查会计报表是否符合法律要求。"

随着 20 世纪 70 年代绩效审计的兴起,审计目标已从财务审计的目标拓展到绩效审计的目标。按照最高审计机关国际组织 1986 年发布的《悉尼声明》,绩效审计的目标是:①为公营部门改善一切资源管理打好基础。②使决策者、立法者和公众所利用的公营部门管理方面的信息质量得到提高。③促进公营部门管理当局采用一定的程序对绩效作出报告。④确定适当的经济责任①。经过几十年的发展,绩效审计已从最初的经济性、效率性和效果性目标发展到目前的公平性、环保性的新目标。

2006 年修订后的《中华人民共和国审计法》第一条规定:"为了加强国家的审计监督,维护国家财政经济秩序,提高财政资金使用效益,促进廉政建设,保障国民经济和社会健康发展,根据宪法,制定本法。"②该法第二条规定:"审计机关对前款所列财政收支或者财务收支的真实、合法和效益,依法进行审计监督。"③我国 2010 年发布的自 2011 年 1 月 1 日起施行的《中华人民共和国国家审计准则》规定:"审计机关的主要工作目标是通过监督被审计单位财政收支、财务收支以及有关经济活动的真实性、合法性、效益性,维护国家经济安全,推进民主法治,促进廉政建设,保障国家经济和社会健康发展。"④其中,真实性是指反映财政收支、财务收支以及有关经济活动的信息与实际情况相符合的程度。合法性是指财政收支、财务收支以及有关经济活动遵守法律、法规或者规章的情况。效益性是指财政收支、财务收支以及有关经济活动实现的经济效益、社会效益和环境效益。可见,我国国家审计的具体目标主要是真实性、合法性和效益性,最终目标是保障国家经济和社会健康发展。

综上所述,审计的具体目标可表述为真实性、公允性、合法性、合规性、绩效性,其中绩效性又分为经济性、效率性、效果性、公平性、环保性。

---

① 参见:最高审计机关国际会议文选.审计署科研所,1989:27.
②③ 参见:2006 年修正的《中华人民共和国审计法》。
④ 参见:2010 年发布的《中华人民共和国国家审计准则》。

6.2.2 对审计目标演进过程的分析

分析以上审计目标的发展演进,在一定程度上体现了审计实践的发展变化,也反映出审计理论的持续创新,但随着知识经济时代的到来,日益凸显出不完善之处。

当前知识经济时代背景下的审计面临着更多的社会需求,前文已论述了审计期望差不断在拉大的现实摆在我们的面前。在国家审计领域,社会民众期望审计能抓出所有的贪官,能对所有问题进行问责;在民间审计,社会公众期望审计人员应能毫无遗漏地发现所审企业中存在的严重舞弊行为;在内部审计领域,决策层希望审计人员能够发现企业存在的风险,能提出有建设性的建议,而这一切都需要对人及其行为进行关注,需要对传统审计目标进行调整。

随着当今社会的发展变化,先进的风险导向审计理念已经普及,计算机审计技术的方法大量运用,复合型审计人才也不断涌现,但我们观察到,对人及其行为进行审计的能力几乎没有进展。审计人员避之不谈,认为要求自己对人及其行为进行审计简直是天方夜谭,做不到。仔细分析,一方面是理念的问题;另一方面是培训的问题,通过努力,对人及其行为进行审计完全可以实现。现行的审计准则一直在避免职业的审计风险,这一方面是因为多起审计"诉讼爆炸"事件,造成审计职业界已成惊弓之鸟,制定的审计准则极力避免自己的风险,强调审计能力的有限和高额审计成本限制;另一方面是由于缺乏强有力的理论支撑和实践验证,现行的审计准则没有将人及其行为纳入审计系统,不能实现委托人的根本要求。

根据以上分析,现有的审计目标体系仍存在一些重大缺陷:一是没有明确审计的终极目标,以往审计目标停留在对经济活动是否公允、合法合规、绩效上发表意见上,没有明确审计的终极目标是对人及其行为是否达到真实可靠、合法合规、绩效(即经济性、效率性、效果性)发表意见,经济活动或财政财务收支是否公允、合法合规、绩效只是审计的过程目标,而对人及其行为发表意见才是最终目标;二是没有考虑审计的最终作用,以往审计只是明确了审计的鉴证、监督、评价的作用,但没有把改进人及其行为作为审计的更高目标,使得审计的层次和作用没有实现质的提升;三是没有将人及其行为与经济活动紧密结合起来,审计面对的是大量的经济事项,但没有考虑所有的经济事项都是人所为,在经济活动的结果和人及其行为存在内在的因果关系,以往审计并没有充分认识到这一点,造成审计目标没有抓住审计的本质。

6.3　人本审计目标体系的构建

按照系统论的观点,审计目标应该是一个完整的系统,该系统分多个层次,由多层次的目标构成。笔者认为,人本审计的目标体系由终极目标、总目标和具体目标等多层次目标构成。终极目标指目标所指向的最本质、最终的境地或标准,总目标指目标的总体要求或概括,具体目标是按照终极目标和总目标的细化分解目标。人本审计目标体系见图6-1。

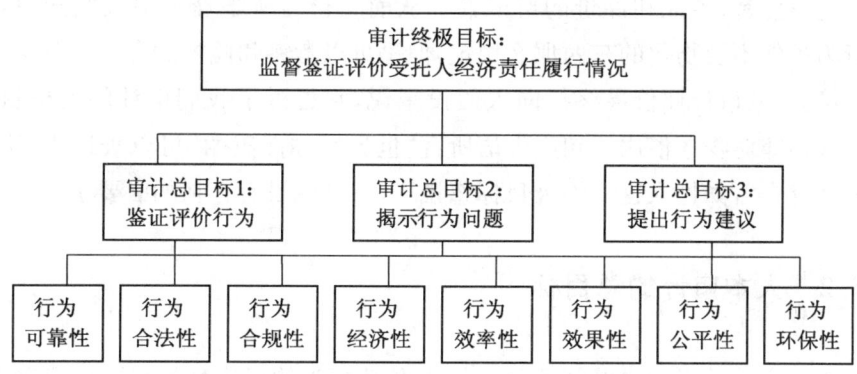

图6-1　人本审计目标体系

6.3.1　人本审计的终极目标

人本审计的终极目标是监督、鉴证和评价受托人的经济责任的履行情况,维护社会公众的根本利益。人本审计是指以人及人的行为为中心、为根本的审计。人本审计摒弃了物本审计"见物不见人"的弊端,终极目标是监督评价受托人经济责任的履行情况。

第一,从受托经济责任关系假设中可知,受托经济责任关系是审计的历史起点和逻辑起点。前文已述及,杨时展教授曾经指出:"审计因受托责任的发生而发生,又因受托责任的发展而发展。"①审计的使命就是对受托人履行经济责任情况进行监督、鉴证和评价,但审计监督、鉴证和评价的终极目标是人而不是物。

　　第二,从一切经济活动源于人及其行为假设来说,它告诉我们如何追根溯源对受托人履行经济责任情况进行审计。要监督、鉴证和评价受托人履行经济责任情况,就必须明白经济责任是源于人及其行为,人才是经济责任的主体和来源。

　　第三,从人及其行为存在缺陷假设来说,这说明了审计存在的必要性。如果人及其行为都是完美的,没有任何缺陷,受托人履行各项职责都到位了,而且不用监督会自然完成,那这个世界就不需要审计,甚至也不需要其他的监督部门和评价部门。

　　第四,从人及其行为可确认假设来说,它说明了审计对受托人履行经济责任进行监督、鉴证和评价的可能性。从前文行为科学理论中我们知道,人的行为虽然不及物化的东西那么稳定,但是可以考察和监督的。

　　第五,从审计评价最终指向人假设来说,它告诉了我们审计的终极目标是对人而非对物。借用一句广告语所言"世界因你而美丽"可以表述为"审计因人而存在",如把人这一终极目标忽视了,审计就没有存在的必要了。

6.3.2　人本审计的总目标

　　人本审计总目标是监督评价受托人及其行为的可靠性、合法性、有效性;分析、揭示人及其行为存在的不足;提出改进人及其行为的建议,促进人及其行为的价值增值。

　　审计的终极目标应用到各个审计类别中就形成审计的总目标。人本审计的总目标是鉴证、评价人及其行为的可靠性、合法性、有效性;分析、揭示人及其行为的价值及存在的不足;提出改进人及其行为的建议,促进人及其行为的价值增值。人本审计的目标包含三个层次的意思,每一层次之间都有内在的逻辑关系,而且层层递进,前一层次目标是后一层次目标的基础,后一层次目标是前一层次目标的发展。人本审计第一层次的目标是说明人"是什

----

① 文硕.世界审计史[M].北京:中国审计出版社,1990:序.

么"，第二层次的目标是评价人"怎么样"，第三层次的目标是提出人"如何改进"和"改进的目标"。可见人本审计对审计提出了更高的要求，要求审计发挥建设性作用，从而促进人及其行为的持续改进，创造出更高的价值。

6.3.3　人本审计的具体目标

笔者把人本审计的总目标细化为三大类目标，即行为可靠性具体目标、行为合法性具体目标、行为有效性具体目标。第一类目标是最低的要求，第二类目标是基本要求，第三类目标是较高的要求。

1）行为可靠性具体目标

行为可靠性具体目标主要指审查被审计人的行为是否真实、诚信、可靠。所谓真实、诚信、可靠目标，是指审查被审计人在经济活动中是否存在虚假行为，有没有虚假欺骗委托人和社会公众等情况，是否如实陈述了其行为表现，是否存在虚假报告所完成的受托责任履行等情况。以上目标反映在日常行为表现中，主要指被审计人是否存在虚假欺骗等行为，是否如实披露了行为表现，有无造假或故意隐瞒等情况；反映在以往的财务审计中，主要指被审计人在有关报表中是否公允地表达了经济活动的相关情况，是否按照公认的会计原则处理了相关财务事项。

2）行为合法性具体目标

在行为合法性具体目标中主要包含合法、合规两个具体目标。所谓的合法目标是指被审计人是否遵循了应该遵守的法律要求，有无违法的行为和事实的目标；所谓的合规目标是指被审计人是否遵循了除法律以外有关规定的要求的目标，这里的规定包含国家的规章制度以及被审计单位所拟定的有关规定。这些目标是以往合规性审计需要重点关注的内容。

3）行为有效性具体目标

在行为有效性具体目标中主要包含经济、效率、效果、公平、环保五个具体目标。所谓的经济目标是指被审计人是否有节约意识，是否做到了在保证一定质量的前提下以最低的投入达到目标，简单地说，就是投入是否节约，即是否"花得少"的目标;所谓的效率目标是指被审计人是否有效率意识,是否做到了以一定的投入取得最大的产出或以最小的投入取得一定的产出,即支出是否讲究效率,即是否"花得值"的目标;所谓的效果目标是指被审计人是否有效果意识,行为结果在多大程度上达到政策目标、经营目标和其他预期结果,即是否"花得好"的目标;所谓的公平目标是指被审计人是否有公平意识,是否能做到合理地分配已有资源,维护公平公正的目标;所谓的环境目标是指被审计人是否具有环保意识,是否做到了对生态环境的保护,反映在经济活动中主要是指是否形成了对生态环境的破坏,是否符合环保的要求,环保资金的使用是否合规有效等的目标。在以上目标中,也存在着内在的逻辑关系,经济目标是行为前提,效率目标强调行为过程,效果目标强调行为结果,公平目标强调被审计人的行为态度,环保目标强调行为人的需求。这些目标都是以往绩效审计需要重点关注的内容。

7　人本审计概念论

明确了人本审计的本质、假设和目标后,人本审计概念就自然而然形成了,它是人本审计基础理论和应用理论的桥梁,旨在为人本审计应用理论打好基础。审计概念界定的科学性直接影响到人本审计基础理论的成立与否及应用理论的科学性。

7.1　审计概念的含义和作用

7.1.1　审计概念的含义

根据《现代汉语词典》对"概念"一词的解释:"思维的基本形式之一,反映客观事物的一般的、本质的特征。人类在认识过程中,把所感觉的事物的共同特点抽出来,加以概括,就成为概念。"[①]在任何学科研究中,概念都处于很重要的地位。各门科学都有自己特定的概念,并作为基础理论,离开概念就不能构成任何一个学科的科学体系。概念对于任何完善的理论体系都是至关重要的。概念的成熟与否标志着相关理论体系是否成熟,概念体系的不断完善会促进相关理论的不断发展。相对于理论体系来讲,概念体系更能直接指导实践,通过对概念的理解,才能更好地改善实际工作的质量和效果。

对于审计概念,安德森在《外部审计学》一书中认为:"审计理论可以根据一定数量的审计概念以及它们之间的相互关系进行描述。""有些概念直接反映在公认审计准则中","其他审计概念则暗藏在审计准则中"。[②]《蒙哥马利

---

① 中国社会科学院语言研究所词典编辑室. 现代汉语词典[M]. 北京:商务印书馆,2005:404.
② 转引自:张建军. 审计概念体系研究[M]. 北京:中国财政经济出版社,1997:4.

审计学》(第 11 版)认为:审计概念是"产生于观察和经验的一门学科不同方向概括的思想观念"[①]。龚清浩、徐政旦编写的《会计词典》认为:"审计概念是从大量的审计实践中概括出来的具有普遍性的认识。"[②]审计概念既是审计理论的重要组成部分,又是阐述审计理论、进行逻辑推理的基础。笔者认为,审计概念就是从审计实践中抽象出来的、用审计名词或术语表示的一种理性认识。它产生的客观基础是客观的审计实践,是从审计实践中提炼出来的,但提炼的过程需要主观思维,它是主观世界对客观世界的认识。审计概念有着广义和狭义之分。从广义上理解,所有和审计有关的名词或术语都可以看作审计概念;从狭义上理解,审计概念则仅指那些审计理论中所包含的概念,是一种理论概念。本书仅对后者进行讨论。

7.1.2 审计概念的作用

如果说审计理论体系处于审计理论研究的重要地位,那么对审计概念的研究在审计理论体系的构建中也显得尤为关键。

1) 审计概念是构建审计理论体系的基石

在审计理论体系的构建中,审计概念处于重要位置,没有完整成体系的审计概念就很难构建科学合理的审计理论体系。依托审计概念这一基石,审计理论体系的大厦才能得以构建完成,并进一步系统化和规范化,审计理论才能进一步发展和完善。

2) 审计概念是直接指导审计实践的路标

审计概念在审计基础理论中处于最接近审计实践的位置,它衔接了审计基础理论和审计应用理论及审计实践,起到了承上启下的作用。审计概念可以对审计准则的制定、审计程序与方法的设计、审计报告的撰写、审计人员的执业要求起到指导作用。

---

① 转引自:张建军. 审计概念体系研究[M]. 北京:中国财政经济出版社,1997:4.
② 龚清浩,徐政旦. 会计词典[M]. 上海:上海人民出版社,1991:740.

7.2 审计概念的历史演进分析

7.2.1 审计概念的探索阶段

审计概念的探索阶段主要指 1961 年以前的时期。此阶段已存在审计概念的研究,但不系统,影响也就很小。下面以美国西北大学会计学教授 Earl A. Saliers 主编的《会计师手册》(Accountants' Handbook)为例说明这个问题①。

《会计师手册》1923 年版第 14 篇"审计和工作底稿"中论及"审计人员经过充分的训练,并对审计过程中应做什么和不应做什么进行判断"后提出以下术语:"与内部控制制度相关的数据""审计计划""抽样审计""舞弊"等。

1943 年《会计师手册》第 3 版(密执安大学 W. A. Paton 主编)在第 22 篇"会计制度"中提出"内部稽核与审计的关系"等。

1970 年《会计师手册》第 5 版(R. Wixon,W. G. Kell 和 N. W. Bedford 3 位教授主编)第 26 篇"独立会计师"中提出"独立性""内部控制""审计证据""审计技术""审计准则""法律责任"等概念。

1981 年《会计师手册》第 6 版(L. J. Seidler 和 D. R. Carmichael 主编)第 9 篇"独立会计师"、第 10 篇"评价内部控制"中提出了"独立性""胜任性""应有的责任""内部控制""证据""公认会计原则""一致性""公允表达""分析性复核""实质性测试""质量控制"等概念。

由上分析,审计概念术语在逐步发展、增加,新的内容在不断涌现,而从新旧内容的对比中可以看出,审计理论越来越朝着成熟、完善的方向发展。

7.2.2 审计概念的形成阶段

审计概念的形成阶段主要指 1961 年至今。莫茨·P·K 和 H·A·夏拉夫的《审计理论结构》一书首次系统地提出审计概念体系,标志着审计概念的

---

① 李雪.审计理论研究[M].青岛:中国海洋大学出版社,2005:181.

形成。在这一时期,国外的典型观点有 6 个。

一是莫茨和夏拉夫模式。莫茨·P·K 和 H·A·夏拉夫在《审计理论结构》一书中提出了 5 个审计概念:证据(evidence),应有的职业谨慎(due care),公允表达(fair presentation),独立性(independence),道德行为(ethical conduct)。但对概念之间存在着什么关系、从什么角度列出这些概念作者未予说明[①]。

二是汤姆·李模式。汤姆·李在《公司审计学》中提出两类 5 个概念:一是有关行为方面的概念(即审计人员方面的概念),共 3 个:胜任能力、独立性、审计责任和审计谨慎;二是有关技术方面的概念,共 2 个:与财务报表期望质量相关的概念"公允表达",与收集充分可靠证据以对财务报表所提供信息进行验证和报告相关的概念"审计证据"。这与莫茨和夏拉夫模式基本相同。

三是美国会计学会模式。《基本审计概念说明》中提出 6 个概念。尽管是审计概念说明,但并未从概念来写,而是从审计定义、作用、调查和报告过程来谈审计概念的"应用",其中涉及的有"独立性、胜任性、正直性、权威性、证据和可信程度"等。

四是蒙哥马利模式。《蒙哥马利审计学》(第 11 版,1990)提出 13 个概念。除莫茨和夏拉夫模式的 5 个概念外,还有"客观性、重要性、证据的胜任性和充分性、公认会计原则、合理保证、审计风险(及其要素)、审计效率和审计效果"。

五是安德森模式。安德森在《外部审计学》一书中提出了 20 个概念,第一类是代表审计证据的充分性和恰当性的 10 个概念:重要性、保证程度、固有风险、控制风险、审计风险、相关性、可靠性、充分性、及时性、经济性;第二类是代表审计恰当评价的 5 个概念:胜任性、客观性、应有的关注、合理怀疑、判断。第三类是代表综合性的 5 个概念:验证、证据、公正性、重要性、公认会计原则。

六是弗林特模式。D·弗林特的《审计哲学与原理导论》一书中提出了 3 类 9 个概念,从权威性、过程、准则 3 个方面进行了分析。在权威性下有胜任性、独立性、道德概念;在过程下有证据、报告和重要性概念;在准则下有应有关注和疏忽、实务准则和质量控制概念。

在审计概念的形成阶段,国内也有 4 种典型观点。其一,康钟琦提出了

① 莫茨·P·K,H·A·夏拉夫.审计理论结构[M].文硕,等,译.北京:中国商业出版社,1990:86-318.

10个审计概念,包括"受托责任概念、审计独立性概念、合理职业谨慎概念、审计职业道德行为概念、审计法律责任概念、公允表达概念、审计证据概念、审计意见概念、重要性概念、审计风险概念"①。其二,刘明辉提出了7个审计概念,包括"道德行为、独立性、应有的职业关注、证据、公允反映、重要性、审计风险"②。其三,陈建明提出3类审计概念。关于审计主体的概念包括独立性、专业胜任能力、应有的职业谨慎、审计责任等重要概念;关于审计客体的审计概念,包括年度会计报表、验资、小规模企业审计等重要概念;关于审计行为(过程)的审计概念,因审计行为由技术行为、质量控制行为、道德行为组成,故审计概念又分为3个层次,其中与技术相关的审计概念有审计计划、审计证据、内部控制、利用他人工作、审计报告等③。其四,张建军提出了2个层次7个审计概念,并论述了审计概念与审计准则的关系。其中涉及审计人员的概念有:独立性、职业关注、胜任性;涉及审计工作的概念有:重要性、审计风险、审计证据、合理保证④。

7.2.3 国内外审计概念观点的比较分析

分析国外审计概念体系的各个观点,从来源的不同来看,可分为两类:一是从其他学科中借鉴而来的,如从逻辑学中借鉴了证据,从会计学中借鉴了公允表达、重要性,从法学中借鉴了职业谨慎;二是自身所特有的,如独立性。从概念的多少来看,共有2个代表:一是单层次的模式(如莫茨和夏拉夫模式),该模式仅简单列举最重要的几个概念;二是多层次的模式(如汤姆·李模式),该模式列示了多个重要概念。

分析国内有关审计概念的观点,很好地借鉴了国外的经验,特别是张建军系统研究了审计概念,从审计人员和审计工作两方面对审计概念的取舍标准提出了自己的观点,具有重要的理论意义,为人本审计概念体系的构建提供了思路借鉴。

综合分析国内外有关审计概念的观点,笔者认为,随着时间的推移,有关

① 康钟琦. 现代审计学原理[M]. 上海:立信会计出版社,1999:397-400.
② 刘明辉. 独立审计准则研究[M]. 大连:东北财经大学出版社,1997:91-92.
③ 陈建明. 独立审计规范论[M]. 大连:东北财经大学出版社,1999:77-78.
④ 张建军. 审计概念体系研究[M]. 北京:中国财政经济出版社,1997:29.

审计概念的研究越来越细致、越来越深入,越来越朝着共同方向接近、靠拢,如独立性、重要性、职业关注等。但同时,差异仍然较大,认识很难一致。例如,安德森模式的 20 个概念主要从"财务报表声明与规定标准的相符程序"以及使"证据的充分性和适当性"能做出"恰当评价"取决的因素方面进行分析,其中"验证""公正性"与其他学者看法相异。又如,弗林特模式的报告、实务准则和质量控制也有观念不一致的地方。当然,完全一致是不可能的,各人的角度、出发点不一致,得出的结论肯定不同。但有一点可以肯定,随着研究的深入细致,它对审计理论的促进和实践的指导正起着越来越重要的作用。

7.3 人本审计概念体系的构建

7.3.1 人本审计概念体系应具备的特点

由以上论述可知,审计概念的构建是一件非常重要且困难的事情。那么,该如何构建一个比较恰当的审计概念体系呢?笔者认为,科学合理的人本审计概念体系应当具备以下特征。

1) 人本审计概念的构成要素应从审计本质推导而来

人本审计概念的构成要素,应源于人本审计本质这一最基础理论的指导。人本审计的本质是指以人及其行为为中心、为根本的审计观,这与以物为中心、为根本的审计观有本质的区别。人本审计概念各要素的构建应围绕人及其行为这一核心内容去展开。

2) 人本审计概念体系可以指导人本审计实务

人本审计概念体系应对审计实践有较强的指导作用,可以推导出人本审计实务的具体规则、标准、程序和方法,与本书后部分所构建的人本审计应用理论及审计实践具有一一的对应关系,起到承上启下的指导作用。

3) 人本审计概念体系应形成不同层次密切结合的系统结构

人本审计概念应形成一个体系,各个概念并非孤立存在,彼此存在着内在联系。人本审计概念体系应是一个多层次的、有机的框架体系。针对各个层次分别设计,并按重要性分出核心概念和派生概念,从而形成一个完整的审计概念体系。

7.3.2 人本审计概念体系的构建

本书认为,构建人本审计概念体系应从对审计本质的认识出发。审计是一种人类对自身行为的评价活动,审计应关注被审计人及其行为。因此,我们可以从审计人员、审计过程和审计结果三个层面来研究人本审计的特殊之处,这些特殊之处构成了审计特有的矛盾。描述、揭示这些特殊矛盾的众多概念便构成了人本审计概念体系。根据以上思路,本书构建了人本审计概念体系,见图7-1。

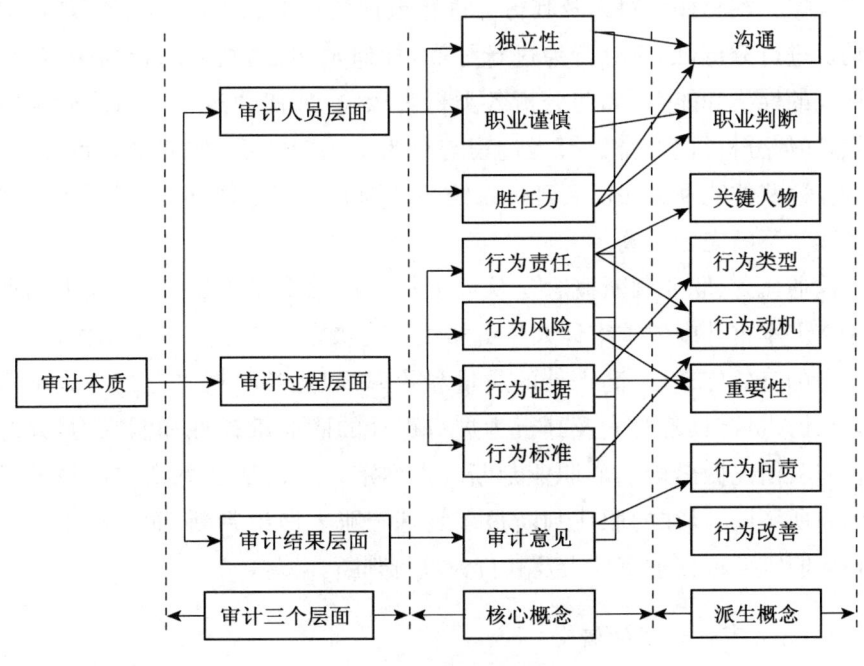

图 7-1 人本审计概念体系

1) 有关审计人员的概念

其中核心概念有3个,分别是独立性概念、职业谨慎概念、胜任力概念;派生概念有沟通概念、职业判断概念。

独立性概念是审计的灵魂之所在，无论是物本审计还是人本审计都应保持审计在形式和实质上的独立。在人本审计中，审计人应始终保持独立，如此才能发现行为风险、确认行为责任、报告行为问题、向行为人问责，实现人本审计目标，完成人本审计使命。

职业谨慎概念是现代审计对审计人员的必然要求，以往审计中提到的职业谨慎是要求审计人员树立风险意识，提高审计质量，降低审计风险，在人本审计中，由于要对人及其行为进行审查，这对审计人提出了更高的要求，更需要贯彻职业谨慎原则。

胜任力概念是人本审计在物本审计基础上提出的更高要求。安德森在谈到胜任力时指出："一个专业人员区别于其他人员，部分地就在于掌握了通过长时间训练和教育而取得的显示智力的技术。"[1]在人本审计中，审计人员需要掌握一整套如何对人及其行为进行审计的技能和方法。比如，如何对人的动机进行分析，如何对行为进行分类，如何观察、调查人的行为表现，如何测评人的性格和能力，如何分析各类行为风险，如何通过行为风险确定审计重点，如何分析行为动机、行为过程与行为结果的关系，如何撰写审计报告，等等。这些技能和方法需要经过系统的培训和教育才能获得，而且也会在审计实践中不断完善提高。

沟通概念、职业判断概念是从以上核心概念中派生出来的，其中沟通概念是在人本审计中要求审计人员更加注重与被审计人及有关人员的沟通，实现信息的有效传递，提高审计的质量和效率；职业判断概念是指在人本审计中，审计人员需具备对人及其行为进行审计的职业敏锐性和洞察力，并综合分析有关情况做出恰当的职业判断。人本审计中的职业判断与以往的职业判断有所不同，以往的职业判断很多是基于账表做出判断，而人本审计中的职业判断需要根据被审计人及其行为进行判断。

2）有关审计过程的概念

核心概念有行为责任概念、行为风险概念、行为证据概念、行为标准概念；派生概念有关键人物概念、行为类型概念、行为动机概念、重要性概念。

---

① 转引自：张建军. 审计概念体系研究[M]. 北京：中国财政经济出版社，1997：65

以上概念是人本审计中最重要的一个层次的概念，也是区别于物本审计概念的最大特征。

行为责任概念是指在审计过程中，要求审计人员对被审计人的行为进行审查，进而对行为动机、过程和经济活动结果进行因果分析，从而界定行为人的责任。行为风险概念是指在审计过程中，要求审计人员对被审计人的行为风险进行评估，确定风险的高低，从而分析对经济活动或账簿的影响程度，确定审计重点。行为证据概念是指在审计过程中，审计人员要收集整理有关被审计人的证据，为行为认定和评价做好准备。行为标准概念是审计人员判断被审计人行为优劣、好坏的标准，在确定行为标准时应结合行为对经济活动影响的结果分析确定。

关键人物概念、行为类型概念、行为动机概念、重要性概念是在以上核心概念基础上派生出来的，也是以上概念的细化。关键人物概念是指在审计过程中要确定被审计的关键人物，即能对经济活动或账簿产生影响的人物。确定关键人物需要调查分析，并需要运用职业判断。行为类型概念是指在审计过程中，应将行为进行适当分类，可按照可靠性、合法性、有效性三大类来进行归类分析，为评估行为风险、确定行为责任做好基础性工作。行为动机概念是指在审计过程中，应对被审计人的行为动机进行分析，对影响被审计人行为的各项内外部因素进行系统分析，针对动机分析行为发生的概率，确定行为风险点。在对行为结果分析时，应将行为动机、行为过程、经济活动结果进行综合分析，确定行为真正的结果，为审计评价做好准备。重要性概念继承了已有审计概念的要义，是指在被审计人履行受托经济责任的报告中可能存在的不影响报告使用者做出决策和判断的错报及漏报的最大限额。在审计过程中，如果一项行为风险问题存在的不准确和不正确的额度不影响审计报告意见的发表，就不是足够重要的；反之，就是足够重要的。重要性概念也表明，在行为审计中，不可能对所有行为进行详细审计，而要进行有重点的审计，其中要运用到职业判断。

3）有关审计结果的概念

其中核心概念是审计意见概念，派生的概念为行为问责概念和行为改善概念。这是人本审计的结果反映。审计意见概念是指对被审计人及其行为发表意见，做出监督、鉴证和评价的意见，向委托人报告。问责概念和行为改善概念是在行为意见基础上派生出来的,问责概念是指审计结束后,要对有关行为人的责任问题进行问责,追究责任人的责任。行为改善概念是要发挥人本审计的建设性作用,提出改进被审计人行为的建议。

7.3.3　人本审计概念体系分析

以上所构建的人本审计概念体系是按照所设想的三个原则进行构建的,是在人本审计本质、假设、目标基础上论证出来的,该概念体系对人本审计实践具有直接的指导作用,自成体系,具有较好的逻辑性、层次性、系统性、实践性。

一是人本审计概念体系具有较好的逻辑性。该体系从人本审计本质推导而来,牢牢把握住了审计的实质,使得构建的概念体系具有稳固的理论基础。在人本审计本质基础之上,审计的假设、目标又发生了质的改变,这对人本审计概念体系的构建也提供了理论支持。比如,"人及其行为问题易发性""人及其行为可确认"假设为行为责任概念、行为风险概念、行为证据概念、行为标准概念直接提供了理论支持。在人本审计的总目标即监督评价受托人及其行为的目标引导下,提出了审计意见概念。在推导出核心概念后,在此基础上又继续延伸提出了派生概念,对核心概念进行了补充。人本审计概念体系层层推进,具有较强的逻辑性,保证了该体系的科学性。

二是人本审计概念体系具有较好的系统性。该体系围绕人及其行为,从审计人员和审计过程、审计结果三个层面开始构建,基本囊括了审计概念涉及的每个方面。该体系共包含 8 个核心概念和 8 个派生概念,每个概念都是基于人本审计理论提出来的,整体性强,自成体系。该体系内部每个概念都是互相有联系的,互为依托,共同构成了人本审计概念体系。比如,审计人员的胜任力概念与审计过程的行为责任概念、行为风险概念、行为证据概念有直接的关系,审计人员的职业能力是否达到要求关系到能否实施行为审计。派生概念中的关键人物概念为核心概念中的行为责任概念提供了支持,不能确定审计的关键人物,行为责任的确定就会失去方向,审计成本也难以负担。

三是人本审计概念体系具有较好的实践性。人本审计概念体系为应用理论中的审计准则、程序与方法、报告提供了明确的方向。特别是关键人物、行为类型、行为动机等概念具有较强的实践性,为人本审计操作提供了支持。以上保证了人本审计应用理论能在人本审计基础指导下具有较强的操作性。

8 人本审计应用理论

审计是一门实践性非常强的学科,加强人本审计应用理论的研究非常有必要,但审计实践异彩纷呈繁复杂,按不同的划分标准就会有不同的应用理论,在本书中,笔者尝试按三种类型分别论述人本审计应用理论。在本书的后面章节将具体进行详细论述。

8.1 人本审计应用理论体系的设计思路

8.1.1 人本审计应用理论体系的设计

在已有的审计理论研究文献中,有的并不区分审计基础理论和应用理论,只是将审计实践部分细分为审计规范、审计证据、审计报告、审计责任等分别论述(徐政旦,2011);有的将审计应用理论的基本要素简要分为审计信息、审计对象、审计方法、审计风险、审计组织、审计管理、审计计划、审计程序、审计证据、审计报告、内部控制和审计责任等[①],而且不做过多的论述。笔者认为,人本审计应用理论体系作为一个系统,应充分考虑各个方面的需求,而且该体系应具备完整性和层次性。因此,按审计的对象即行为类型、审计的主体、审计操作规范分别构建比较合适。首先,人本审计与以往审计最大的不同是审计对象的不同,以往审计侧重对经济活动等物的事项进行审计,而人本审计侧重对人及其行为进行审计,如此按审计对象即行为类型进行划分,可将人本审计应用理论划分为行为可靠性审计理论、行为合法性审计理论、行为有效性审计理论。其次,根据审计主体的不同,审计应用理论划分为

---

① 郭华平. 中国审计理论体系发展研究[M]. 北京:经济管理出版社,2007:246-259.

国家审计应用理论、民间审计应用理论、内部审计应用理论①,所以人本审计应用理论也可划分为人本国家审计应用理论、人本民间审计应用理论、人本内部审计应用理论。最后,按审计的操作规范来划分,一般可由审计准则、审计程序与方法、审计报告三个主要要素组成②,所以人本审计应用理论可划分为人本审计准则理论、人本审计程序与方法理论、人本审计报告理论。按三种类型划分的人本审计应用理论体系见图8-1。

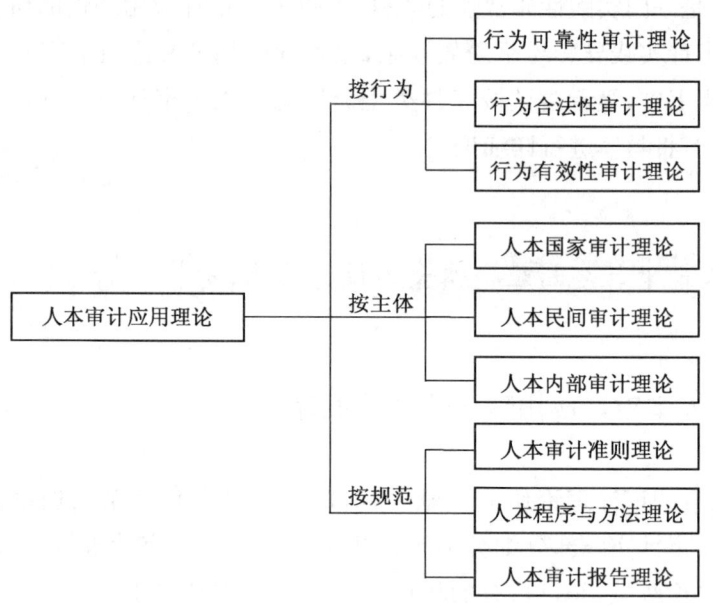

图 8-1　人本审计应用理论体系

8.1.2　人本审计应用理论体系的分析

按以上三种划分标准所构建的人本应用理论体系,体系完备,互为补充,明确了行为类型、审计主体、审计规范层面的内容,解决了应用理论迫切需要解决的问题,基本构成了比较完善的人本审计的应用理论体系。

---

① 参见:王会金.现代审计理论体系框架结构研究[J].审计研究,2002(5):41-44.笔者把"社会审计"改为"民间审计"。

② 徐政旦.审计理论框架结构研究[J].上海市经济管理干部学院学报,2004(1):53-57.

一是按行为类型作为划分应用理论类型的一个标准,体现了人本审计与物本审计的区别。在物本审计理论下,理论学者和实务工作者按经济活动的表现形式把审计类型划分为财务审计、合规审计、绩效审计三大类。深入分析以上三种经济活动表现形式都是人及其行为造成的,人及其行为才是经济活动的本源。按行为类型来分类抓住了审计对象的本质,是人本审计观下对审计类型的创新。

二是人本审计应用理论普遍适用于三大审计主体。在目前的国家审计、民间审计、内部审计中都存在着物本审计的缺陷,如何将人及其行为引入审计系统,由于国家审计、民间审计、内部审计都有各自的特点,在具体审计目标的确定、审计程序与方法的设计、审计报告的撰写等方面都会有较大差异,所以有必要分别进行设计。

三是将传统的审计操作规范理论按人本理论进行重新设计。在目前的审计准则、审计程序与方法、报告中没有体现人及其行为的因素,是物本审计的表现。在新的人本审计理论指引下,审计操作规范理论有必要进行重新设计。本书将以人本审计准则、程序与方法、报告理论对传统审计模式进行重新设计,体现人本审计的具体思路。

8.2　按行为类型构建的人本审计应用理论

人本审计关注人及其行为,但行为的种类很多,按哪种标准进行分类确实是个难题,但笔者认为万变不离其宗,还是要结合审计的监督、鉴证和评价等职能来考虑。比如,对无意行为和有意行为的区分,一般认为,错误是无意的,而舞弊是故意的。莫茨·P·K和H·A·夏拉夫在《审计理论结构》一书指出:"无意的和不重要的技术性差错,甚至原理上的差错,似乎不具有特别的意义,而故意引起财务报表读者误解的重要的舞弊和差错则是要予以发现和揭露的。"①可见,舞弊行为和差错行为有较大差异,无意和故意行为有质的不同,审计过程中应关注不同类型的行为,并作为审计判断的重要依据。

---

①　莫茨·P·K,H·A·夏拉夫.审计理论结构[M].文硕,等,译.北京:中国商业出版社,1990:156.

　　根据行为理论,用审计的视角,笔者把被审计人的行为划分两大类:一类是正面积极的行为;另一类是反面消极的行为。所谓正面积极的行为,是指符合审计标准的行为,是被审计所肯定和认可的行为,这类行为并不是审计所重点关注的行为。所谓反面消极的行为,是指不符合审计标准的行为,是被审计认为有问题或不足的行为,这类行为又细分为造假欺骗行为、违法违规行为、无效损失行为,这三类行为都是审计所重点关注的行为类型。《蒙哥马利审计学》(第 12 版)把增信服务中审计的类型划分为财务审计、合规性审计、绩效审计三类[①],可以借鉴其分类的标准,把审计中遇到的行为划分为是否可靠、是否合法、是否达到绩效要求三类。其中,是否可靠是指被审计人在经济活动中是否诚实可靠,有无欺骗造假行为,这是以往财务审计需要重点关注的内容;是否合法是指被审计人是否遵循了特定的法律、规章、政策、程序等要求,这是以往合规性审计需要重点关注的内容;是否达到绩效要求是指被审计人在管理和使用资源时是否做到了经济性、效率性、效果性的要求,有无不经济、低效率、无效果的行为,这是以往绩效审计需要重点关注的内容。行为可靠是审计的最低要求,行为合法是审计的基本要求,行为达到绩效要求是审计的较高要求,三者是一个递进的关系。如此,可以把人本审计应用理论划分为三类:行为可靠性审计、行为合法性审计、行为有效性审计。

8.2.1　行为可靠性审计

　　行为可靠性审计是指对被审计人行为的真实可靠性进行的审计。所谓可靠,是指可以依赖依靠;真实可信[②]。可靠行为的对立面是虚假欺骗行为。可靠是对人行为的基本要求。可靠性虽是一个比较宽泛的概念,这反映在审计活动中,还是比较具体的,主要是指被审计人在经济活动中是否真实地处理了相关事务,是否真实可靠地表达了被审计人的行为表现,被审计人在经济活动中有没有造假和欺骗行为。这反映在有关账簿中,就是被审计人是否按照公认的会计原则,处理了相关财务事项,具体体现在财务报表或其组成

---

　　① 文森特・M・奥赖利,等. 蒙哥马利审计学[M]. 刘霄仑,陈关亭,译. 北京:中信出版社,2007:14-15.

　　② 中国社会科学院语言研究所词典编辑室. 现代汉语词典[M]. 北京:商务印书馆,2005:713.

部分是否公允地表达了经济活动的相关情况。

在行为可靠性审计中需要分析被审计人的行为动机,分析影响被审计人做出虚假欺骗行为的内外部因素,进而分析被审计人虚假欺骗行为在经济活动中的表现,并分析是否影响了被审计单位财务报表的公允表达。按照以上分析虚假欺骗行为动机→分析虚假欺骗行为表现→分析虚假欺骗行为在经济活动中的表现→查证虚假欺骗行为在账簿中的体现的审计思路,确定被审计人行为责任的风险程度,根据风险程度的高低,制订审计实施计划,对高风险的领域进行重点审计,查找审计证据,对照有关标准,得出审计意见。

8.2.2 行为合法性审计

行为合法性审计是指对被审计人行为的合法性进行的审计。所谓合法性,是指被审计人是否按照有关法律、法规的要求从事相关经济活动,具体体现在被审计人的行为是否遵循了相关法律、法规的有关规定。本书所称的"法"主要包含两方面内容:一是指国家、部门、行业出台的法律、法令、条例、规章、制度、办法等;二是指被审计人所在单位内部制定的内部规则、制度、办法等。合法行为的对立面是违法违规行为。被审计人在经济活动中的违法违规行为是审计要重点关注的行为,也是对被审计人发表意见需要重点考虑的行为。

在行为合法性审计中需要分析被审计人的行为动机,分析影响被审计人做出违法违规行为的内外部因素,进而分析被审计人违法违规行为在经济活动中的表现,并分析对评价被审计人的影响程度。按照以上分析违法违规行为动机→分析违法违规行为表现→分析违法违规行为在经济活动中的表现→查证违法违规行为在账簿中的体现的审计思路,确定被审计人行为责任的风险程度,根据风险程度的高低,制订审计实施计划,对高风险的领域进行重点审计,查找审计证据,对照有关标准,得出审计意见。有必要说明的是在国家审计中,还应对被审计人的违纪行为进行重点关注,本书中将其归类到"法"的层面。在对违法违规行为分析过程中,还应区分违法违规行为的性质严重程度,进而确定如何对被审计人进行评价。

8.2.3 行为有效性审计

行为有效性审计是指对被审计人行为是否产生绩效进行的审计。本书所称的"绩效"与《现代汉语词典》所解释的"成绩;成效"①不完全一样,与英语"performance"一词所指的"(esp outstanding)action or achievement"相似,意指"尤指出色的表现、行为、成就"②。所谓有效性,是指被审计人是否按照良好的行为规范去从事经济活动,体现在经济活动中就是是否达到了经济性、效率性和效果性的要求。行为有效是对被审计人行为提出的较高要求,要求被审计人在可靠、合法的基础上,做到经济节约、效率高、实现预期效果,这里的经济节约是指被审计人在保证质量的前提下尽量以最低的投入达到目标;有效率是指以最小的投入取得一定的产出,或者以一定的投入取得最大的产出;实现预期效果是指被审计人行为能实现预期效果目标。绩效行为的对立面是不经济、低效率、无效果的行为。被审计人在经济活动中的不经济、低效率、无效果行为是审计要重点关注的行为,也是对被审计人发表意见需要重点考虑的行为。

行为有效性审计不仅对被审计人提出了更高的要求,对审计人也提出了更高的要求,因为需对照设定的标准来评价被审计人的行为是否有绩效,需重点关注被审计人不经济、低效率、无效果的行为,还要提出有建设性的建议,促进被审计人行为的改进。在行为绩效性审计中需要分析被审计人的行为动机,分析影响被审计人做出不经济、低效率、无效果行为的内外部因素,进而分析被审计人不经济、低效率、无效果行为在经济活动中的表现,并分析是否影响了对被审计人的评价。按照以上分析无效损失行为动机→分析无效损失行为表现→查证无效损失行为在经济活动中的表现的审计思路,确定被审计人行为责任的风险程度,根据风险程度的高低,制订审计实施计划,对高风险的领域进行重点审计,查找审计证据,对照有关标准,得出审计意见。

---

① 中国社会科学院语言研究所词典编辑室. 现代汉语词典[M]. 北京:商务印书馆,2005:602.
② 霍恩比. 牛津高阶英汉双解词典[M]. 李北达,译. 北京:商务印书馆,1997:1091.

8.3 按审计主体构建的人本审计应用理论

随着知识经济时代的到来和民主政治的发展,人本审计取代物本审计成为审计发展的必然。在人本审计基础理论指导下,传统的国家审计、民间审计、内部审计应用理论也应随之调整。分析国家审计、民间审计、内部审计的区别,李季泽(2004)深刻地指出,国家审计从根本上说是一种国家权力的体现,社会审计是一种中介服务,内部审计是某机构内部的一种自律控制;国家审计的性质应该从国家意志和国家权力中去揭示,社会审计的性质应该从平等社会主体之间的委托关系中去揭示,内部审计的性质应该从组织内部控制的需求中去揭示。本书按照以上三种审计主体性质的不同分别阐述如何将人本审计思想应用到其应用理论中。

8.3.1 人本国家审计应用理论

蔡春(2006)指出,国家审计作为重要的审计类型,在审计理论的发展中一直起着重要的引导作用。随着公共受托经济责任中的行为责任和报告责任不断地拓展和演进,现代国家审计的具体功能向审计权的有效发挥、审计对权力的有效监督、绩效审计和国家环境审计拓展;从 2004 年美国审计总署的更名,到 2010 年我国制定出台了《党政主要领导干部和国有企业领导人员经济责任审计规定》,这都表明人的责任成为审计关注的重点,甚至直接对人的审计已经开展。为此,在人本审计理论的指导下,应从国家审计的应用重点环节上提出总体思路。

一是在战略规划及年度项目立项上,合理分配审计资源,关注关键人物的关键行为,发挥好审计保障经济社会健康运行的"免疫系统"功能。国家审计是国家治理的重要组成部分,国家治理的根本目的是为了实现好、维护好、发展好最广大人民的根本利益。所以应站在"以人为本"的高度去进行战略规划,就如同温家宝所要求的"行政权力运行到哪里,监督就落实到哪里,财政资金运用到哪里,审计就跟进到哪里",关注重点领域、重点部门、重点资金的关键人物的行为表现,将行为表现列入审计的中长期战略规划,并据此计划年度审计项目。

二是在审计内容上,分析被审计人的行为动机,加大对滥用权力行为、严重违法违规行为、严重不绩效行为问题的查处力度,实现国家审计强大的监督功能。

三是在审计报告的反映上,不仅反映行为的结果,还要反映被审计人的行为动机和行为过程,揭露其内在的因果关系。在审计报告中,应增加被审计人个人及行为的信息,重点反映被审计人履行职责的各项能力情况,为组织部门选人用人提供决策帮助。

四是在审计建议上,要站在国家的高度,提出改进执行国家公权力人及其行为的建议,并加大严重违法违规和严重无效损失行为的问责力度,真正发挥审计的"免疫"系统功能。

8.3.2　人本民间审计应用理论

随着社会需求的层次和水平的提高,民间审计的功能已从原有的财务报表审计拓展到范围广阔的审计鉴证(attestation)与审计认证(assurance),管理(经营)审计、环境审计与认证、社会责任审计等新兴审计类型层出不穷,[①]这些新兴审计要求更关注人的需求,不再唯物是从,由此导致的审计实践模式与传统审计有了质的不同。为此,在人本审计理论的指导下,民间审计应在以下几个应用层面进行改进。

一是积极拓展环境审计、管理审计、社会责任审计等新兴审计领域。与国家审计一样,民间审计也不再唯财务报表审计为重点,应根据委托人的要求,积极主动地适用新兴审计类型的发展需求,将人及其行为纳入审计系统中,抓住审计对象的实质,更好地完成受托责任拓展的需要。

二是改良目前的风险导向审计模式。现行的风险导向审计最早起源于民间审计,也在民间审计领域应用最广泛,目前正方兴未艾。分析企业的风险源于人,最大的风险还是"人",应对现行的风险导向审计模式进行改良,设计出全新的人本审计操作模式。

三是应修订审计准则,理顺现行的审计程序与方法,将人及其行为纳入

---

①　蔡春,等.现代审计功能拓展论[M].北京:中国时代经济出版社,2006:序.

审计系统,围绕人及其行为设计新的审计程序,开发出更多的针对人及其行为进行审计的方法,改变现行审计模式,实现人本审计的飞跃。

8.3.3　人本内部审计应用理论

随着内部审计的发展,内部审计的职能由最初的"查错防弊"保护企业财产发展到现在的经营审计以及风险评估。经营审计关注管理活动和业绩的经济性、效率性和效果性,风险评估关注企业内部的内部控制和公司治理的有效性。公司的业绩实际是由人创造的,经营审计更应关注人及其行为,而不应关注业绩本身。美国的安然、世通和意大利的帕玛拉特等公司出现的财务丑闻,看似是公司治理出现的风险,实际是人带来的风险,内部审计更应关注人的风险。在此背景下,内部审计应用应在以下几个方面进行改进:

一是积极拓展经营审计、行为风险评估审计等新领域。内部审计关注企业的风险是大势所趋,应将人及其行为纳入审计系统,抓住企业风险的本质。

二是注意整理内部人的行为信息,建立新的行为内部控制制度,为实施行为风险评估做好准备。

三是在经济责任审计中,应改变传统的以经济活动或账簿为中心的理念,应以评价人履行经济责任的能力为核心,借鉴构建胜任力模型的技术方法,评出内部人员工作绩效的优劣,发挥好内部审计服务决策的作用。

8.4　按审计操作规范构建的人本审计应用理论

人本审计如何操作,如何规范地开展,是人本审计应用理论需要解决的问题。涉及审计操作规范层面的内容很多,本书仅从审计人员的视角和操作的层面对人本审计准则、人本审计程序与方法、人本审计报告三个主要方面提出构建的思路。

8.4.1　人本审计准则理论

审计准则主要规范审计人员在具体工作中应遵守的操作规范,为审计人员如何进行审计提供指导。借鉴国内外有关审计准则的论述,人本审计准则的要素主要有独立性、专业胜任能力、行为责任和审计责任、职业谨慎、审计计划、内部控制及其评价、审计证据及其获取、行为审计标准、审计意见及其表达等。

在以上诸要素中,独立性、专业胜任能力、职业谨慎是对审计人员提出的新要求,因为要对人及其行为进行审计,所以审计人员必须具备相应的能力,这也是确保人本审计能实施的人力资源条件。以上概念都作为人本审计概念进行了论述,在此不再详细论述。对于行为责任和审计责任,这是人本审计准则中应重点明确的一个要素。所谓行为责任,是指企业经济活动存在的问题源于企业关键人物的行为责任;所谓审计责任,是指审计人员没有发现被审计人的行为责任而做出的错误的审计判断而应承担的责任。要区分两者的责任,这为人本审计质量控制和管理提供了依据。

对于其他要素,审计计划、内部控制及其评价、审计证据及其获取、行为审计标准,审计意见及其表达,与传统审计准则原理上是一致的,只不过以往是以物为中心,现在要以人及其行为为中心。审计计划要关注被审计人的行为动机、表现和行为结果;内部控制及评价要结合对人的分析;审计证据及获取要对人及其行为进行取证,结合对经济活动及在账簿中的体现,制作审计记录或底稿。在人本审计的标准方面,首先建立起行为审计的标准,主要是行为动机、行为表现和行为过程的标准,对行为结果的分析要结合对财务报表是否真实公允、经济活动是否合法、合规、绩效等物的标准,实现物和人两项标准的有机统一。有关人的标准是因,有关物的标准是果,要把握人本审计的关键标准。审计意见及其表达是对人进行评价,审计意见最终要落到人的头上,要揭露行为存在的问题,提出改进行为的建议,并向被审计人进行问责。

8.4.2 人本审计程序与方法理论

人本审计程序与传统审计基本一致,但要以人及其行为为中心,进行重新设计,改进后的审计程序主要步骤如下:第一步,确定审计项目,在确定审计项目中要分析被审计人的行为。第二步,明确审计的关键人物,在确定好审计项目后,就要根据被审计事项的情况确定被审计的关键人物。第三步,进行行为风险评估分析,主要有:分析影响行为的内外部因素,分析行为动机,特别是分析造假欺骗、违法违规、不经济、低效率、无效果行为的动机,评估行为风险,确定审计重点。第四步,进行行为控制测试。第五步,实施行为证据的收集,对照审计标准,实施实质性程序。第六步,得出审计结论。

　　人本审计的方法与传统审计有一定的差异,除了要掌握财务审计常用的审阅法、分析性复核、核对法、函证法,以及绩效审计常用的经济活动分析、技术经济分析、决策分析和数学分析等方法之外,由于要对人及其行为进行评价,人本审计不仅继承了传统物本审计的技术和方法,而且引进了舞弊三角理论和胜任力构建模型和人才测评理论,将审计方法丰富发展到询问、检查、观察、访谈、舞弊行为检查、心理测评、情景模拟、360 度测评、绩效三棱镜(performance prism)、关键绩效指标(key performance indicator)等方法。

8.4.3　人本审计报告理论

　　人本审计的报告与传统审计有较大差异,类似我国正在开展的经济责任审计,人本审计报告的审计对象是人,但与当前的经济责任审计报告不同,审计的内容虽要依托经济活动等物的事项,但要以评价人及其行为为落脚点,要鉴证人的行为是否合法、合规、绩效,要界定人的责任,提出改进人及其行为的建议。

　　如何构建新的人本审计报告,有必要分析一下审计报告的改进进程。实际早在 1972 年,ASOBAC 用更广泛的眼光对审计进行了定义,并强调审计人员对不同信息提供不同程度的担保、承担不同程度的审计责任,并建议未来的审计报告也许包括不同担保程度的意见。1978 年,科恩第一次对传统审计报告(针对历史财务报表信息)提出了大胆的改进建议,为完整体现审计功能,审计人员的报告应该充分、灵活地反映报告使用者需要的信息。由于科恩报告的建议是对传统审计报告的一次重大挑战,在理论界和实务界都引起了很大争议[①]。1995 年,美国注册会计师协会财务报告特别委员会发布的《综合报告:改进企业报告——着眼于用户》(Comprehensive Report: Improving Business Reporting—A Customer Focus),在审计和会计界产生了很大的影

　　① 徐政旦,等.审计研究前沿[M].2 版.上海:上海财经大学出版社,2011:213.

响。该委员会通过调查和论证的方式对企业财务报告和审计报告的未来发展提出了一系列完整的、合乎逻辑的改进建议,要求审计职业应该介入综合模型的所有信息。综合模型的信息共分 5 类 10 个要素。其中,第四类即是有关股东、管理人员的信息,主要就董事、大股东、管理人员、酬金等情况以及关联方交易进行说明[①]。在这一综合模型支持下,AICPA 假想了一个"福克思公司企业报告",该报告充分披露了公司 7 名兼职董事、5 名高级管理人员的简历。在随后的审计报告中也披露了该公司管理人员和股东的信息[②]。此外,美国证券交易委员会(Securities and Exchange Commission,SEC)、美国财务会计准则委员会(Financial Accounting Standards Board,ASB)、美国 SEC 委员 Wallman 提出的彩色报告模式中都提到了要披露企业无形资产特别是人力资源和智力资源信息的改进建议[③]。很显然,以上信息很多都是非财务的信息,其中也涉及股东、管理人员的信息,特别是无形资产中的人力资源、智力资源的信息,之所以这些信息被要求提供,还是基于现有财务报告的不足以及客户的需求。

根据审计报告未来发展的趋势要求,结合人本审计的特点,在审计报告中应将人及其行为的信息予以重点关注和披露,因为人才是企业或组织的主宰者,他们的一举一动直接影响着企业的财务乃至经营报告。改进后的审计报告主要有以下特点。

1) 审计报告的对象是人

应改变审计报告仅对财务报表或经济活动发表意见的传统,应直接面对被审计人履行受托责任情况进行报告。以民间审计的标准无保留意见审计报告为例,应改"我们认为,上述会计报表符合《企业会计准则》和《股份有限公司会计制度》的规定,在所有重大方面公允地反映了贵公司 2012 年 12 月 31 日的财务状况以及 2012 年度的经营成果和现金流量情况,会计处理方法的选用遵循了一贯性原则"为"我们认为,贵公司经营管理层履行了各项受托

---

① 美国注册会计师协会财务报告特别委员会.论改进企业的报告[M].陈毓圭,译.北京:中国财政经济出版社,1997:49-50.

② 美国注册会计师协会财务报告特别委员会.论改进企业的报告[M].陈毓圭,译.北京:中国财政经济出版社,1997:221-226.

③ 任月君.企业财务报告改进研究[M].大连:东北财经大学出版社,2010:192-197.

职责,所有重大行为可靠、合法、有效,所提供的贵公司 2012 年 12 月 31 日的财务状况以及 2012 年度的经营成果和现金流量情况的会计报表在所有重大方面公允地反映了经营管理层的经营成果,会计处理方法的选用遵循了一贯性原则"。

在此,应说明的是,根据受托方的要求,被审计人不一定是经营管理层,应是受托要求评价的人,从公司高管到普通员工都有可能是被审计人。在国家审计中,如果是经济责任审计项目,那审计报告的对象一般就是被审计单位的"一把手",如果是政府投资项目,那审计报告的对象就是负责政府投资的相关责任人。在内部审计中,根据受托要求,审计报告的对象有可能是下属单位的负责人,也有可能是负责销售的具体工作人员。

2) 将被审计人的背景信息予以披露

应根据受托人的需求,将被审计人的信息适当予以披露。比如,被审计人的任职经历、专业背景、个性心理特征;家庭成员关系;决策、组织、专业技术等能力分析;与企业或组织有影响的重大关联关系;特殊需注意的事项,如被审计关键人曾经有犯罪前科等。当然在披露被审计人的各类信息时,应遵守国家有关保护个人隐私的规定。

3) 应将被审计人的重要行为信息予以披露

应对被审计人重要经济活动的行为理念、过程和结果进行系统分析评价。一方面,应分析正面积极行为,为客观评价被审计人的业绩做好准备;另一方面,应重点分析被审计关键人物消极行为的表现,特别是分析被审计人在违法、违规等舞弊行为的行为过程,将其行为理念、行为表现、行为后果披露出来,为受托者加强监管提供线索。

4) 应将建议改进或预测分析被审计人的行为信息予以披露

在审计报告中,应发挥人本审计的建设性作用,对被审计人的行为进行系统分析后,得出被审计人需要改进之处,提出有针对性的审计建议。坚持以人为本,建议对被审计人加强激励和约束,促进行为的持续改进。在系统分析被审计人及其行为的过程中,应加强预测和分析,分析行为与经济活动的关系,从而提出对被审计单位经济活动未来运行情况的前瞻性的分析报告。

9 人本行为导向审计应用模式

在人本审计基础理论的指导下,本书按行为类型、审计主体、审计操作分别构建了人本审计应用理论的框架,如何将之在实践中加以应用,有必要先构建一个理论图式和模型,用于指导具体的审计程序与方法。本章在分析传统的账项基础审计模式、制度基础审计模式、风险导向审计模式的缺陷基础上,设计出人本行为导向审计模式,用于指导审计实践。

9.1 审计导向模式的含义

据《现代汉语词典》对"模式"一词的解释,"某种事物的标准形式或使人可以照着做的标准样式"。[①]《辞海》将其解释为"一般指可以作为范本、模本、变本的式样,作为术语时,在不同的学科有不同的含义……在社会学中是研究自然现象或社会现象的理论图式和解释方案。"[②]对于什么是审计模式,侯文铿和黄忠堃主编的《审计辞典》(1988)解释为,"规定一套典型的审计方法和步骤的形式"。[③] 王泽霞(2005)认为,审计模式是人们在社会审计活动中,通过对环境的观察、分析和研究,总结出审计现象的一系列基本特征,并对这些基本特征作综合表述与反映,且将其组织起来构成一个有机的整体,从而形成的抽象化、典型化的理论图式和模型。审计模式是审计导向性(oriented)的目标、范围和方法等要素的组合,它规定了审计应从何入手、如何入手等问题[④]。刘明辉(2009)主编的《高级审计研究》中对审计模式的表述为:"审计模式是审计导向性目标、范围和方法等要素的组合,它规定了如何分配审计资

---

① 中国社会科学院语言研究所词典编辑室. 现代汉语词典[M]. 北京:商务印书馆,2005:961.
② 辞海编辑委员会. 辞海[M]. 上海世纪出版股份有限公司,2010:1322.
③ 侯文铿,黄忠堃. 审计辞典[M]. 福州:福建人民出版社,1988:77.
④ 王泽霞. 管理舞弊导向审计理论研究[M]. 北京:电子工业出版社,2005:45.

源,如何控制审计风险、规划审计程序,如何收集审计证据,如何形成审计结论等问题。"①根据《现代汉语词典》的解释,"导向"有三种解释,一是使向某个方面发展;二是引导方向;三是指导行动或发展的方向②。对于什么是审计导向,王泽霞(2005)认为,审计导向即为审计工作的切入点,用于确定审计具体实施对象和审计重点领域,也是财务相应审计方法模式的基础,不同的审计模式即为审计导向的区别③。

9.2　审计导向模式发展演进分析

阳杰等(2007)认为,自1721年英国"南海公司"破产事件开始的现代民间审计以来,审计模式经历了三个主要的发展阶段,即账项基础审计模式、制度基础审计模式和风险导向审计模式④。笔者则同意文硕(1990)对三种审计模式起始年代的划分,即账项基础审计模式从古代审计就已有,而且三种模式不仅在民间审计存在,同样也存在于国家审计,只是表现形式不一而已。

9.2.1　账项基础审计模式

账项基础审计模式(transation-based auditing)由来已久。早期的审计在中国被称为"听其会计"。英语的audit和法语的audition,均起源于拉丁语audire(听),这说明,国外的早期审计也是审计人员靠听取会计人员朗读会计记录而判断会计记录是否正确来进行的。直至14世纪,英国的审计工作也是通过听取账户记录(hearing the account)来进行的⑤。可见,早期的审计只是听账,是账项基础审计模式的雏形。在随后的几千年审计历史中,我们一直延续着这种传统手段,审计工作始终都在看账、查账。账项基础审计模式离不开对账簿和凭证的审查,通过对每笔会计分录的审查、审查原始凭证的真

①　刘明辉.高级审计研究[M].大连:东北财经大学出版社,2009:145.
②　中国社会科学院语言研究所词典编辑室.现代汉语词典[M].北京:商务印书馆,2005:254.
③　王泽霞.管理舞弊导向审计理论研究[M].北京:电子工业出版社,2005:75.
④　阳杰,黄昌勇.审计模式演进及其动因分析[J].广西财经学院学报,2007(1):85.
⑤　文硕.世界审计史[M].北京:中国审计出版社,1990:4.

实性,核对总账与明细账是否一致,进而审查会计报表的真实性,获取审计证据,达到揭弊查错的审计目的。账项基础审计模式阶段是审计发展的第一阶段,在审计史上占据着十分重要的地位。

9.2.2 制度基础审计模式

制度基础审计模式(system-based auditing)存在于 20 世纪 40 年代至 70 年代这一期间,由民间审计逐渐推广到国家审计和内部审计。第二次世界大战后,西方发达国家的企业规模越来越大,内部管理的环节越来越多,会计核算的量急剧增长。企业为自身内部管理的需要,逐渐开始建立内部管理的制度。财务报表的外部使用者越来越关注企业的经营管理活动,日益希望审计师全面了解企业内部控制情况,审计目标逐渐从揭弊查错发展到对财务报表发表意见。经过长期的审计实践,审计师发现企业内部控制制度与企业会计信息的质量具有很大的相关性。因此,审计顺应审计环境的要求,由单纯的看账、查账逐渐向检查委托单位的内部控制上来,大大降低了审计工作量,降低了审计成本,保证了审计质量,账项基础审计模式逐渐发展为制度基础审计模式。

制度基础审计要求审计师对委托单位的内部控制制度的建立健全情况进行全面的了解,评估委托单位的内部控制制度存在的风险。对内部控制制度较为健全的审计事项,给予较少的关注,分配较少的审计资源,而对于内部控制的薄弱环节给予重点关注,分配较多的审计资源,有重点、有目标地进行重点审计。在制度基础审计模式中引入了抽样审计技术,不再面面俱到地对账表、凭证进行详细审计,适应了社会环境的变化,满足了社会的需求,提高了审计效率,保证了审计质量,审计模式发生了质的改变。

9.2.3 风险导向审计模式

20 世纪 60 年代,审计迎来了风险导向审计模式(risk-oriented auditing)时代。随着社会的发展变化,对风险导向审计提出了更多要求,风险导向审计模式也经历了从传统风险导向到现代风险导向的转变。风险导向审计最早产生于民间审计,而且在民间审计应用也最广泛。

20世纪60年代,随着社会的发展,企业的竞争越来越激烈,增加了企业经营的不确定性,很多企业纷纷倒闭,导致建立在制度基础审计模式下的审计产品,屡屡出现重大纰漏,原有的制度基础审计模式也逐渐暴露出不适应社会发展的缺陷。这要求审计人员必须从高于内部控制的角度,扩大对企业各方面情况的了解,调整制度基础审计模式。1983年,美国注册会计师协会(AICPA)提出了传统审计风险模型,该模型也就是传统风险导向审计的核心内容。该模型表达公式为:审计风险=固有风险×控制风险×检查风险。传统风险导向审计主要是通过对财务报表固有风险和控制风险的定量评估,从而确定检查风险,进而确定实质性程序的性质、时间和范围[①]。

20世纪80年代以后,随着知识经济时代的到来,科学技术迅猛发展,信息化让地球紧缩成为一个"村落"。企业或组织并不是一个孤立的主体,世界哪一个角落的风吹草动都有可能影响企业的经营发展,"蝴蝶效应"现象就是最好的说明。随着企业财务欺诈案的不断出现,人们对传统风险导向审计方法进行了改进。2003年10月,国际审计和鉴证准则委员会(IAASB)发布了一系列新的审计风险准则,这些准则从2004年12月15日之后正式施行。这些准则将传统审计风险模型修改为:审计风险=重大错报风险×检查风险,重大错报风险包括两个层次:会计报表整体层次和认定层次,这标志着传统风险导向审计转变为现代风险导向审计。与传统风险导向审计相比,现代风险导向审计改变了过去的交易导向为整体导向;审计视角也由原来的信息报告过程改变为经营过程;对审计人员具备的能力也由原来的只具备会计审计专业知识改变为同时具备经营的专门知识;审计思路也由关注企业的固有风险和控制风险向关注企业的经营风险转变。

9.2.4 对已有审计导向模式的缺陷分析

分析审计模式的演进过程,都与审计目标的发展演变有关。社会期望或需求是审计目标的根本因素,而审计自身能力是确定审计目标的决定因素。账项基础审计模式服务于揭弊查错的目标;制度基础审计模式服务于验证财务报表公允性的目标;风险导向审计模式服务于揭弊查错与验证财务报表公

---

① 陈毓圭. 对风险导向审计方法的由来及其发展的认识[J]. 会计研究,2004(2):60.

允性的双重目标。每一种审计模式的演进都与其外部环境发展变化和内在发展有关。就外部环境来说,政治、经济、社会等环境不断发展变化,都对审计提出了新要求,而审计新技术的不断推陈出新也为审计新模式提供了技术支持;在审计发展的内在动力上,主要体现在提高审计效率和质量、规避审计风险和责任、满足所有权监督的需要三个方面。审计人员要在审计效率、质量、风险、责任之间不断进行权衡,选择既能提高审计效率和质量,又能规避审计风险与责任,进而满足所有权监督需要的审计方法,从而实现审计目标[①]。在当今知识经济时代的背景下,站在人本审计的视角,分析三种导向审计模式都有缺点。

在账项基础审计模式下,审计只是听账、看账,见账不见人,审计的职能和作用都是有限的。大家熟知账都是人做的,而人在利益驱动下,做假账、粉饰报表的情况是很常见的。古代王昭君的故事告诉我们,汉元帝仅凭宫女的画像就确认宫女是否漂亮是大错特错了,他没有想到画工毛延寿会贪图私利,故意丑化了王昭君,画像并不是本人的真实写照,见像不见人,出现错误也就在所难免了。

在制度基础审计模式下,审计或多或少地对组织及人员情况进行了一些了解,但并未真正关注受托人经营管理行为本身,审计对象仍然局限在以物为重点。审计以制度为基础,在一定程度上节省了审计时间,提高了审计效率,但所有的制度都是人制定的,制度是死的,人是活的。正所谓制度是人行为的固化,人又按制度指导行为,两者相辅相成,互为因果[②]。人总有办法绕过制度去干方便自己的事,甚至是违法舞弊的勾当。单纯相信制度,不对人进行审查,也会犯致命的错误。有两个例子可以说明此道理:一个例子是,典型的巴林银行事件,虽然内部制度已经较为完善,却仅仅因一名员工的职业道德操守出现了问题并违规操作,就断送了一个历史悠久、信誉卓著的企业。另一个例子是,在一些人的观念中,对制度有种天然的尊崇的态度,而在另一些人的观念中,特别是领导似乎比制度更重要,他们盯着的有可能不是制度,而是领导的眼神。海尔集团首席执行官张瑞敏曾描述这样一个故事,如果让

---

① 赵保卿,任晨煜.审计方法的历史演进及其动因[J].北京工商大学学报(社会科学版),2003
(3):32.

② 转引自:肖知兴.制度与人[J].IT经理世界,2002(9):90.

一个日本员工每天擦 6 遍桌子,他们一定会一丝不苟地擦 6 遍,而我们中国的员工第一天会擦 6 遍,第二天也会擦 6 遍,可是第三天就会擦 5 遍,第四天可能只擦 4 遍……这个故事虽然有所偏颇,但也说明了制度不是万能的,要关注制度,更要关注人。中国员工更关心是否有领导过来检查,若领导不过来检查又不追究责任,即使有制度规定,他也不会遵守。

在风险导向审计模式下,审计不再拘泥于账簿和制度,将审计的视角扩大到与企业有关的方方面面,重点关注企业的经营风险,分析企业经营风险与重大错报的关系。在确定企业经营风险时,或多或少要对人进行关注,但并没有把人放到核心的位置去考虑,也没有分析被审计人的行为动机、行为过程、行为结果与企业经营风险的关系,还是没有抓住审计的本质和主要矛盾。分析企业的战略和经营风险,都是由人及其行为所引导,正如同德勤华永会计师事务所赵善强所言,"企业最大的风险还是'人'",不对企业的人进行整体风险分析,也会得出错误或不恰当的审计结论。有一个例子可以说明,在"9·11"之后,美国当局对于航空保安加大了管制力度,对不能带上飞机的物品进行严格约束。但是一些记者故意带小刀上飞机,发现是能突破保安体系通过安检的。这就是说,体系是一个死的东西,是靠人去操作它的。往往员工在做的时候,没有做到位。所以,解决问题的关键不仅在于建立一个复杂的风险控制体系,更在于人的培养。[①]

9.3　人本行为导向审计模式的设计

行为导向的人本审计模式借鉴了风险导向审计的思想,审计风险与企业经营风险是不可分割的,导致企业经营的风险也是影响审计风险的来源,因而,有效的审计需要对企业所处的社会环境等进行深入的了解。在人本审计观下,企业的经营风险归根结底还是与人相关的风险,正所谓企业风险最大的还是"人"的风险。行为导向的人本审计模式主要还是一种观念上的审计模式,它从分析人及其行为入手,确定审计的重点,从而发现行为责任未履行的事项,减少审计的风险,完成受托责任。在审计项目确定后,根据审计目标的不同,就

---

① 赵善强,罗迪,万蕊. 企业最大的风险还是"人"[J]. 商学院,2008(Z1):26.

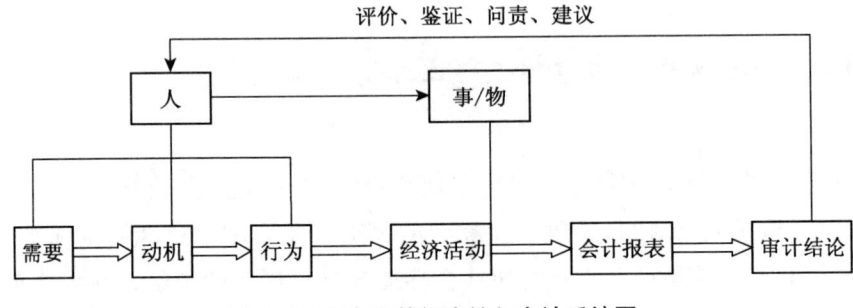

要全面了解被审计对象的基本情况,分析被审计单位决策者、执行者、监督者等关键人物的行为表现,结合分析被审计对象的经济活动情况,确定审计的重点,明确每个阶段应完成的工作任务及起始时间,然后付诸具体审计。

行为导向的人本审计新模式明确了以人及其行为为中心开展审计的含义,在此基础上,将现代风险导向审计的"自上而下"与"自下而上"相结合思路,修改为"由内而外"和"由外而内"相结合的思路开展审计,并将审计风险由重大错报风险调整为被审计人的行为风险和报告风险,在这一思路的指引下,审计实施模式发生了质的改变。

9.3.1　人本行为导向审计模式的含义

所谓人本行为导向审计模式,是一种在人本审计理论指导下的新的审计操作模式。人本审计模式以被审计人及其行为为中心开展审计的各项流程,审计以人开始,并以人结束。具体来说,审计的着眼点是人,审计立项由人开始,审计过程中关注人及其行为,结合对经济活动的分析,对照有关行为的标准,得出审计监督、鉴证、评价的结果;审计也由人结束,审计报告的客体是人,最终向人问责,向人提建议,促进人及其行为的改善提高。将人及其行为纳入审计系统,见图 9-1。

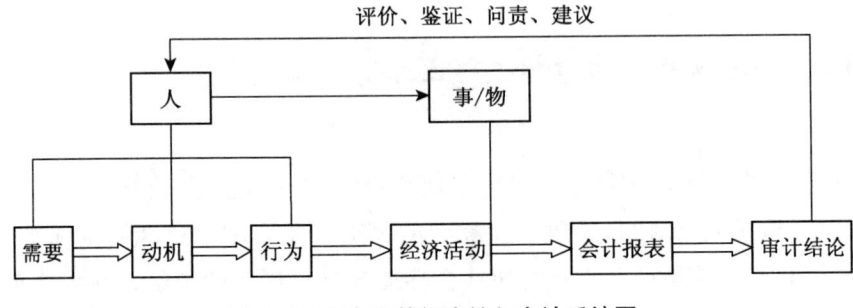

图 9-1　将人及其行为纳入审计系统图

9.3.2　人本行为导向审计模式的特征

辩证唯物主义告诉我们,现象是事物发展的表面形式,本质才是事物的根本属性,要透过事物的表面现象,发挥主观能动性的作用,抓住事物的本质,才可以看清事实,利于我们更好地进行判断和决策。人本审计在辩证唯物主义思想的指导下,力图抓住人及其行为这一经济活动的本源,透过现象看本质,构建更为有效的审计模式。人本审计把人及其行为视为审计客体的核心和本质,属于"内";把经济活动及账簿等作为审计客体的外在表现,属于"外"。由审计客体的核心即人及其行为开始入手,评估人及其行为对被审计对象经济活动和财会系统可能造成的影响范围和程度,从而在总体上评估审计风险,确定审计重点环节,从而针对审计重点领域合理进行审计资源的分配,体现了"由内而外"的审计特征。根据"由内而外"确定的重点,制定总体审计策略和具体审计防范,实施具体审计程序,根据实施具体审计程序后得

到的结果再向上追溯,对人及其行为预期的评价进行修正,最终对人及其行为进行客观公正的监督、鉴证和评价,体现了人本审计模式的"由外而内"的特征。"由内而外"的审计思路在实质上还是一种判断,判断审计的重点,并非精准的确定,但它有效地分配了审计资源,指向了审计的本质,为"由外而内"的测试路线提供了指导,从而更有效地对被审计人做出评价。"由内而外"和"由外而内"相结合示意图,见图9-2。

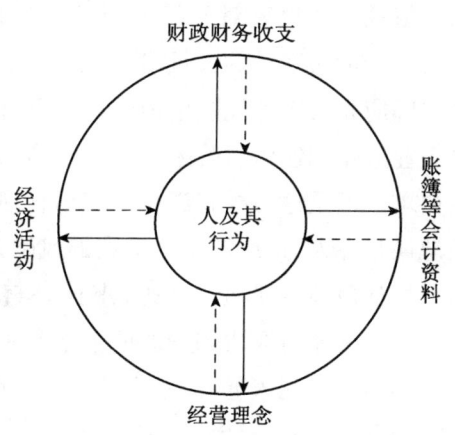

图9-2　"由内而外"和"由外而内"相结合示意图

9.3.3　人本行为导向审计风险模型

行为导向的人本审计模式对现代风险导向审计模式进行了改良和创新,将审计风险模型由"审计风险＝重大错报风险×检查风险"修改为"审计风险＝行为风险×检查风险"。在这一新模式下,行为风险包括整体和局部两个层次,与风险导向审计模式下的重大错报风险包括会计报表整体层次和认定层次有所区别。所谓行为风险,是指被审计人行为没有履行受托责任的风险,它的含义远远大于重大错报风险。重大错报风险(risk of material misstatement)是指财务报表在审计前存在重大错报的可能性,最初是源于注

册会计师审计。风险导向审计认为注册会计师的审计风险主要来源于被审计单位会计报表的重大错报风险,而被审计单位会计报表的重大错报风险则主要来源于整个企业的战略及经营风险。重大错报风险的含义仅限于会计报表层面,并不是受托责任风险的全面反映。所谓整体和局部,主要指反映履行受托责任的总体情况和局部情况,它的含义也远远大于会计报表整体层次和认定层次。

之所以做上述改进,原因有两点:一是该模式抓住了审计风险的实质。大家熟知,审计的实质是对受托人履行受托责任情况进行评价。由于会计的不断发展,基本满足了人们评价受托责任的需要,人们又迫于技术手段所限,认为依托会计报表对受托人履行责任情况进行评价是一个比较好的选择。随着审计诉讼案件的大量出现,审计风险与日俱增,为了避免审计风险,注册会计师应先将审计风险由内部控制延伸到企业战略和经营风险,通过分析控制企业战略和经营风险来控制审计风险,满足受托者客观公正评价履行责任的要求。但是这一模式还是没有抓住风险的根源,企业的战略及经营风险的根源还是在人,正所谓企业最大的风险还是"人"的风险,不分析人及其行为,难以抓住风险的实质。此外,审计一直依托于会计开展工作,好像没有会计审计就无法履行职责,这也不符合审计诞生的初衷。假设没有会计报表,审计就不能对受托人履行责任情况进行审计了吗?答案肯定是否定的。社会不一定需要先有会计后又审计,只要有受托审计受托者履行责任的需求就会有审计。所以,从更广更深的视野来看,审计还是需要对风险的实质即人及其行为的风险进行分析,才能抓住审计风险的实质。二是该模式适合各类审计发展的需要。风险导向审计始于注册会计师审计,注册会计师从事的主要是财务报表审计,对财务报表是否真实公允发表意见,所以注册会计师将风险称为重大错报风险,重大错报风险只是限于注册会计师审计领域,不足以涵盖国家审计和内部审计以及其他审计类型。在国家审计中,目前正在大力开展的绩效审计和经济责任审计,就不仅仅是审计受托会计报告责任,而且要审计受托行为责任。在内部审计中,现在正在开展的管理审计、经济责任审计也不仅仅是受托会计报告责任,还要审计受托管理行为责任。即使在注册会计师审计领域,现在正在开展的管理咨询、经营审计也不仅仅是对报表发表意见,而行为风险基本涵盖了所有企业风险的本源,所以用"行为风险"这一概念代替"重大错报风险"概念,不仅抓住了风险的本质,也更适合各类审计业务发展的需要。

9.4 人本行为导向审计模式的优点分析

通过以上对行为导向的人本审计模式的阐述,我们可以看出,该模式具有明显的优势,是对传统审计模式的改良和创新,必将会焕发新活力,推动审计实务实现提升和飞跃。

一是理论的先进性。人本审计从人本思想和行为科学理论出发,从人及其行为入手,通过分析人及其行为动机→行为过程→行为结果→促进行为改善和价值增值的基本思路,克服了账项基础审计见账不见人、制度基础审计见制度不见人、风险导向审计见风险不见人的弊端,从本源和实质上对人及其行为进行了客观公正的监督、鉴证和评价。

二是方法的多样性。人本审计不仅继承了传统物本审计的技术和方法,而且引进了舞弊三角理论和胜任力构建模型、人才测评理论等,将审计方法丰富发展到询问、检查、观察、访谈、舞弊行为检查、心理测评、情景模拟、360度测评、绩效三棱镜、关键绩效指标等方法,进一步丰富和发展审计的技术和方法。

三是审计价值实现提升。传统审计一般一审了之,行为导向的人本审计模式下的审计流程实现了闭环管理,进一步提升了审计价值。审计可以在以往审计人及其行为与经济活动的结果的基础上,对被审计对象的人及其行为进行关注,从而确定新一轮的审计计划,经过审计实施,得出审计结果,审计不仅起到了监督、鉴证的作用,而且起到了评价的作用,并着眼于人及其行为存在的弊端,提出改进的建议,并对之进行跟踪检查,跟踪审计的落实情况,促进人及其行为的改善,从而实现行为价值的增值,再根据跟踪和了解到的其他情况开始审计项目立项,从而进入下一个循环。

四是审计功能得到提高。人本审计由于深入审计客体的实质:人及其行为,对经济活动看得更透,并将两者的本质和表面紧密地结合在一起,审计起到了深层次的监督、鉴证和评价的职能,而且人本审计对人及其行为进行了深刻的分析,所提建议的建设性更强,真正发挥审计"免疫"系统的功能,审计的功能得到提高。

10 人本审计程序与方法

在第九章构建出行为导向的人本审计模式后，有必要对人本审计的程序与方法进行系统设计，革新操作流程，探索审计新手段，实现审计实践的新转变。人本审计程序与方法继承了物本审计科学合理的部分，并进行了改良和创新，体现了人本审计的特点和优势。

10.1 人本审计程序的设计思路

在人本审计理论指引下，审计程序不同于传统审计的三个阶段的划分，而是在审计计划阶段、审计实施阶段、审计报告阶段的基础上，又增加了一个阶段，即跟踪问责阶段。具体审计流程共有四个阶段：第一个阶段是审计计划阶段，主要包括确立审计对象、评估行为风险，制订审计计划；第二个阶段是审计实施阶段，主要是按审计计划具体展开实施；第三个阶段是审计报告阶段，主要是起草报告、征求意见、出具审计报告等；第四个阶段是跟踪问责阶段，主要是跟踪审计报告问题的责任追究与建议落实情况。具体审计流程见图 10-1。

当前审计，尤其在国家审计中，越来越重视第四个阶段，即跟踪问责阶段。在此阶段，要对被审计人进行问责，因为国家审计是来源于人民权利的一种国家权力，其主要职能是加强对权力的制约和监督，所以问责也成为此阶段的主要内容。人本审计实施过程本身就是一个循环，第一个阶段是第二个阶段的基础和开始，到了第三个阶段审计报告阶段后，审计工作并没有结束，被审计人的整改落实和有关部门的跟踪检查也是必要的一个阶段，而且这个阶段的跟踪情况也为下一轮的确定审计项目提供历史资料和参考依据。

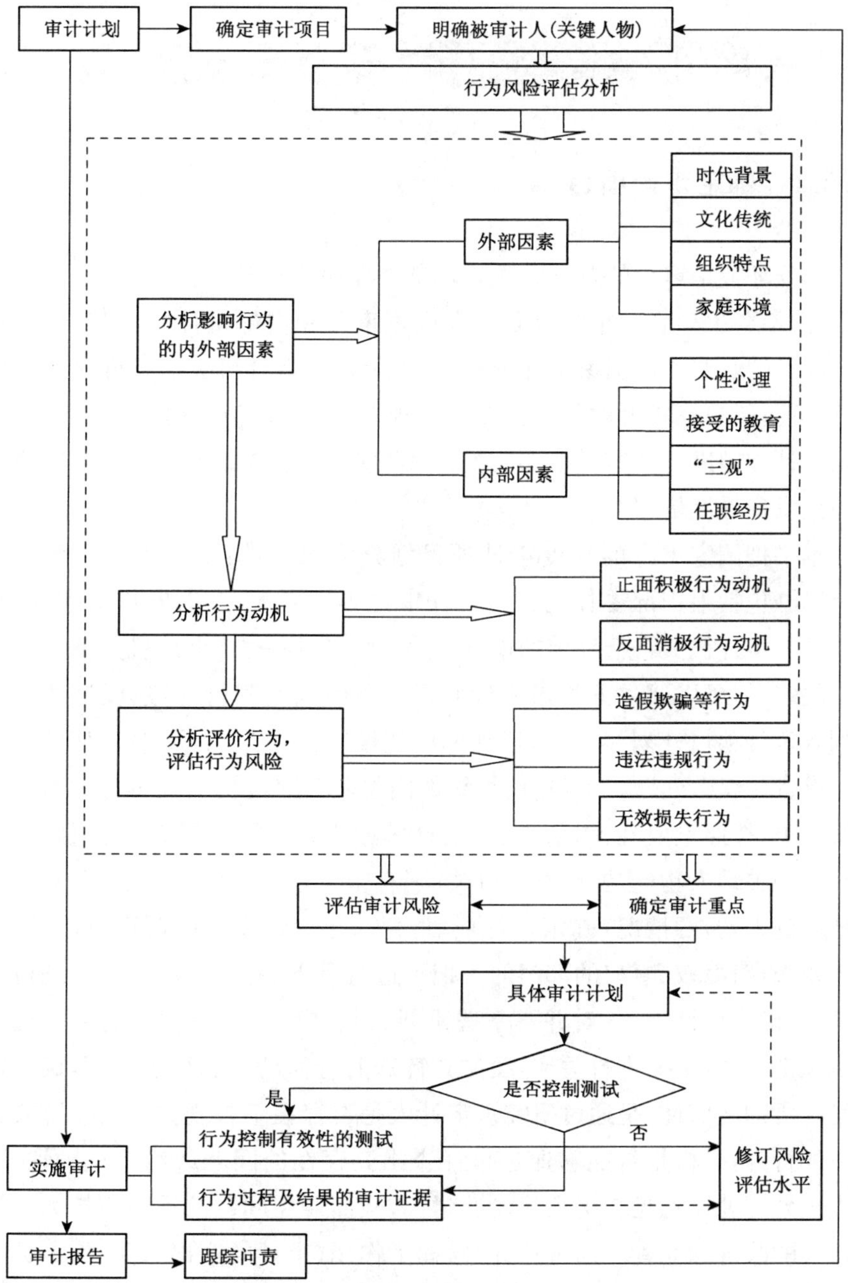

审计计划 → 确定审计项目 → 明确被审计人(关键人物)

行为风险评估分析

分析影响行为的内外部因素 ⇒

外部因素
- 时代背景
- 文化传统
- 组织特点
- 家庭环境

内部因素
- 个性心理
- 接受的教育
- "三观"
- 任职经历

分析行为动机 →
- 正面积极行为动机
- 反面消极行为动机

分析评价行为,评估行为风险 →
- 造假欺骗等行为
- 违法违规行为
- 无效损失行为

评估审计风险   确定审计重点

具体审计计划

是否控制测试

是 → 行为控制有效性的测试

否 → 修订风险评估水平

实施审计

行为过程及结果的审计证据

审计报告 → 跟踪问责

图 10-1 人本审计流程

10.2 人本审计的具体程序

10.2.1 确定审计项目

立项环节是审计的首要和重要环节。在民间审计中,一般是接受委托人的委托,不会主动确立审计项目。在国家审计和内部审计中,却存在着确定审计项目的必要。以国家审计为例,立项不仅指审计机关的年度审计项目立项,而且包括未来年度的长期规划。战略规划可以对审计进行立项统筹,对未来审计方向进行政策性决策,建立项目库,并对年度具体审计项目的选择立项提供指导性依据。

本书把国家审计的年度审计项目划分为两大类:第一类是上级审计机关、党委(包括组织部委托的经济责任审计等)、人大、政府安排的审计项目;第二类是审计机关自行确定的审计项目。对于第一类,审计机关基本没有权力去决定,但可以通过分析被审计监督对象的人及其行为,建议哪些单位可以列入审计项目计划。比如,审计部门屡屡收到举报信,反映某某单位的负责人有贪污腐败问题,可以建议组织部门将其列入经济责任审计的对象。对于第二类,按照重要性、增值性、可行性等原则,分析审计监督范围内的部门(单位)的关键人物(主要是党政机关、国有企事业单位的“一把手”、管理层及其他关键人物)的情况,确定审计项目,列入年度计划。所谓重要性,即对掌握重要人权、财权、事权的部门的一把手进行重点关注,关注其行为动机和行为表现,确定审计项目;对并不掌握重要人权、财权、事权的部门的一把手及其他关键人物,也要进行关注,关注其特殊的行为动机和行为表现,确定审计项目。所谓增值性,是通过研究被审计人是否存在不合规甚至是舞弊或无效损失的行为,分析是否能够通过审计查出其存在的问题或给予正确评价,从而提出处理处罚意见或提出建设性建议,从而避免问题的进一步扩大或促进其行为的改进和完善。通过审计,发挥了作用,审计的产出大于投入,具有增值的价值,就是增值性原则,符合该原则的项目就可以列入年度审计项目计划。所谓可行性,是指审计机关对备选的审计项目能否顺利开展。对于是否可行,主要从以下角度考虑项目是否可行:结合现有的审计资源,包括时间、人力、物力、财力等角度;被审计对象、人员的配合程度;对审计可能需要涉及的领域,相关的证据取得的难易程度;审计可能遇到的各种风险;能否在审计计划规定的时间内完成任务。以上三个原则是确定审计项目的基本原则,一个审计项目只有全部符合这三个原则方可列入备选审计项目,在此基础上,再对备选项目进行综合分析,经过一定的程序后,方可列入年度审计项目计划。

10.2.2 确定被审计的关键人物

根据不同的审计项目,被审计人也不会相同。审计视角下的行为发生人,有可能是一个人,也有可能是一群人、一类人或全体被审计单位的员工。在一般的审计项目中,审计关键人就是指该组织的决策者、执行者、监督者等关键人物或对被审计事项有重大影响的其他人。以企业为例,该企业的"一把手",高管,掌握人、财、物、供、产、销等关键岗位的人物,都应是被审计的关键人物。需要说明的是,员工的职位高低并不是决定是否是被审计的关键人物的标准,企业的出纳、仓库保管员、门卫、保安都有可能列入被审计的关键人名单,因为他们都有可能对经济活动产生影响,进而影响会计报表、账簿的外在表现。在中国特殊的经济责任审计中,被审计的关键人一般指该组织的"一把手",即审计通知书所明确的被审计的人。由于"一把手"掌控该组织的重要经济事项,所以以上所列的高管等关键人物也在被审计关键人之列,只是最后要落实到"一把手"的责任上。

10.2.3 行为风险评估

如何对行为进行风险评估是人本审计程序中最重要的一个环节,它区别于以往对制度、经营风险的评估思路,主要包括如何对影响行为的外部和内部因素进行系统分析,进而对行为动机和行为表现进行分析,从而为下一步确定行为风险、进行风险评估、确定审计重点做好准备。

1) 行为影响因素分析

在分析行为背后的动机之前,应系统分析导致行为发生的因素,这也是产生行为动机的基础条件。行为科学告诉我们,影响行为的因素,以是否促发行为为依据,可把行为的各种实际因素分为直接因素和间接因素;按因素的来源,可把行为的各种实际因素分为内部因素和外部因素。本书从影响行为的内外部因素来分析行为,在第2章对行为的影响因素已介绍了冬青设计的C型影响个体行为因素分析表,借鉴其设计理念,笔者认为以审计的视角,影响人行为发生的外部影响因素主要有:时代背景、文化传统、组织(单位)特点、家庭环境等;影响人行为发生的内部条件因素主要有:个性心理特征、接受的教育,"三观"(世界观、价值观、人生观)、任职经历等。

(1)影响行为的外部因素分析。从行为的外部条件来分析。审计视角下的行为发生与被审计人所处的外部环境是紧密相关的。分析影响被审计人行为发生的外部影响因素主要有:被审计人所处的时代背景、文化传统、组织(单位)特点、家庭环境等。

其一,时代背景。审计所审计的人是工作人,但工作人也是社会人,所以,不应只分析这个人本身,还要分析他所处的环境,往往是这种环境就影响了这个人的所作所为。社会时代不同,审计判断的标准也不一样。我国目前正处于经济转型期,经济发展速度快,社会日新月异,社会贫富差距拉大,社会不公现象增多,人们浮躁不安分。在这种背景下,人们就会理解在审计过程中发现的被审计人的行为表现了。比如,一个出纳员为了结婚有面子,不惜贪污挪用单位公款去装修新房,还未结婚,就被审计机关移交到司法部门了。了解被审计人所处的时代背景,你就会分析被审计人是否有类似的行为表现,排除疑点,确定重点。

其二,文化传统。文化传统对被审计人影响不可为不大。美国文化人格学派的主要代表之一,拉尔夫·林顿(Ralph Linton)(1943)在他的著作《人格的文化背景(文化社会与个体关系之研究)》中指出,文化必须被视为各社会建立人格类型及社会特质的各种身份人格系列的支配因素。① 一种文化是习得行为与行为之结果的综合结构,这种习得行为的组成要素被一个特定社会的成员所分有和传递。② 美国经济学家道格拉斯·C·诺思在《制度、制度变

---

① 拉尔夫·林顿. 人格的文化背景(文化社会与个体关系之研究)[M]. 于闽梅,陈学晶,译. 柳州:广西师范大学出版社,2007:117.

② 拉尔夫·林顿. 人格的文化背景(文化社会与个体关系之研究)[M]. 于闽梅,陈学晶,译. 柳州:广西师范大学出版社,2007:30.

迁与经济绩效》一书中指出,在人类社会诸种文化传统中所逐渐形成的一些非正式约束,包括人们的行事准则、行为规范以及惯例等,无论是在长期,还是在短期,都会在社会演化中对行为人的选择集合产生重要影响。① 可见,文化对社会成员的影响是深远的。审计机关经常审计的"三公经费"问题比较突出,在某些单位"三公经费"超预算标准严重,这个问题也被社会公众所关注。分析这个问题与我国的文化传统是有关的,中国人一直好人情面子。有朋自远方来,不亦乐乎? 热情接待上级领导自不待说,热情接待外地学习交流的同仁成为某些单位一把手的正常理念。他们对预算超标并不以为然,还作为自己好客的优秀品质来炫耀。了解被审计人秉承的文化传统理念,你就会据此顺利确立审计的重点和方向。

其三,组织(单位)的特点。审计所面对的被审计单位千差万别,被审计人的行为也会有所差别。党政机关和国有企业就有很大的差别,不同的党政机关和国有企业也会有较大的差异。一般来说,目前的党政机关由于财政预算体制的逐渐完善,很多地方已经实行规范补贴制度、国库集中支付制度、政府统一采购制度,被审计人发生违法违规行为的外部制约因素很多,财务(合规)审计已经不是对党政机关的审计重点,而应转向对负责人履行经济责任绩效情况的审计上来。在不同的党政机关,被审计人也会有不同的表现。在有管理审批执法权的部门,如在发改、国土、财政等部门,被审计人由于手中有权,不仅是一把手,即使是掌握权力的小办事员,也有可能有徇私舞弊、贪污腐败等违法违规行为的发生;而在无权无势的"清水衙门",这种可能性就小得多。据新华网(广州)2011 年 6 月 22 日报道,广西武宣县三任县委书记:覃纪康、李启亮、彭进瑜相继落马。三任"一把手"相继落马,这已经不是新闻,几任国土局长、几任建设局长、几任国土厅长相继落马也不鲜见。这反映了"一把手"先后"落马"不仅仅是个人问题,而是与这个部门(单位)是有很大关系的。在国有企业,由于掌握的资源多,供、产、销、人、财、物,各个环节多,被审计人违法违规的机会就比党政机关多得多,特别是在垄断性的国有企业,这种可能性会更大,应引起足够的重视。据人民网(北京)2011 年 6 月 8 日报道,在全省国有企业反腐倡廉建设工作会上,河南省委常委、省纪委书记尹晋华说:"近年来,河南省国有企业腐败案件易发多发,其中 33 家省管企业

就有 8 个'一把手'接连落马。"而在市场竞争领域的国有企业,特别是在上市公司,由于行业监管多,相对来说,违法违规的行为就会少一些。这说明,分析被审计人所处的组织(单位)特点非常重要,如此能确定审计的重点领域,以求事半功倍。

其四,家庭环境。被审计人的家庭环境与其行为也有密切的关系。被审计人除了工作接触社会,家庭对其影响也是非常大的。目前,国家公开的一些高级官员腐败案件,很多与家庭有关。有媒体总结出了当前"家庭腐败"的几种常见的形式:夫唱妇随型(如安徽省原副省长王怀忠之妻韩桂荣与丈夫"配合默契",共同受贿)、父子联手型(如云南省原省长李嘉廷伙同其子李勃收受贿赂)、公媳合作型(如贵州省委原书记刘方仁与其儿媳易阳,一个弄权,另一个收受"好处费")、翁婿互助型(如深圳市原副市长王炬先后为六家公司办理房地产开发手续和减免地价,其女婿冼某则收取"好处费")、全家动员型(如江西省人民检察院原检察长丁鑫发伙同其子、其妻收受贿赂)等。黑龙江省绥化市原市委书记马德一案中,妻子田雅芝与马德共同受贿 7 笔共 370 余万元人民币,在审判结束后,马德甚至对妻子说出了"我的手铐有你的一半"的话。另外,腐败官员"包二奶"现象也比较突出。据中国新闻网 2008 年 11月 20 日电,浙江省委常委、省纪委书记王华元做客浙江在线时表示,浙江查处的比较重大案件中,一半以上的领导干部都有"包二奶""养情人"的问题。可见,对被审计人的家庭背景和亲属进行分析并进行调查,也是审计计划阶段需要做的必要工作。

(2) 影响行为的内部因素分析。分析影响人行为发生的内部条件因素主要有:个性心理特征、接受的教育、"三观"(世界观、价值观和人生观)、任职经历等。

其一,个性心理特征。人本审计需要对人进行系统研究,其中就要对被审计人的个性品质有一个全面的了解。个性是个体带有倾向性的、本质的、比较稳定的心理特征的总和,其中包括气质、性格、能力等。

首先,来说气质。气质是人的个性心理特征之一,指某个人典型地表现于心理过程的强度、心理过程的速度和稳定性、心理活动的指向性特点等动力方面的特点。人的气质可以划分为几种类型。古希腊医生希波特拉特根据日常观察和人体内四种液体各人多寡不同的假设把气质分为四种类型,即性情急躁、动作迅猛的胆汁质;性情活跃、动作灵敏的多血质;性情沉静、动作迟缓的黏液质;性情脆弱、动作迟缓的抑郁质。巴甫洛夫通过对高等动物的研究,根据高级神经活动的强度、平衡度和灵活性等三个基本特征,把高级神经活动划分为四种基本类型:兴奋型、活泼型、安静型和弱型。神经系统的基本特征是气质的生理基础,气质是高级神经活动类型的外在表现。四种神经活动类型分别与胆汁质、多血质、黏液质、抑郁质相对应。气质类型及其表现和神经系统的类型及其特征的关系见表 10-1。

表 10-1　气质类型及其表现和神经系统的类型及其特征的关系

神经系统的特性及类型					气质
强度	平衡性	灵活性	特性组合的类型	气质类型	主要心理特征
强	不平衡（兴奋占优势）		兴奋型	胆汁质	精力充沛、情绪发生快而强、言语动作急速而难以自制、内心外露、率直、热情、易怒、急躁、果敢
	平衡	灵活	活泼型	多血质	活泼好动、富有生气、情绪变化快而多变、表情丰富、思维言语动作敏捷、乐观、亲切、浮躁、轻率
		不灵活	安静型	黏液质	安静沉着、情绪反应慢而弱、思维言语动作迟缓、内心少外露、坚毅、执拗、淡漠
弱	不平衡（抑郁占优势）		抑郁型	抑郁质	柔弱易倦、情绪发生慢而强、易感而富于自我体验、言语动作细小无力、胆小、忸怩、孤僻

资料来源:苏东水.管理心理学[M].4 版.上海:复旦大学出版社,2011:88.

现代心理学家通过观察人们的心理活动在行为方面所表现出来的心理特点,将气质又做了以下分类:按理智、情绪及意志的强度,将气质分为理智型、情绪型、意志型;按心理活动的指向性,分为内向型和外向型;按个体的独立性和顺从性,分为独立型和顺从型;按人的情绪特征,分为 A 型、B 型、C 型、D 型、E 型。每一类反映了不同的情绪特征。从管理学的角度来讲,气质类型无好坏之分;气质不决定人的成就和社会价值的大小;气质可以影响人的活动效率;根据人的气质特点,选择适当的转变态度的方法和管理方法。但从审计的视角看,虽然人的行为不是决定于气质,而是决定于在社会环境和教育影响下形成的动机和态度,但是气质在人的实践活动中也具有一定的意义。虽然气质与态度相比只居于从属的地位,但它是构成人们各种个性品质的一个基础,因此它是一个必须加以分析和考虑的重要因素。比如,你要跟被审计人谈话了解有关情况,你就应该考虑被审计人的气质特征区别对待。如果你面对的是胆汁质气质的人,你就可以大胆提出你想问的问题,说不定他会无意泄露出你想找出的秘密线索;相反,如果你面对的是胆汁质气质的人,你就应该谨慎提问,以免打草惊蛇,让对方知道你的意图。

其次,来说性格。性格是指一个人表现在态度和行为方面的较稳定的心理特征,是个性中的重要心理特征,是区别个性的主要心理标志。性格反映人的行为取向,它可以从外在行为上表现出来。性格是在一个人的生理素质的基础上,在社会实践活动中逐渐形成、发展和变化的,并具有一定的复杂性、独特性、整体性和持续性。关于性格的本质,恩格斯曾说:"人物的性格不仅表现在他做什么,而且表现在他怎么做。"这就是说,性格表现包括两方面的内容:行为的现实,行为的动机和方式。麦迪将人的性格划分为四种类型,见表10-2。

表 10-2　麦迪的性格分类

	高忧虑	低忧虑
外向	紧张、激动,情绪不稳定,爱社交,依赖	镇静,有信心,信任人,适应,热忱,爱社交,依赖
内向	紧张、激动,情绪不稳定,冷淡,害羞	镇静,有信心,信任人,适应,温和,冷淡,害羞

资料来源:苏东水.管理心理学[M].4版.上海:复旦大学出版社,2011:94.

从管理的角度来看,性格是个性心理的核心,人与人的本质差异最主要表现在性格上。了解人与合理用人;性格与人员的优化组合;根据人的性格特征,选择适当的管理方法和思想工作方法。同样,该思路也适应于审计,了解被审计人的性格对了解其行为有很大的帮助,应根据被审计人的不同性格特征,采取不同的审计策略。

最后,来说能力。能力是指能够顺利地进行某种活动所必须具有的智力和技能。智力主要指知识、理论、经验;技能主要指操作技能。影响人的能力形成的因素有素质、能力、经验、职能等,见图10-3。从人力资源管理的角度看,管理的基本原则是"职有其人,人尽其才,才尽其用"。要实现这一原则须做到:职位分析;了解人的能力特点;人职匹配。从审计的视角看,审计是对人履行经济责任的评价,特别是在经济责任审计中,要对"一把手"履行经济

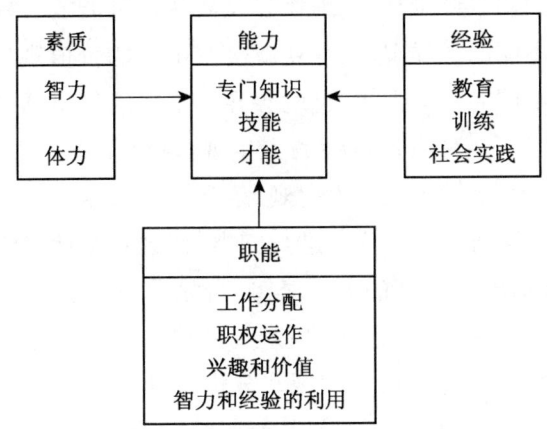

图 10-2　行为风险的可能性

资料来源:苏东水.管理心理学[M].4 版.上海:复旦大学出版社,2011:106.

责任的能力进行评价,就必须对他(她)能力的特点和影响因素进行系统分析,而不是单纯看被审计单位的账簿来评价能力状况。

其二,接受的教育。本书所指的教育不仅指家庭、学校文化教育,还指专业技术教育、职业道德教育、实践经验的学习等。从某种意义上来说,教育决定国家和民族的未来,是一个国家和民族最重要的事业。教育对人的一生影响极为重大。人是社会性和个性的矛盾统一体,人的发展过程是社会化和个性化的对立统一的过程。教育具有促进个体个性化的功能:一是促进人的主体意识和主体能力的发展,培养个体的主体性;二是促进人的个体特征的发展,形成个体的独特性;三是促进人的个体价值的实现,开发个体的创造性。一个人的思维方式、生活习惯和行为表现与他(她)接受的教育密切相关。在审计中,要分析被审计人接受了什么教育,进而分析他(她)的思维方式、行为表现和专业水平,为行为分析做好准备。

其三,"三观"(世界观、人生观和价值观)。世界观是人们对世界的总的根本的看法。作为一个人来说,世界观又总是和他的理想、信念有机联系起来的,世界观总是处于最高层次,对理想和信念起支配作用和导向作用;同时世界观也是个性倾向性的最高层次,它是人的行为的最高调节器,制约着人的整个心理面貌,直接影响人的个性品质。世界观决定一个人的价值观和人生观。人生观是对人生的价值、目的、道路等观点的总和,是对人生的根本看法。价值观是人们用来评价行为、事物以及从各种可能的目标中选择自己合意目标的准则。不同的世界观、人生观就会有不同的价值观。不同的人生观和价值观就会有不同的行为方式,也就会导致不同的经济活动结果。在人类历史上曾出现过以下几种有代表性的人生观:享乐主义人生观、厌世主义人生观、禁欲主义人生观、幸福主义人生观、乐观主义人生观、共产主义人生观。行为科学家格雷夫斯将人的价值观进行归类,他曾对企业组织内的各类人物做了大量调查,概括出价值观的七个类型,分别是反应型、忠诚型、自我中心型、坚持己见型、玩弄权术型、社交中心型、存在主义型。每一类价值观的人群就会有不同的心理状态和行为表现。分析审计面对的人,差异很大、类型复杂,应详细分析。联系被审计人与其所履行的受托责任,在审计面对的关键人物,如果有"人为财死,鸟为食亡""有钱能使鬼推磨""没有钱是万万不行的""金钱至上""一切向钱看"的人生观,就要对其是否有违法违规行为进行关注;如果有"不要活得太累""过把瘾就死"的观念,就要关注其履行职责的绩效水平;如果有"有权不用,过期作废"的观念,就要关注其是否有滥用职权或以权谋私的行为。在美国最典型、最臭名昭著的舞弊案例——"艾迪·安达"案中,审计人员虽然对报表进行了详细审计,但由于没有对该案的主角进行调查,因此得出了错误的结论。若经过调查就会发现,实际上他是一个心术不正的骗子,是一个非常危险且不择手段的人物,从而就会轻易发现他骗取1.2亿美元的事实。①

其四,任职经历。在人力资源管理中,经常会采用履历评价分析技术,用来识别人才、配置人才、开发人才,起到"鉴往知来"的作用。毋庸置疑,一个人的任职经历直接影响了他的行为方式。我们常说的职业病、"三句话不离本行",就说明职业对人的影响会表现在日常生活中。比如,从事审计的同志一般比较细心,喜欢找问题;从事组织工作的同志,一般比较谨慎;长期从事公检法、纪委的同志,一般法律意识会比较强。要对一个人履行经济责任的情况进行分析评价,就要了解其任职的经历。在经济责任审计中,有必要翻阅被审计人的档案资料,虽然属于干部人事档案,但也可借助该档案对被审计人尽快了解熟悉,从而确定审计的重点。

---

① 李雪颖,陆颖丰,李若山.查找舞弊是注册会计师的天职——从"艾迪·安达"案说起[J].财务与会计,2002(3):52-53.

2）行为动机分析

行为科学告诉我们，以是否必然导致行为的发生为依据，可把行为的各种实际因素分为决定性因素和非决定因素。我们研究行为就要研究决定行为是否发生的决定性因素。

分析本书第八章所分析的审计视角下的三类行为，都有其背后的动机。以上所列的可靠、合法、有效等正面积极的行为，其动机无非是被审计人为了更好地完成受托责任，得到认可、表扬或奖励。在这些行为作用下，经济活动会朝着健康良好的方向发展，体现这一结果的财政财务收支一般来说也是真实、合法、有绩效的。如果世界上人们的行为一直是积极正面的，审计监督也就没有存在的必要。按照马克思主义设想，到了共产主义社会，物质财富极大丰富，人们各取所需，就不会有贪污腐败的行为动机，也就不会有舞弊行为的发生。正如同奥地利著名经济学家路德维希·冯·米塞斯(Ludwig von Mises)在其著作《人类行为的经济学分析》[①]中指出："我们认为人类在满意或满足状态下也不能产生行为。……对自己的状态很满意的人没有进行改变的动机，他没有期待，也没有欲求，仅有十分幸福。他不会行为，只会无忧无虑地活着。"[②]所以以上积极正面的行为并不是审计所关注的重点，而以上所列的消极反面的行为即为审计所需研究的重点，以下分类进行详细分析。

（1）虚假欺骗行为的动机分析。分析虚假欺骗行为的动机主要有以下几种：一是免责本能。美国心理学家麦独孤认为，本能是人类一切思想和行为的动力和源泉。弗洛伊德也认为本能是人类一切行为的原动力。之所以出现不真实、不诚信甚至造假的行为是为了免责，意即自己做错事后，都能意识到这将会受到受托人的责罚，从而引起其内部的紧张状态和不舒服感，进而产生一种掩盖事实真相的欲望，以此达到逃避处罚的目的。免责本能驱使被审计人不真实诚信行为的发生。二是获利驱动。被审计人之所以有虚假欺骗行为的发生，有一种获利的驱动力在推动，这种获利驱动力往往离不开一定的具体诱因，诱因是指能满足个体需要的刺激物，它具有激发或诱使个体

---

① 最早在 1949 出版，2010 年在我国翻译出版。

② 路德维希·冯·米塞斯. 人类行为的经济学分析[M]. 聂薇，斐艳丽，等，译. 广州：广东经济出版社，2010：5.

活动的作用。分析被审计人不诚信获利驱动力的诱因有很多。举例来说,业绩达到既定的目标,被审计人就可以得到继续留用或者提拔,甚至是得到丰厚的奖励。三是认知观念。个体的行为在较大程度上取决于个体的认知。被审计人虚假欺骗与他(们)的认知观念有关。目前,我国社会上存在的造假欺骗现象特别多,有一种观念认为会计造假体现的是一种水平能力而不是一种可耻行为。谁会造假说明谁有本事,在这种观念的驱使下,会计造假就成为常态。

(2)违法违规行为的动机分析。笔者认为,违法违规行为是审计中经常遇到的行为,也是审计风险最需要关注的重点,应对其动机进行系统分析。笔者认为违法违规行为的动机有很多,主要有:赢得受托者的好评、奖励;损害国家或集体利益,获取个人或小集团的利益;获取心目中的社会名声和社会地位;等等。汤效禹(2007)在他的专著《心理学在审计实践中的运用》中分析,经济违规行为的心理主要有:从众心理、攀比心理、钻营心理、吃亏心理、坦然心理、交易心理;经济犯罪行为的心理主要有:贪欲心理、掠夺心理、特权心理、补偿心理、位卑心理、侥幸心理[1]。王会金(2010)在他的专著《审计心理学》中对常见财经违纪行为的主观动机进行了分析,他认为财经违纪行为的心理表现主要有:近利心理、攀比心理、效仿心理、虚荣心理、交易心理、贪欲心理、抗拒心理、崇权心理[2]。正所谓贪婪逐利是人的本性。在《资本论》中,马克思引用英国工会活动家和评论家邓宁(Dunning)的话说:"资本害怕没有利润或利润太少,就像自然界害怕真空一样。一旦有适当的利润,资本就胆大起来。如果有 10% 的利润,它就保证到处被使用;有 20% 的利润,它就活跃起来;有 50% 的利润,它就铤而走险;为了 100% 的利润,它就敢践踏一切人间法律;有 300% 的利润,它就敢犯任何罪行,甚至冒绞首的危险。如果动乱和纷争能带来利润,它就会鼓励动乱和纷争。走私和贩卖奴隶就是明证。"[3]深入分析,并不是资本在贪图利润,而是人在贪图利润,这也是由人的本性所造成的。

(3)无效损失行为的动机分析。不经济、低绩效、无效果的行为,是绩效

---

① 汤效禹.心理学在审计实践中的运用[M].北京:中国时代经济出版社,2007:56-67.

② 王会金.审计心理学[M].北京:中国财政经济出版社,2010:337-344.

③ 马克思.资本论(第一卷)[M].2版.北京:人民出版社,2004:871.

审计（民间审计也称经营审计、内部审计也称管理审计）会遇到的被审计人的行为。随着绩效审计的深入开展，审计越来越关注被审计人的行为是否绩效。所以应重视并加强对无效损失行为的分析。在分析无效行为动机之前，先分析一下绩效行为的动机。绩效行为与合规行为的动机是有明显区别的，合规行为的动机主要是遵纪守法以免追究责任或受到处罚，而绩效行为的动机主要是追求成就感、被认可、表扬和奖励，追求的是获得更高的认可。从图10-3动机激励模型中可以看出，人在追求绩效的需要作用下，在目标和诱因的吸引下，通过努力，实现了绩效的目标，得到了预期的报酬，实现了需要的满足。分析无效损失行为的动机，除了与前两类行为有相似的免责、贪图私利等动机外，还有避免风险、追求安逸的动机，存在着"不求有功，但求无过""报喜不报忧"等心理意识。

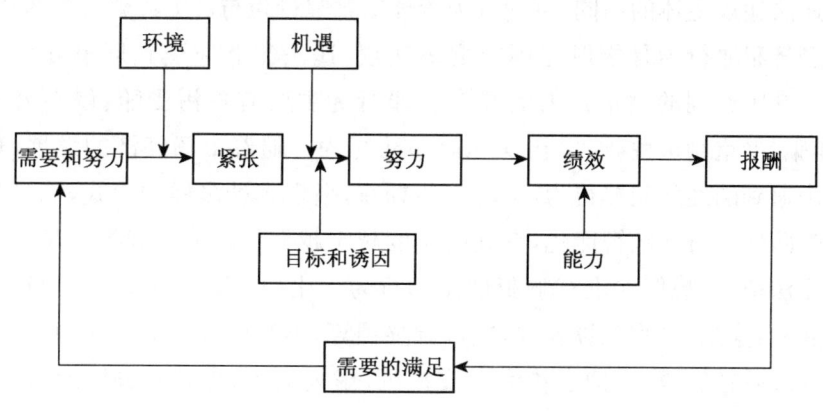

图 10-3　动机激励模型

3）行为表现形式分析

　　研究被审计人的行为影响因素和动机是非常必要的，但如果只有动机，没有行为，就无法实施审计。正因为在各种影响因素的作用下，人有了行为动机，然后才有了行为，有了行为才有了经济活动的结果。所以对于行为表现的分析非常重要，行为是人本审计的重要对象。研究被审计人的行为表现为我们发现审计线索、确定审计重点、客观公正地发表审计意见提供了基础。

　　（1）虚假欺骗行为表现形式分析。在社会生活中，我们会经常遇到虚假欺骗的行为，从审计的视角来看，可以分为几大类：第一类是财务会计中的虚假欺骗行为,其主要表现形式有:对财务报表据以编制的会计分录或凭证文件进行伪造或更改;对财务报表的交易、事项或其余重要信息的错误提供或有意误导;与数量、分类、提供方式或披露方式有关的会计原则的有意误用;为了避税等目的,少反映收入或多列支出;伪造收入、伪造费用或相关原始凭证等方式,故意编制和披露虚假财务会计信息及有意忽略其他的财务会计信息等。第二类是经济活动中的虚假欺骗行为,其主要表现形式有:虚假宣传,虚假广告;谎报产品原料构成;欺骗消费者的行为等。第三类是工作中的虚假欺骗行为,其主要表现形式有:虚报工作业绩,夸大工作业绩;欺骗股东或其他利益相关者,不真实反映企业经济活动等情况。

(2)违法违规行为表现形式分析。在经济活动中,违法违规行为表现形式非常多,按性质是否严重,可划分为经济犯罪行为和经济违规行为两大类;按照违法违规主体的不同,可划分为管理层舞弊行为与员工舞弊行为两类。

经济犯罪行为是指触犯国家刑事法规,违法犯罪应受到刑事处分的行为。审计中遇到的被审计人的经济犯罪行为主要有贪污受贿、侵吞公共财物、诈骗、严重偷逃税款、以权谋私等违法行为。随着市场经济的发展,现在审计中遇到的经济犯罪行为,手段不断翻新,呈现多种多样的形式,而且越来越具隐蔽性、多样性、智能化,查处的难度越来越大。经济违规行为是指违反了国家法律、法规但并没有触犯刑律的行为。比如,违反《预算法》的行为表现主要有:隐瞒、少列预算收入,擅自调整预算,不按照批准的预算执行,擅自免收或缓收预算收入,擅自扩大开支范围,虚列支出,虚报冒领财政资金等。此外,经济违规行为还有违反《税收征收管理法》《会计法》《政府采购法》《招标投标法》等的各种行为表现,在此不一一赘述。

管理层舞弊行为是指单位或组织的高级管理人员利用职权违反国家法律、法规或内部规定的行为,主要是贪污受贿、商业贿赂、以权谋私、侵占资产、财务报告舞弊等行为。员工舞弊行为是指单位或组织的普通职工利用职权或内部控制的各种漏洞,盗窃公共财物、挪用公款、做假账等行为。因管理层拥有更多的舞弊机会,在审计中,我们更应关注管理层舞弊行为。

在我国经济活动中,还存在另一类行为,即违纪行为。从广义来说,凡是其行为与组织、团体、单位等与相关人员行为纪律要求相抵触的,都属于违纪行为。有关违纪行为的表现形式有很多,以中国共产党领导干部廉洁从政为例,2010年3月,中共中央印发了《中国共产党领导干部廉洁从政若干准则》,

在该准则中列示了利用职权和职务上的影响谋取不正当利益、私自从事营利性活动、违反规定选拔任用干部等 8 大类 52 个行为表现。违纪行为是国家审计需要关注的重点行为之一。

（3）无效损失行为表现形式分析。无效损失行为主要指管理和使用财政资金及其他公共资源不经济、低效率、无效果的行为。其主要表现形式有：不必要的财政资金及其他公共资源的支出，如"三公经费"的任意花费，财政支出的铺张浪费，决策失误造成的损失浪费；投入产出不呈正比，多投入少产出，工作效率低下；对资源环境的破坏和过度消耗；保守安于现状，出工不出力，履行经济责任不到位、缺位，既定工作目标未实现等。相对国外而言，我国社会公众的绩效意识还是有欠缺的。例如，"枪打出头鸟"指的就是对高绩效行为的提醒，使得人们不愿去冒尖，甘愿中庸之道。又如，在"皇帝的新装"的故事中，市民担心说出真相会被认为是傻瓜而都夸皇帝的新装是漂亮的，这个故事也告诉了我们，在组织行为中的沉默行为就是一种无效损失行为的表现。在一个组织中，当员工知道组织存在管理缺陷而造成不绩效问题发生时，往往会担心领导的报复或同事的嘲笑而选择安全的反应方式保持沉默，使得此类问题继续发展。

4）行为风险评估

在对行为动机和行为表现进行系统分析后，下一步就要对行为风险进行评估。在评估过程中，主要是对反面消极行为进行评估，因为其构成了经济活动的主要风险，也是审计风险的主要来源。根据上文所列示的造假欺骗等不真实可靠的行为、违法违规等舞弊行为、不经济低效率无效果等无效损失的行为表现，我们评估其对经济活动风险的影响程度，进而分析对会计报表、账簿的影响程度，评估其严重程度，设定可接受的审计风险水平，识别重要的行为风险。根据评估后的行为风险和检查风险确定进一步审计程序的性质和范围，合理分配审计资源，恰当安排审计时间，将审计风险降低到可以接受的水平。

以上所列示的审计所认为的反面消极行为与正面积极行为一起，共同构成了受托责任履行的全部情况。一般来说，在行为真实可靠性审计中，应重点分析造假欺骗等不真实可靠的行为；在行为违法违规性审计中，应重点分析违法违规等舞弊行为是审计关注的重点，而正面积极行为并不是审计的重点,因为它们不影响财务报表的真实公允性。在行为有效性审计中,不经济、低效率、无效果等无效损失的行为是审计关注的重点,同时,也应关注被审计人的绩效行为,因为需要对被审计人的受托绩效责任进行全面评价。在一个审计项目中,如同时包含以上两类或三类行为审计目标,就应综合考虑以上所关注的重点。

进一步分析,反面消极行为本身就有严重程度的不同,单纯做了一笔假账与贪污 1 000 万元的巨款的严重程度有很大差异。一般的违法行为与严重的犯罪行为也会有很大的不同,以上行为严重程度的高低直接影响到被审计人履行受托责任的情况,所以应将以上三类消极反面行为按严重程度进行划分,根据严重程度确定审计资源的分配,以便制订科学的审计计划。一般来说,多数行为风险最终都会影响经济活动,从而影响财务报表,但并非所有的行为风险都会导致履行职责责任的风险。审计人员没有责任识别或评估对财务报表没有影响的行为风险。对一项行为风险是否产生财务后果,要分析:①行为风险对组织造成负面结果的可能性。②如果行为风险真的发生,负面结果的重大程度。这一分析方法的基本原理是每一风险是由上述二维平面组成的。审计人员需要将行为风险的可能性与严重程度转化为未有效履行责任的可能性与严重程度。图 10-4 列示了行为风险的可能性以及重大程度的二维平面。

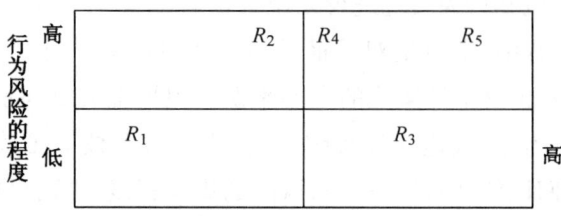

图 10-4 行为风险的可能性

如果一个行为风险所包含的未履行责任的可能性与重大程度都低,如 R_1,这显然对单位或组织就不是一个重要的行为问题。R_4 与 R_5 属于未履行责任的可能性与重大程度都高的风险,审计人员必须认真对待。对于 R_2 与 R_3,审计人员需要采用职业判断对其重要程度作出决策。一般来说,从谨慎的角度应将它们作为重要的行为风险对待。

需要进一步说明的是,行为风险并不一定体现在现有的财务报告体系之中。比如,现有的会计报表没有完全反映被审计单位的人力资产状况,如此,就有必要对行为风险有关的受托责任结果进行全面分析,一方面借助现有的会计报表体系;另一方面需要审计人对被审计人履行责任情况进行分析评价,如在绩效审计中,也许根本就没有账簿,也没有完整的受托绩效责任报告,但需要审计人员进行完整系统的反映。总之,要以行为为主线来分析评价被审计人的受托责任履行情况。

在解决以上问题后,需要对行为风险进行层次分析。一是总体风险分析,所谓总体风险,是指被审计人未能有效履行责任的风险,对总体风险分析需要系统考虑审计所掌握的被审计人的行为资料,分析各类关键人物的反面消极行为的严重程度,按被审计关键人物的关键程度和反面消极行为的严重程度综合评定行为风险程度,也可设置高、中、低三类,分别制定总体的审计实施策略。如总体风险评价为高,需要对各类消极反面行为进行详细审计,以确定是否对受托责任情况造成了影响及其程度。若总体风险评价为低,就要具体分析局部风险,将高风险的行为列入审计重点,进行重点关注。二是局部风险分析。所谓局部风险,主要是指按被审计人履行的责任来划分的风险,如受托保全责任、受托遵纪守法责任、受托管理责任、受托节约责任、受托效率责任、受托效果责任、受托社会责任等。在对总体风险有了把握后,就要对局部行为风险进行一一分析,在此基础上,也可对总体风险进行修订。

10.2.4　行为与经济活动、账簿等关系分析

在分析行为与经济活动和账簿的关系之前,先分析行为与结果的关系。我们平常说,"种瓜得瓜、种豆得豆""一分耕耘一分收获""天道酬勤",说的就是行为与结果的关系。按照辩证唯物主义原理,在普遍联系的客观世界中,原因和结果是先后相继、彼此制约的一对范畴。原因是指引起一定现象的现象,结果是指由于原因的作用而引起的现象。原因在先结果在后是因果联系的特点之一,但原因和结果必须同时具有必然的联系,即两者的关系属于引起和被引起的关系。客观事物之间联系的多样性决定了因果联系复杂性,会出现一因一果、一因多果、多因一果、多因多果的可能性。正所谓,行为决定结果,在影响行为的内部因素和外部因素的共同作用下,被审计人有了行为动机,在正面积极的行为动机下,发生了真实诚信、合法合规、绩效等行为;在

反面消极的行为动机下,发生了造假欺骗等不真实可靠的行为,违法违规等舞弊行为,不经济、低效率、无效果等无效损失的行为。在上述行为的作用下,行为的结果就体现在一个组织的经济活动中;一个组织的经济活动正是一系列人行为的结果。同理,会计报表和账簿也应是经济活动结果的反映,只是在人为因素和技术条件的限制下,并不是所有的会计报表和账簿都真实、及时、动态地反映了经济活动的情况。

10.2.5　审计实施

在对行为风险进行评估后,就要进行具体审计实施,根据行为风险评估水平确定行为测试的性质、时间和范围。审计实施主要包括行为控制测试、行为实质性审计程序、行为风险再评估和修改审计计划。需要注意的是,对所有重大行为风险事项进行分析,并进行行为实质性测试。

1) 实施行为控制测试

在实施行为控制测试时,应以行为为主线,对行为进行分类测试。根据审计项目的不同,可以按照不同的行为类型进行划分。一种是按照相近或有关联的行为循环进行划分,如销售与收款行为循环、购货与付款行为循环、生产与费用行为循环、筹资与投资行为循环等;另一种是按行为性质进行划分,可分为决策行为、执行行为和监督行为三大类,并根据实际情况进行细分。在划分行为类型后,就可分别测试行为的控制是否有效。在测试行为控制的有效性时,审计人员可从下列方面获取关于行为控制是否有效运行的审计证据:行为动机、行为过程和行为结果的一致性;销售行为与收款行为等行为循环的关联性;决策行为与执行行为、监督行为的关联性;行为由谁执行,如何执行,执行的结果如何。

2) 实施行为实质性测试

实施行为实质性测试主要是指对行为动机、行为过程和行为结果进行记录分析。实质性测试主要对被审计人行为不符合可靠、合法、有效标准的事项进行测试和实质性分析程序,进而对相应的经济活动、会计账簿、账户余额、列报的细节测试和实质性分析程序。审计人员对行为风险评估需要运用职业判断,可能无法充分识别所有的行为风险,并且由于内部控制存在固有局限性,无论评估结果如何,审计师都应当针对所有重大行为风险事项实施实质性测试。

3)行为风险再评估及修改审计计划

在审计实施取得行为结果的证据后,应根据后续审计获取的新信息,对这些证据进行评估,结合审计计划阶段确定的关键人物的行为风险,确定被审计人的行为问题及责任归属。若有新的重大行为证据,应及时调整审计计划,再次确定新的行为风险,实施新的行为控制测试和实质性测试。

10.2.6　审计报告与问责

按照人本审计准则理论、人本审计报告理论,在审计实施后,应根据被审计人的行为结果,对照既定的行为是否可靠、合法、有效的标准,结合对财务报表是否真实公允,经济活动是否合法、合规、绩效等物的标准,发表对被审计人行为是否可靠、合法、有效的审计意见。审计报告的审计对象是人,审计意见最终要落实到人,要揭露被审计人行为存在的问题,提出改进行为的建议,并向被审计人进行问责。详细内容见第11章案例的展示。

10.3　人本审计方法设计

与传统的审计一样,人本审计模式也要应用到财务(合规)审计中的审阅法、分析性复核法、核对法、函证法、监盘等方法;也会运用到绩效审计中常用的访谈、调查、经济活动分析、技术经济分析、决策分析和数学分析等方法。同时,由于要对人及其行为进行评价,人本审计不仅继承了传统物本审计的技术和方法,而且引进了舞弊三角理论和胜任力构建模型和人才测评理论,将审计方法丰富发展到询问、检查、观察、访谈、舞弊行为检查、心理测评、情景模拟、360度测评、绩效三棱镜、关键绩效指标等方法。由于违法违规等舞弊行为与绩效行为在行为动机、行为过程和行为结果等整个过程都有较大差异,所以应分别阐述其方法和技术。归纳分析以上方法大致可以分为三类:

一类是通用的方法,指适合于各个类型审计项目中;第二类是适用于对违法违规特别是舞弊行为的审计方法;第三类是适用于行为是否达到绩效要求的审计方法。

10.3.1 人本审计通用方法

归纳总结对行为动机、行为、人格、能力、气质的方法有很多,它们共同构成了人本审计模式下的一些通用的方法。具体来说,对行为动机的测评方法主要有:观察法、自陈法、投射法;对行为的测评可以运用关键事件法、行为定向锚定等级评价法、行为观察评价法等进行评价;对能力测量的方法主要有智力测验、能力倾向测验、特殊能力测验和创造力测验等;对人格的测量方法主要有自陈量表法、投射测验法、评定量表法和情境测验法等;对气质的测定方法主要有观察法、条件反射法、心理实验法和心理量表法等。分析以上方法,原本都是基于人力资源管理的考虑设计的方法,在人本审计中,应对其进行改良,借鉴其经验,应用到审计实践中。

1) 访谈法

审计要面对形形色色的人,通过访谈你就会发现很多审计需要了解的情况。在访谈前,根据审计目标和被审计人的基本特点,需要提前做好准备,比如,你开展的财务收支审计和绩效审计询问的问题就会不一样;你要访谈的是一把手还是普通员工也要采取不同的策略。通过让被审计人主动说或向被审计人提问等恰当的访谈方式,你就会对被审计人的气质、性格、处事方式、行为动机、工作能力甚至人生观、价值观有一个大概的了解,为通过了解被审计人及其行为、确定审计重点打好基础。

2) 观察法

正所谓"听其言、观其行",观察是对被审计人行为进行直接审查的一种方式。在观察过程中,观察者可以与被审计人进行直接的接触,也可以在被审计人毫无觉察的情况下进行;可以是提前安排好的,也可以是突击进行的。被审计人在审计面前,一般都会做一些防范,使得自己的行为表现尽量符合要求,但经仔细观察也会露出马脚。比如,一个出纳员在接受现金监盘时,手一直在抖,回答问题也神色紧张,答非所问,有可能就存在现金管理上的问题。

3）调查法

调查法是传统审计经常用的方法,在人本审计模式下,调查既可以对被审计人进行调查,也可以对被审计人的相关人员进行调查;可以采取走访相关人员从而对被审计人进行调查,也可以借助网络对被审计人的行为表现进行审查。走访调查是到相关开户银行、有经济往来的银行、长期合作的单位、上级部门、下属单位,调查了解有关被审计人的情况。在网上进行调查是指利用电脑、互联网资源以及其他电脑数据库来收集被审计人的信息。在问卷调查方式下,可灵活采取入户、邮寄、网络、电话等形式,但要做好设计、测试、发放、收回、分析、利用等几个关键环节,以便获得对被审计人客观的反映和评价。

4）测评法

借鉴以上对人格、能力的测评的方法,对被审计人的有关能力可以直接进行测评,也可以借鉴组织部门的民主测评法来取得被审计人的评价。民主测评法是指由审计人员组成的谈话测评组,分不同人员层次来了解相关人员对被审计人的评价,如被审计人所在单位的领导、普通员工,被审计人的直接领导和下属,被审计人的业务联系单位等。在测评时应提前设计好测评内容和测评方式。根据审计情况,测评可以采取定性评价或定量评价的方式,可以公开也可以秘密进行。

5）行为到数据的特征分析方法

陈峰和王秦辉(2011)在《从行为到数据的特征发现方法》一文中,介绍了一种以行为分析为主、数据分析为辅的从行为到数据的特征发现方法。具体过程如下:首先,假设存在某种行为;其次,通过行为分析列举出可能的行为特征;再次,通过数据分析来验证这些行为特征在数据中是否有反映,如果发现了对应的数据特征,那么就说明最初假设的行为是存在的,从而形成审计线索,确定审计重点,发现存在的问题[①]。

---

① 陈峰,王秦辉. 从行为到数据的特征发现方法［EB/OL］.（2012-11-02）http://www.audit.gov.cn/,2011-11-02.

10.3.2 对违法违规行为的审计方法

本书所称的违法违规行为也称舞弊行为。舞弊行为的特征是故意欺骗，实施舞弊行为的目的无非是为了维护组织的利益或损害组织的利益。本书所指的舞弊行为是侵害国家利益赚取组织和个人利益的行为。有关舞弊行为的分析，美国注册舞弊审核师协会（ACFE）的创始人史蒂文·阿伯雷齐特（Steve Albrecht）提出了舞弊三角理论，即舞弊行为的产生是由压力（pressure）、机会（opportunity）和自我合理化（rationalization）三要素共同影响下产生的。

在舞弊三角理论的指导下，本书认为被审计人的舞弊行为是在被审计人的内部因素和外部因素共同影响下发生的，压力和机会可理解为外部因素，自我合理化就是内部因素。由于审计的职能是监督、评价、鉴证，审计的风险很大程度上是源于错误地评价了被审计人的行为造成的，而假设被审计人忠实地反映了自己履行经济责任情况，审计就不存在风险了。正如这个社会会同时存在小偷和警察的道理一样，舞弊行为与审计一同存在，也是审计最应关注和时常碰到的行为类型之一。舞弊三角理论告诉了我们舞弊行为产生的原因和要素，对于我们分析舞弊行为提供了借鉴。分析舞弊行为要从行为人的动机出发，分析其面临的环境，还要对其个性心理特点进行分析，综合分析舞弊行为。在此基础上分析舞弊行为对企业经济活动造成的影响及其在账簿中的反映，从而确定审计重点。按照此思路，本书按确定舞弊人、分析行为动机、分析行为红旗信号分别阐述其方法。

1) 确定舞弊人的方法

按舞弊人进行划分，舞弊主要包括管理层舞弊和非管理层舞弊。美国舞弊实务研究专家约翰·D·奥加拉对舞弊者的分类有三类：管理层、员工、非员工[①]。从更广泛的范围讲，舞弊者不仅包括组织内部人员，也包括组织外部人员。本书认为，舞弊者在组织内部主要指组织决策、执行、监督的关键人

① 约翰·D·奥加拉. 公司舞弊：发现与防范案例研究[M]. 龚卫雄，译. 大连：东北财经大学出版社，2009：2.

物,不仅包括管理层,也包括重要岗位的人员;在组织外部主要包括与该组织有密切关系的人员,如股东、供货商、销售商、合作者等。在民间审计和内部审计中,1999 年的 COSO 的关于虚假财务报告书中指出,财务报告舞弊中大约 83% 归因于公司 CEO 或 CFO。约翰·D·奥加拉引用美国注册舞弊检查师协会(ACFE)1996 年的《全国报告》中的数据,分析职务舞弊中的非财务报告舞弊的总损失中,管理层舞弊大约占 75%。由此他得出一个结论,绝大多数的重大损害组织利益的舞弊涉及管理层[①]。这在我国的国家审计中,也得到了验证。据新华网北京 2012 年 6 月 27 日电,中国国家审计署审计长刘家义 27 日在向第十一届全国人大常委会第二十七次会议作 2011 年度审计报告时指出,审计署共向有关部门移送重大违法违规问题和经济犯罪案件 112 起,涉及 300 多人,其中"一把手"的职务腐败问题比较突出,有 43 起,占 38.4%。所以应对审计监督单位的管理层特别是"一把手"进行重点关注。

2) 分析行为动机的方法

通过调查了解被审计人和所在单位的特点,分析舞弊行为动机。比如,在国有企业中,粉饰报表的动机有:为了业绩考核、为了确保职位、为了获取信贷和商业信用、为了减少纳税、为了推卸责任、为了隐瞒违法行为、为了政治目的。为此,对应采用的审计方法有:①询问法:询问管理层,询问内部审计人员,询问法律顾问,询问参与生成、处理、记录复杂或者异常交易的员工,询问营销或者销售人员。②分析程序:分析主要指向那些高风险的舞弊行为领域和具体表现。③观察和检查:观察被审计单位关键人物在日常经营活动中的行为表现,留意异常行为。④内部讨论法:让经验丰富的成员以及专家顾问分享其对于舞弊行为的判断和认识,分析行为风险及问题发生的可能性、疑点以及审计痕迹。

在上市公司中,章立军(2009)指出,以证监会 1993 年至 2006 年 3 月上市公司舞弊而导致审计失败的案件总共 51 起,公司舞弊的动机千差万别,可以分为:为了上市,为了配股、增发等再融资,为了避免亏损和其他目的。其中,为了上市而舞弊的有 18 家,占 35%,可见为了成功上市是最大的舞弊动机;

① 约翰·D·奥加拉.公司舞弊:发现与防范案例研究[M].龚卫雄,译.大连:东北财经大学出版社,2009:3.

为了避免亏损而舞弊的公司有 14 家,占 27％,是第二大舞弊动机;为了配股、增发等再融资而舞弊的公司为 9 家,占 18％;由于其他动机而舞弊的公司有 10 家,占 20％。它们主要包括为了大股东的利益、为了庄家操纵股价获取非法利益、为了避免引起监管、为了公司利用违规资金炒股获利等①。了解了动机,就可以找到适当的审计方法。审计师应该首先找出可以实施舞弊行为的关键人物,其次关注高风险的人的具体行为,分析关注公司融资和投资等财务行为,将非财务指标和财务指标结合起来,发现公司舞弊的蛛丝马迹。如此就可以提高审计师发现舞弊的能力,将有限的资源运用到高风险的审计领域,提高审计效率。

在党政机关中,被审计人舞弊的动机与国有企业有一定的差异。一是获得较好的政绩得到提拔。所谓政绩工程、形象工程,是某些领导干部为了个人或组织利益,不顾群众需要和当地实际,利用手中权力而搞出的劳民伤财、不切实际标榜政绩的工程。有一个典型例子是安徽省前副省长王怀忠特大腐败案件(该人已于 2004 年 2 月 12 日被执行死刑)。王怀忠从一名生产队记工员,最后谋到副省长的职位,其间自然得有显赫的政绩为之铺设仕途。为了得到不断的提拔,他曾经说:"只要你能搞出政绩,就能上,但关键不是让百姓看到政绩,是要让领导看到政绩。"在他这一扭曲的"政绩观"下,20 世纪 90 年代,王怀忠在安徽阜阳搞了几个"大"的形象工程:大机场、大电厂、大油田、大动物园,几大形象工程使阜阳透支了 10 年的财力。如投资 3.2 亿元建设的飞机场,由于客源严重不足,在勉强运营了 1 年后,飞机场被迫关闭,成了野草疯长的"飞鸡场"。另外,在我国的一些地方政府,为了拉动当地经济发展,办起了"龙虾节""水果节""旅游节"等以招商引资。这本来是件利民工程,但是某些县不顾财政的状况,为了扩大影响,追求轰动效应,搭建豪华舞台、举办了许多奢华演出,甚至请来知名主持人、演艺界明星等。因财力有限,政府不惜摊派门票,乱收费,引起群众的议论和不满。二是利用职权贪污腐败谋取个人或他人及小团体组织利益。昔日官员尚有"当官不为民做主,不如回家卖红薯"的从政理念,但在当今社会中,尚有部分官员有"有权不用,过期作废"的观念,造成大肆贪污受贿谋取私利。比如,2011 年 7 月 19 日被执行死刑的杭州原副市长许迈永、苏州原副市长姜人杰,其中许迈永犯受贿、贪污、

---

① 章立军.审计失败上市公司之舞弊特征分析[J].上海立信会计学院学报,2009(5):34.

滥用职权罪,收受贿赂高达 1.45 亿元;姜人杰犯受贿罪,收受贿赂 1.08 亿元,达到了新中国成立以来官员的受贿数额新高。此外,党政机关工作人员舞弊的动机除了谋取个人私利外,还存在着为家人、他人以及小团体谋取利益的动机。三是贪图美色。在官员舞弊的动机中,"为色而贪"也成为一个新的特色。据《中国新闻网》载,自党的十六大以来,中央累计查处严重腐败的省部级以上官员 16 位,有近 9 成(14 位)包养情妇,有的甚至包养多位情妇。上文所提及的杭州原副市长许迈永就有"许三多"的称号:钱多(钱财 2 个亿元)、房多(房产许多处)、女人多(两位数),而独树于落马官员之中。

3) 分析行为红旗信号的方法

审计关注人与关注物在审计方法上还是有区别的。在对舞弊行为信号的分析过程中,我们应该始终盯着被审计人及其行为表现,听其言,观其行,始终保持职业的敏锐,做出理性的判断。前文对违法、违规行为的表现形式进行了系统分析。对舞弊行为的审计要在纷繁复杂的行为表现形式上,确定舞弊行为的征兆(也称红旗信号),会起到事半功倍的作用。为了帮助注册会计师更有效地发现财务报表舞弊,SAS99 提出了识别财务报表舞弊的 42 个风险因素(risk factors)或预警信号。例如,董事会或 CEO 对经营层或经营人员施加过分的压力,以实现不切合实际的财务目标;对审计师接触人员、信息进行正式或非正式限制,或者限制了审计师与董事会或审计委员的沟通能力等。厦门国家会计学院黄世忠教授在此基础上,结合中国国情,提出了 18 个可能表明被审计单位存在财务报表舞弊的风险因素或预警信号[①],如高管人员异常变动(尤其是分管财务的高管或主办会计频繁辞职或被调离)、频繁变更会计师事务所(尤其是被出具"不干净"审计报告后更换会计师事务所)等。此外,除了财务报表舞弊的红旗信号外,还有一些导致腐败或挪用资产的行为信号。比如,奢侈生活方式类的预警信号主要包括:生活方式与收入水平不相称;豪华的生活方式引人注目(如购买豪宅、名车和名贵珠宝服饰、参加豪华旅游、豪赌等);生活作风不好,绯闻不断。异常行为类的预警信号主要包括:失眠、酗酒、吸毒;易怒、猜疑、神经高度紧张;失去生活乐趣,在朋友、同事和家人面前表露出羞愧之情；防御心理增强或动辄与人争执；对审计人员的询问过于敏感或富有挑衅性；过分热衷于推卸责任或寻找替罪羊。暗示与投诉的预警信号指企业内外部知情人以匿名或明示的方式，向企业管理当局、注册会计师或政府监管部门提供的有关舞弊检举线索。

10.3.3　对行为有效性的审计方法

除前文已提及的构建胜任力模型及对人才的测评方法外，对绩效行为的评价还要运用履历分析、心理测评、情景模拟、360度测评、绩效三棱镜、关键绩效指标、价值链分析技术、波士顿分析技术、SWOT分析技术、平衡计分卡和标杆管理分析技术等科学的测评方法。以下选择几项进行重点阐述。

在构建胜任力模型过程中，会运用行为事件访谈方法（behavior events interview，BEI），它是能力素质模型建立的最重要的一种方法。它最早是心理学家用于进行心理测评的方法，现在已经发展成为一种开放的行为回顾式探索技术，是揭示能力特征的主要工具。这是一种结合弗拉纳根的关键事例法（critical incident technique，CIT）与莫瑞提出的主题统觉测验（thematic apperception test，TAT）访谈方式。访谈的主要内容是请被访者回忆过去一段时间在工作上感到最具有成就感（或挫折感）的关键事件，主要介绍当时的情境，回忆哪些人参与了，被访者采取了哪些行为，被访者的个人感受，最终的结果如何。通过行为事件访谈，收集被访者的行为结果与行为过程和行为心理活动的详细信息。该种方法专业性强，可以比较出优秀员工与一般员工的差别。该方法可以在经济责任审计加以运用，重点对被审计人的履行职责能力进行评价。

随着现代人力资源管理的发展，对人的测评技术也逐渐完善和丰富。测评是以现代心理学和行为科学为基础，通过运用履历分析、心理测评、情景模拟、360度测评等科学的测评方法，对人的价值观、性格特征和发展潜力等的心理特征进行客观的测量与科学评价。履历分析是审查一个人的任职经历，了解其成长经历和工作业绩情况，从而对其工作背景有所了解，作为"取才"的参考依据。心理测评是指依据一定的心理学理论，使用一定的操作程序，给人的能力、人格、心理健康等心理特性和行为确定出一种数量化的价值，并根据职位需求及企业组织特性对其素质状况、发展潜力、个性特点等心理特征做出科学的评价。情景模拟（simulation）是指根据对象可能担任的职务，编制一套与该职务实际情况相似的测试项目，将被测试者安排在模拟的工作情境中处理可能出现的各种问题，用多种方法来测评其心理素质、潜在能力的一系列方法。情景模拟测评工具种类主要有结构化面试（也称标准化面试）、公文筐测试（也称公文测验）、无领导小组讨论。360度测评也称为全方位反馈评价或多源反馈评价，是指由与被评价者有密切关系的人，包括被评价者的上级、同事、下属和客户等，分别匿名对被评价者进行评价，同时，被评价者自己也对自己进行评价的一种测评方式。以上方法不仅可以确定行为风险，也可以对绩效行为进行分析评价。

11 人本国家审计案例分析

为验证人本审计理论体系及其应用模式的科学性和可行性,笔者运用人本审计理论研究成果在国家审计实践中加以运用,加之笔者对以往的一些审计案例进行了人本审计模拟,为验证人本审计理论提供了试验田。本书选择其中的两个国家审计案例进行了描述,第一个案例是对党政机关负责人经济责任情况进行审计的调查项目,该案例先介绍在物本审计理念下实际发生的情况,再用人本审计理论,通过到这个单位进行实地了解,模拟写出的案例。第二个案例是对政府投资公司管理及运营绩效情况进行审计的调查项目。在该案例中,笔者直接运用人本审计的研究成果开展审计试验,验证理论的可行性。

需要说明的是,人本审计是一个全新的审计模式,因受当前客观条件限制,特别是在现有审计准则等规范体系下,该模式难以在审计实践中得以充分实施,加之本书所阐述的理论在实践中运用检验的时间较短,本书所展示的案例并不能全面体现有关人本审计的相关概念和理论,仅对如何进行行为风险评估从而确定审计重点进行部分模拟和演示。书中所撰写的案例虽来源于实践,但并不是原封不动照搬过来的,而是经过了加工和处理。书中的案例与理论研究也有所不同,实践中的案例并没有理论论述得那么复杂,理论所论述的每一种情况不可能同时出现在一个案例中。

11.1 党政机关负责人经济责任审计案例

本书介绍的案例是 A 市某审计机关对该市海洋与渔业局原局长 B 同志任期经济责任进行的审计。2005 年 8 月 11 日至 9 月 20 日,A 市审计局根据《A 市审计监督条例》第二十四条的规定和市委组织部委托,派出审计组,对 A 市海洋与渔业局原局长 B 同志 2002 年 1 月至 2004 年 12 月任期经济责任情况进行了审计。

11.1.1 案例基本情况

1）立项背景

A市海洋与渔业局掌管全市海洋与渔业项目的审批管理大权,以及海洋与渔业执法的权力,直接影响到A市三大经济支柱之一的海洋经济的发展。在近几年的人大、党委、政协会议上,有很多人质疑A市海洋与渔业局的履行职责情况,人们质疑其管理运用资金的合规性、绩效性,海上执法的合规性,建议审计机关进行系统的审计。A市海洋与渔业局原局长B同志任期较长,有5年未接受过经济责任审计,A市组织部征求了A市某审计机关的意见,下达了审计委托书。

2）A市海洋与渔业局基本情况

A市海洋与渔业局是市政府主管全市海洋事务和渔业行政工作的部门,内设8个职能处室,下设渔业技术推广站、渔政站、海洋监察支队等6个事业单位,编制为126人(行政编制为56人)。该局的主要职能是:①起草全市海洋与渔业有关地方性法规、规章草案;拟订海洋事业与渔业经济发展规划和政策。②承担海洋经济运行监测、评估和信息发布的责任。③负责海域使用论证、评估和海域界线的勘定与管理工作,实施海域使用权属管理和海域有偿使用制度。④承担保护海洋环境和渔业水域生态环境的责任。⑤拟订并组织实施促进渔业生产发展的政策措施;指导渔业产业结构与布局调整;负责渔业养殖、增殖、捕捞和苗种管理工作。⑥承担海洋灾害预警报和海洋与渔业防灾减灾的责任。⑦承担水产品质量安全监督管理的责任。⑧拟订并组织实施海洋与渔业科技发展规划。⑨组织开展海洋与渔业对外经济技术交流与合作。⑩负责渔业渔政执法;管理渔业无线电通信;负责全市渔业资源、水产种质资源、水生野生动植物和管辖范围内的水生生物湿地保护工作;管理全市海洋监察和渔业执法队伍。

3）A市海洋与渔业局负责人基本情况

A市海洋与渔业局负责人B同志,55岁,中共党员,在职本科学历;曾任

A市某区副区长、区委副书记、A市海洋与水产局局长、党委副书记；2001年4月至2004年11月，任A市海洋与渔业局党委书记、局长；任职期间直接分管办公室、组织人事处工作。

11.1.2 案例模拟前审计情况

1）审计思路

2005年，A市审计机关的经济责任审计模式基本还是停留在账项基础审计和制度基础审计阶段，属于典型的物本审计。虽然审计的对象明确是人，但看账还是审计人员的天职。在此次审计中，审计组自始至终都在办公室审查报表和账本，虽然是对B同志的经济责任审计，但审计对象还是该单位的账簿或经济活动，审计组人员就是在进驻被审单位时见过B同志一面，没有和他进行谈话，审计期间接触最多的是该单位的财务人员。

2）审计发现的问题

通过1个多月的看账、审账，审查其内部控制制度，审计人员足不出户，发现了四个主要问题：

一是会计报表核算不真实。经对该单位会计报表和有关会计科目进行审计，发现该单位没有执行《行政单位会计制度》的规定，主要存在以下问题：在往来账中核算收入支出，白条入账，部分会计凭证后补。在资产的核算上，该局及下属事业单位账外汽车6辆、办公设备96.38万元、办公楼（价值估计2 000万元），未纳入固定资产核算。在收支结余核算上，该单位2003年至2004年该局局机关和下属事业单位账面合计收入5 321.29万元、支出5 012.27万元、结余309.02万元。审计调增收入733.44万元、调增支出942.41万元、调减结余208.97万元，调整账务后合计收入6 054.73万元、支出5 954.68万元，结余100.05万元，差错率分别为13.78%、18.80%和67.62%，会计报表已严重不实。

二是经费支出超预算严重。在对经费支出的详细审计中，审计人员对照该单位的预算标准，发现该单位的局机关与下属单位支出严重超出预算。2003年和2004年，该单位局机关及下属单位基本支出分别合计887.92万元和 1 131.27 万元,而预算数分别为 726.26 万元和 743.16 万元,实际支出数分别超预算 161.66 万元和 388.11 万元,超预算比例为 22.26% 和 52.22%(见表 11-1)。审计人员对该单位超预算的问题进行了详细分析,发现造成该局支出严重超预算的原因有两个:其一,超标准发放干部职工的奖金和补贴,2003—2004 年,该单位共超标准为干部职工发放各种名目的奖金和补贴 260 万元;其二,公用经费超支严重。该单位列支的差旅费、交通费、招待费、会议费严重超标,共计超出预算标准 250 多万元,其中招待费更是每年高达 30 多万元,是预算标准的 15 倍。审计人员对经费超预算的资金来源进一步延伸审查发现,该局超标准的经费来源全部是从争取到的上级项目资金截留、转移、挪用而来。

表 11-1　海洋与渔业局 2003—2004 年基本支出与预算对比情况表

单位:万元

核算单位	基本支出实际数			预算数		超预算比例	
	2003 年	2004 年	增长率	2003 年	2004 年	2003 年	2004 年
局机关	423.29	477.69	12.85%	405.72	402.90	4.33%	18.56%
下属 A 单位	110.50	224.54	103.20%	94.00	109.76	17.55%	104.57%
下属 B 单位	227.18	226.85	−0.15%	152.02	156.50	49.44%	44.95%
下属 C 单位	126.95	202.19	59.27%	74.52	74.00	70.36%	173.23%
合计	887.92	1 131.27	27.41%	726.26	743.16	22.26%	52.22%

三是部分内部管理制度存在漏洞。通过审查被审计单位的内部控制制度,审计组发现该单位存在以下管理漏洞:一是不相容职务没有有效分离。审计发现局机关 3 名财务人员管理 10 多个单位的财务核算,会计记账、出纳互兼,不能形成有效的相互制约和监督机制。二是未建立内部审计制度。按照编办设定的职责,该单位有内部审计职能,该职能设在纪检部门,但该单位却将此职能放在计划财务处。经审计调查,该职能也一直未能履行,既未建立内部审计制度,也从未开展过内部审计工作。三是项目验收不及时。经审计,该单位争取了很多上级项目资金,至审计时所有项目均未经过决算审计和上级部门的验收。因为项目资金是上级财政和本级财政负责直接拨付到项目单位,不在该单位账上体现,所以审计时没有调取相关账簿进行

审查。

四是一名财务人员贪污公款涉嫌犯罪。审计人员根据以上所发现的内部控制存在的漏洞,对该单位的现金和银行存款账进行了重点审计,对现金进行了监盘,调取了银行存款余额调节表,核对了所有的银行账户。审计发现,因一名会计休产假,把自己的出纳工作交由另一名财务人员,造成这名财务人员兼了同一个下属单位的会计和出纳工作,由于长时间失去监管,造成这名财务人员铤而走险,挪用本单位公款30多万元。

3)审计报告及后续处理情况

审计组在审计结束后,汇总了审计发现的以上四个问题,根据经济责任审计报告模板,撰写了审计报告,审计基本上还是围绕账表发表了意见,没有评价其履行其他经济责任的情况。审计就发现的会计核算不真实、超预算的问题下达了审计决定,责令该单位进行调账处理;对财务人员贪污公款事项,因涉嫌犯罪,移送当地检察机关进行处理;对审计发现的问题,因B同志并不分管财务工作,具体问题是财务人员的责任,最后认定B同志只负领导责任,不负主管责任和直接责任。

11.1.3 案例模拟后审计情况

1)模拟前审计缺陷分析

总结分析模拟前真实的审计案例情况,虽然发现了很多财务问题,审查得也比较细致,并且发现了涉嫌贪污犯罪的案件,取得了一定审计成效,但对照人本审计理念,还存在一些缺陷和遗漏。一是没有对经济责任审计的对象——B同志进行充分了解和熟悉,审计报告只是对账簿或经济活动发表意见,没有对应该发表意见的对象发表意见;二是没有围绕B同志履行经济责任的重要方面进行全面关注,遗漏了对项目管理运营绩效情况、海洋与渔业执法行为的审计;三是没有对被审计单位的关键人物进行行为影响因素和动机分析,没有深刻揭示存在问题的根源;四是没有提出改进被审计关键人物存在行为风险的建议,审计结果不能成为组织部门考核干部的依据,不能很好地发挥审计的建设性作用。

2）模拟后的审计思路

按照人本审计理念，针对该审计项目是对 B 同志的经济责任审计的项目，审计组按照分析确定审计关键人物→分析影响行为的因素→分析行为动机（重点分析违法违规行为和无绩效行为的动机）→分析重大行为表现→评估行为风险→确定审计重点→审计报告与跟踪整改的思路开展，围绕确定的审计关键人物特别是 B 同志的行为主线开展审计工作。

3）行为风险评估

行为风险评估是人本审计比较重要的一个环节，模拟后的审计案例不再拘泥于账簿，而是采取多种审计方法，对该单位的"一把手"和其他关键岗位的关键人物进行了一一分析。经过调查了解，确定此次审计的关键人物有：该单位的"一把手"、计划财务处处长、分管执法的副局长、具体执法的渔政站负责人（处长）、会计、出纳员等。

（1）"一把手"行为风险分析。经济责任审计的首要对象是该单位的"一把手"，所以审计组重点对该单位的"一把手"进行了系统分析。除了前文所介绍的该单位一把手的简历情况外，审计组采取网上查阅该同志资料、与其交谈、与被审计单位其他人员进行交谈、观察其行为表现等方式，逐渐了解到该同志更多的信息。B 同志基层工作经验丰富，担任一把手时间较长，工作能力较强，该单位多次获得上级部门的表扬和奖励，但在 A 市党政机关部门测评中仅处于中下水平。该同志所任职的单位是 A 市农口的一个部门，有宽泛的经济管理活动，兼顾管理审批、海上执法、为渔民服务等职能，属于实权部门。该同志是典型的北方人，气质属胆汁质类型，性格外向，精力充沛，工作热情高，有较强的"政绩"意识。用审计的眼光来看，虽然该同志工作业绩较好，但可能存在较多的反面消极行为的动机：一是急于得到提拔，为出"政绩"有可能急功近利。该同志还有 3 年就要从一线退下来，要想提拔就必须有过硬的业绩，而在该部门出政绩的一个最大的标志是取得上级部门的海洋与渔业项目的支持资金。争取国家中央财政越多的资金支持，地方政府就越会从中受益，该部门负责人就越会得到地方党委政府的认可。为争取上级部门资金支持，就要花钱，该部门负责人多次表示，他并不关心花费多少而是关心能否把项目或资金争取下来。二是该同志不重视财务管理工作,认为这是财务部门的职责,与他没有什么关系。三是由于当时A市党政机关并未实施规范补贴制度,各个单位如同"八仙过海,各显神通",哪个单位发的补贴多,就说明单位"一把手"有能力。该同志认为应该利用本单位项目资金多的有利条件,积极为干部职工"谋福利",多发补贴和福利。四是该同志与该单位分管执法的一个副局长个人关系非常好,有共同的爱好,经常在一起打网球。对他分管的工作非常信任,对群众反映的执法舞弊问题漠视或不关心。

(2)计划财务处处长及会计出纳员行为风险分析。经调阅计划财务处处长个人档案,与该同志就财务管理工作进行交谈,发现该同志是从办公室主任职位平调过来的,没有财经专业背景,而且也没有财务管理经验。该同志坚决贯彻"一把手"的指示,一味指使财会人员把账做"平"了,不能起到参谋助手作用。与计划财务处的会计、出纳员进行交流可以发现,虽然他们具备一定的专业知识,但由于该单位实行下属事业单位的会计核算由该局计划财务处统管、资金统一调剂使用的管理模式,3名财务人员管理10多个单位的财务核算,会计记账与出纳互兼。另外,该部门还负责海洋与渔业项目的申报、审批、管理等工作。经审计组了解,计划财务处处长对该项目的日常管理特别是后期运行情况并不关心,认为这项工作主要由财政部门来负责,与该部门没有直接关系。

(3)分管执法的副局长、具体执法的渔政站负责人(处长)行为风险分析。审计组采取座谈、向渔民发放问卷、观察行为表现等方法,审计初步发现该单位分管执法的副局长、具体执法的渔政站负责人在思想上受计划经济影响比较深,认为机关还是应该以执法为主,执法就应体现严肃性和权威性,很少听取管理和服务的对象——渔民的意见。

(4)审计发现的新问题。根据A市海洋与渔业局"一把手"、计划财务处处长、分管执法的副局长、具体执法的渔政站负责人(处长)、会计、出纳员的行为表现,审计组进行了行为风险评估,审计组初步判断该单位在财政财务收支的真实性、合法性、效益性上有可能存在比较严重的问题;在内部管理上有可能存在制度不健全、执行效果差等问题;在项目管理上存在监督不到位致使运营绩效差等严重问题;在海洋与渔业执法上有可能存在违法违规等问题。

一方面,审计组根据行为风险提示,迅速地查出了案例模拟前该单位存在的会计核算不真实、经费超预算严重、内部管理存在漏洞的问题,而且对这些问题的原因进行了因果分析。分析造成会计报表不真实的原因,与该单位"一把手"不重视财务工作、财务处处长一味执行领导指示有直接关系。在审计人员将这一结果反馈给他们后,他们还认为这只是做账的问题,没什么大不了。分析预算超标准的问题,与被审计单位的"一把手"无视预算的约束要求有直接关系,在他看来,多为职工谋福利是自己的本事,至于资金的来源,他并不关心,认为只要做成事就可以。分析造成内部管理出现漏洞的原因,与被审计单位"一把手"不重视内部管理有直接的关系,而且该单位计划财务处处长没有履行好领导职责,致使一名财务人员失去监管,发生挪用公款的严重问题。

　　另一方面,审计组根据行为风险提示,补充开展了对其他重大问题的审计。一是审查该单位"一把手"争取上级资金的动机,分析该单位有关负责项目申报、审批、管理等工作的人员的行为表现,检查该单位组织管理的海洋与渔业项目投资运营的绩效情况,评价国家各级资金是否发挥了预期的经济效益和社会效益。二是跟踪检查该单位有关人员的执法行为,检查该单位在海洋与渔业执法上是否存在违法违规问题,评价其履行执法管理、服务渔民职责的合规性和群众的满意度。具体审计结果如下:

　　其一,重大投资项目的决策和监管失去控制,运营绩效差。在审计期间,该局申请了 10 项渔业基建项目,计划总投资 1.47 亿元。审计组按照项目的重要程度选取了 7 个项目,按照投资项目的资金来源、资金支出真实合法性、项目建设运营及建成后取得的社会和经济效益情况等重点审计内容设计了海洋渔业局基建项目绩效评价分析表(见表 11-2),并进行了实地查看。在实地抽查项目时,按照表格内容逐项进行审查、填列,并对项目建设和设备情况进行了拍照取证,最后由被审计单位对审查结果进行核对,并在表上盖章确认。调查结果显示,该局承担的海洋渔业发展项目建设,主管部门对项目重申请、轻管理、疏于监管,存在县级财政没有配套资金影响项目建设进度、所有项目均未经过决算审计和农业部的验收等管理方面的问题。更为重要的是,审计人员对项目的后期运营效益进行了分析,发现 7 个项目中只有 2 个项目取得较好的社会经济效益,其余项目未实现预期效益,有的已停工或是半拉子工程,造成国家投资的严重损失浪费。

表11-2　海洋与渔业局基建项目绩效评价分析表

单位:万元

序号	项目名称	基建项目预算来源情况				绩效评价分析
		资金性质	国家	市财政	地方配套	合计	
1	某净化中心建设项目	财政资金	700	800	915	2 415	该项目资金使用监管不力,不少项目建设运营偏离目标要求,改变了项目主体单位和项目内容,导致项目未产生效益
2	某渔政船建设项目	国债	600	400		1 000	该项目已投入使用,效益良好
3	某质量检测中心建设项目	国债	430	450		880	购房实际支出与合同不符,局机关有占用专项经费和资产的情况。因资质问题未能正式开展检测业务,未能产生效益
4	某渔港建设项目	国债	2 420		2 060	4 480	该项目未建成,没有效益
5	某渔港建设项目	国债	300	450	1 384	2 134	部分配套资金不到位,导致渔港建设停工,决算审计未实施,没有效益
6	某渔监艇建设项目	国债	300	30	30	360	该项目已投入使用,效益较好
7	某蛤仔原种场项目	国债	300		263	563	设备购置与项目可行性研究报告存在不符现象。蛤仔处于试验阶段。现利用部分项目资产从事养殖对虾等经营活动。未见效益
	合计		5 050	2 130	4 652	11 832	7个项目中,仅有2个项目有较好效益

其二,执法存在违法违规问题,群众满意度不高。为了对该单位存在的执法行为风险进行实质性审计程序,审计组采取了问卷调查和电话调查的方式,向该单位管理和服务的对象——渔民进行调查取证,获取第一手资料,确保评价的客观、公正。在开展问卷调查过程中,向6个区(市)、10个村的80户渔民发放了调查问卷。调查问卷分3个部分共30个小问题,基本涵盖了渔业资源、渔业管理与服务、海洋与渔业执法等所有与渔民有关的管理、服务和执法的职能。在具体操作上,采取上下联动的方式,由区市审计局协助,进行

现场发卷、现场询问、现场解答、现场收回,确保问卷调查的真实性、客观性。根据需要,还对该局的执法举报电话和渔业科技服务热线,进行了模拟电话咨询,对其服务态度和相关内容进行了检查,并做了录音取证。通过对调查结果进行统计分析,了解渔民对海洋渔业局该职责履行情况的满意程度,以及反映出的职责履行过程中存在的问题和提出的具体要求。问卷结果显示,群众对该局的执法工作并不满意,对其渔业服务满意度不高。45%的渔民反映不知道海洋与水产局举报电话;26%的渔民反映执法人员执法态度一般;21%的渔民反映较差;23%的渔民反映执法人员执法时不出示证件;14%的渔民反映执法处罚时未开具正规票据;28%的渔民反映执法人员没收已捕捞的海产品未开具清单等问题;26%的渔民反映渔民转产转业安置不够合理;44%的渔民反映不知道渔业科技服务热线,等等。为了进一步确认该局执法存在的问题,审计组采用了实地观察的方法,在禁渔期结束前的8月30日,审计人员跟随渔政执法船实地检查其海洋执法的情况,调查发现该执法船只有1名有执法资格的人员,其余5人都是临时聘用的临时工,他们具体参与收缴罚款、开具票据等渔政执法工作,执法出现大量的随意性、不公正现象。

(5)模拟后的审计报告。根据模拟后审计发现的新情况和新问题,审计组撰写了新的审计报告。审计报告不再只反映A市海洋与渔业局在会计核算、内部管理存在的问题,而是全面反映了B同志履行经济责任的情况,特别是反映了项目监管、后续运营和海洋渔业执法等重大职责的履行情况。模拟后的审计报告不仅列示了存在问题的原因,而且分析了其背后的主要原因,就是被审计单位关键人物存在的行为问题导致了一系列问题的发生。模拟后的审计报告的对象就是B同志,围绕B同志的个性特征、行为动机和行为表现,结合对行为结果即履行职责情况的分析,审计报告详细分析了B同志的个人品行、履行职责的能力和水平,并分析了导致行为结果发生的原因,提出了改进行为的建议。模拟后的审计报告指出了B同志履行经济责任存在的主要问题,有关投资项目的监管失去控制、运营绩效差造成国家投资的严重损失浪费问题,以及执法存在违法违规问题、群众满意度不高的问题,B同志应负主要责任。审计报告报送到A市组织部门和市委市政府后,根据新的审计报告所反映的情况,A市根据有关干部任免程序对B同志进行了停职检查,B同志将接受组织的进一步处理。

11.1.4 对比分析

通过以上对 A 市海洋与渔业局负责人经济责任真实与模拟审计情况的对比,我们可以发现,在物本审计理念指导下的审计实践与人本审计指导下的审计实践有以下不同:

第一,在审计思路上有较大不同。在物本审计理念下,审计"见账不见人",仅对报表发表意见,并不关心被审计人的行为动机和行为表现;而人本审计指导下的审计实践,审计思路发生了质的变化,从人入手,审计过程关注人及其行为,审计结果面对人。

第二,在审计方法上有较大不同。在物本审计理念下,审计方法基本上围绕查账开展,还停留在分析性复核、核对、盘点等传统审计方法上,方法简单单一;而在人本审计下,审计方法不仅有传统的查账方法,还充分运用了访谈、观察、问卷调查、性格分析、行为动机分析等多种方法。

第三,在审计功能上有较大不同。物本审计下的审计仅对账表发表意见,审计"见物不见人",不能抓住被审计单位经济活动的实质,不能有效评价"一把手"履行职责的能力和绩效状况,也很少提出改进行为的建议,不能起到党委政府的决策参谋作用。而在人本审计下,通过评估行为风险,有效地确定了审计重点,不仅提高了工作效率,而且发现了问题的实质,审得深、审得透,能够回答被审计人履行职责情况,大大提升了审计的功能。以上案例也证明了物本审计逐渐发展为人本审计,并成为审计发展的必然这一论断。

11.2 政府投资公司管理及运营绩效审计调查案例

11.2.1 案例基本情况

1)选项背景

2012 年 5 月至 9 月,A 市审计局对市属政府投资公司 2009 年组建以来的管理及运营绩效情况进行了审计调查。2009 年 2 月,A 市政府对市属原 9 家投资类公司进行了整合,重新组建了职能分工明确的三家市直属投资公司。三家投资公司按照国有独资公司设立,由市国资委依法履行出资人职责,作为市政府的投融资平台,负责政府安排的公共基础设施的投融资、建设开发和经营管理等活动。

经选项调研,A市三家投资公司组建3年来,承接了大量政府融资平台项目,诸如环湾大道、体育中心、国际学校、农村"五化"等政府投资项目进展迅速,企业资产负债规模和员工人数也迅速扩大,其经营绩效如何? 其发挥政府投融资平台功能如何? 其债务风险如何? 这些都成为市领导和有关部门关注的焦点。在市政府的有关会议上,市长多次提出要关注投资公司的经营风险,特别是有些投资公司的经营者风险防范意识不强,一味引进项目,造成负债过高,企业风险有可能转嫁到政府身上,带来更大的风险。为防范经营风险,对投资公司组建以来的运营情况进行系统分析,市审计局决定将对其中的AB投资集团公司进行审计调查。

2) A市AB投资公司负责人及单位基本情况

该集团董事长为C同志,59岁,大学专科学历,历任A市某区委副书记、区长、区委书记。2009年2月起,C同志任A市AB投资集团公司董事长、党委书记,负责集团全面工作。

AB投资集团公司是2009年2月28日经市政府批准,由原A市三家投资公司组建成立的国有独资企业,注册资本为30亿元。按照市政府有关规定,AB投资集团公司主要从事道路、市政管网、供排水、垃圾回收利用等市政公用设施及旧城改造等建设领域的投资。同时,作为市主要融资平台公司之一,它还负责政府安排的公共基础设施的融资、建设开发和经营管理等活动。AB投资集团公司内设办公室、财务部、人力资源部等16个职能部门,下属单位有73家,其中控股企业60家,从业员工1 936名。截至2011年年末,AB投资集团公司纳入合并报表范围的企业有43家,报表反映的资产总额为4 020 855万元,负债总额为3 271 121万元,净资产为749 734万元。

11.2.2　审计实施过程及结果

1) 分析关键人物及其行为表现

与本章第一节案例所展示的党政机关不同,AB投资集团公司是一个大型国有企业集团,管理层次多、权属企业类型多、人员多,能对企业经济活动产生影响的人也很多,因此确定企业的行为风险要比党政机关审计复杂得多。由于该集团高度集权的管理方式,因此初步判断企业的风险主要来自企业关键人物的风险,所以确定企业的关键人物成为此次审计的重点。一般来说,对于大型国有企业集团审计,首先要确定总部的关键人物,其次在各个权属企业中分别确认关键人物,最后进而做好对企业集团内部横向联系关键人物的分析。对于对外联系较多的企业集团,还应分析供、产、销、投资、分红等环节的利益相关者,分析确定外部关键人物。本案例是对企业管理及运营绩效的审计调查项目,侧重从集团总部出发,仅从防范企业经营风险、提高企业运营绩效水平的角度去分析关键人物,对于其他影响企业经济活动的关键人物不去一一分析。

根据以上思路,经过调查了解,确定此次审计的关键人物有:该单位的"一把手"、集团班子成员、财会部部长、审计部部长、资产部部长、工程项目部部长、下属 A 公司高管、B 公司高管。

(1)集团"一把手"行为风险分析。在审计计划阶段,审计组对 AB 投资集团公司的"一把手"进行了详细系统分析。首先,分析了他的专业背景。该同志在校时修的是文学专业,并不具备企业管理的专业背景。其次,对其任职经历进行了分析。该同志有丰富的从政工作经验,先后担任过区的主要领导和 A 市重要部门的主要领导,政治敏锐性强,政绩突出,具有较好的领导才能,也积累了较多的人脉资源。再次,对该同志的个性心理特征进行了分析。该同志气质属典型的胆汁质类型,精力充沛,热情好客,交往甚广。该同志性格外向、率直,但脾气有点急躁。在此基础上,审计组采取查阅该同志的内部讲话材料,分析评价其管理运营企业的思路;运用行为事件访谈法听取他任职以来经历的大事件及应对策略,测评其管理运营企业的能力和水平;运用360 度测评法,召开多个由该集团各个层次人员参加的座谈会,询问国有资产管理部门及其他相关政府部门的意见、询问集团利益相关者的看法、询问该同志前任同事的看法,测评其整体履行职责的能力。在综合分析后,初步得出的结论是:虽然该同志具有丰富的从政经验,拥有较广泛的人脉资源,为该集团争取了很多政府优质的资产和项目,而且在审批项目、银行贷款等方面获得"绿灯"放行,为集团的长远发展起到一定的作用,但他自身也存在影响企业经营风险和经营绩效风险的思想与行为问题:

一是无企业管理经验,对企业风险认识不足。该同志没有从事企业管理的经验,也没有企业管理的专业背景,对企业经营风险管理缺乏基本的知识与认识,对企业经营业绩认识有偏差。他认为该集团是政府性投资公司,应坚决贯彻市委市政府的决策部署,在项目安排、资金调度上要保证政府项目的实施。对于经营风险,他认为该集团是国有企业,而且属政府垄断性行业,不会有什么经营风险可言;对于经营业绩,他认为贯彻政府决策就是最大的绩效,至于集团是否亏损、是否能偿还银行借款,毕竟有政府作后盾,无需担心。这种思想与心理使其不能按照公司法规和企业运行规律去决策与指挥,给该集团进而给市政府带来巨大的财务风险与政府债务风险。

二是片面追求集团规模的扩张。该同志认为自己从政府的重要位置下来从事企业工作,应该成为大型企业的领军人物。在任职之初就提出目标,3年实现集团总资产翻一番。在此经营理念下,AB投资集团公司成立坚持"捂项目、捂资源"的经营策略,争取了很多政府项目,在短短的2年时间里成立了十几家新公司,投资领域涉及多个行业,但相应专业人才不足,管理跟不上,造成一系列问题的产生。

三是喜欢亲力亲为,不能有效分权。该同志是工作狂,不仅担任集团的董事长,还是该集团的党委书记,集团大事小事都要过问。除任集团董事长外,还兼任下属20户控股公司的法定代表人,其中一级子公司12户,二级子公司5户,三级子公司3户。由于该同志没有很好地分权和授权,每天听取下属公司有关人员汇报的时间就要花费3个多小时,虽非常劳累,但沉浸在公司繁杂的事务中,没有空闲去思考战略的事,导致该集团的决策权、执行权、监督权不能实现有效制衡。

四是不重视内部管理工作,对下属企业监管不到位。该同志非常重视业务工作,追求收入、利润、资产额等指标的完成,但并没有认识到在企业管理中,内部管理制度的建立、健全、有效会直接影响企业的效益。到审计进驻该单位时,该集团尚未建立起有效的内部审计、资金活动、资产管理、合同管理、绩效考核、预算管理、采购业务、工程项目管理等制度。虽然亲自抓下属企业,但由于缺乏有力的内部管理制度,不能有效杜绝问题的发生。

(2)集团班子成员行为风险分析。除了分析该单位"一把手"的行为风险,还需要对整个班子成员进行系统分析,因为每位班子成员都分管一定数量的下属企业,他们的行为风险直接影响到整个集团的风险。分析其他7位班子成员发现,该集团的4名班子成员是政府公务员出身,对政府工作比较熟悉,但缺乏企业管理经验;其他3名班子成员虽有企业管理的背景,但以往企业管理的业绩并不突出,甚至有1名班子成员曾经是某连年亏损的企业总经理。再进一步分析,审计组还发现该集团班子成员在开会时一般是由董事长(兼党委书记)主导,基于董事长的权威和工作风格,其他成员或因不熟悉情况或因有所避讳或不想承担责任,很少提出不同的意见,整个集团不能形成有效的决策机制。

(3)集团中层人员行为风险分析。该集团是由原来的三家投资公司整合而来,各位中层干部的管理能力和水平参差不齐。经调查分析,该集团的财务部长非常敬业,较好地完成了所负责的会计核算、资金调度等工作,但在预算管理、绩效考核、财务预测分析等财务管理方面存在不足,也总是按照领导指令行事,不敢坚持原则。该集团的资产部主要负责对集团有形资产的出租、出售等日常管理,但该部部长对整个集团有多少出租、出售的资产并不清楚,也不掌握资产出租、出售的收益情况。该集团设有法律事务部,但尚未制订合同管理办法,未明确合同审核的权限和范围,对合同的管理一味依赖所聘请的法律顾问。该集团设有审计部,根据集团领导安排,审计部负责该集团的工程决算审核、集团所属企业的预算管理、集团及所属企业的费用开支的审核工作,并没有开展对集团所属企业负责人的经济责任审计工作,致使审计部没有发挥应有的审计监督职能作用。该集团的采购部负责集团所属企业的大宗商品的采购,虽然该集团有招标委员会,对集团及所属企业所需的商品实行了招标采购,但据调查了解和群众举报,该部部长行为品质较差,与供应方联系密切,有舞弊的嫌疑。所采购的商品质量较差,而且有部分商品未经招标已经在使用,只是后补了有关手续。该集团设有工程项目部,负责集团所承担的政府项目的管理工作,由于政府工程工期要求非常急,在该集团领导的多次要求下,该负责人所管理的某些政府项目只顾赶工期却忽视了工程的质量,工程质量存在较大隐患。

(4)集团下属A公司、B公司高管行为风险分析。本案例抽取该集团下属的A公司、B公司进行了分析。A公司是在该集团成立不久被收购的一家公司,该公司原为一家民营企业,因为该公司拥有增值潜力巨大的3 000亩土地使用权,却苦于没有资金支持难以开发,恰好被有政府背景的该集团收购。由于A公司的高管长期在民营企业从事管理工作,内部管理制度松散,人员比较自由散漫,守法守规意识薄弱。B公司是该集团承担政府项目的一个重要子公司,承担了政府某公益性项目的开发建设和运营管理,据调查了解,该公司高管与集团采购部、工程项目部部长个人关系密切。另据群众举报,该公司承担的项目质量严重不符合标准,此事已引起A市政府有关监管部门的关注。

2) 行为风险评估,确定审计重点

通过对该集团"一把手"、集团班子成员、财会部部长、审计部部长、资产部部长、工程项目部部长、下属A公司和B公司高管的行为风险分析,审计人员初步判断该集团在管理及运营绩效总体方面存在重大风险,在A、B公司等局部也存在较大风险。围绕本次的审计目标,确立了以下审计重点:一是系统分析该集团内部控制相关责任人员的法律意识、制度意识和职业道德,分析内部控制制度的建立、健全及运行情况,为进行管理及运营绩效分析打好基础,其中重点检查内部审计、资产管理、合同管理、资金活动、绩效考核、预算管理、采购业务、工程项目管理等制度及其执行情况,分析存在的管理漏洞和缺陷,评价管理者的管理行为,界定有关人员的责任。二是分析该集团投资新成立企业的决策行为,围绕"一把手"、班子成员、中层领导干部决策的全过程,关注决策的"过去""现在"和"将来",审查决策的科学性、规范性和有效性。落实到财务数据上,审查新成立企业的个数、投资额、资金来源、利润等情况,分析造成亏损的原因和责任者。三是总体分析该集团"一把手"和班子成员及中层领导干部在管理运营方面的思路和专业水平,进而分析该集团的资产质量状况、债务风险状况、盈利能力状况、经营增长状况。落实到财务数据上,有关该集团的运营绩效指标主要对照国务院国资委财务监督与考核评价局发布的《企业绩效评价标准值》(2009—2011年),进行评价分析。四是分析该集团下属A公司的关键人物,包括公司高管、财务负责人、出纳员的行为表现,审查是否有生活方式与收入水平不相称的红旗信号,从而评估行为风险,确定审计重点。五是分析该集团采购部部长的任职经历,听取各方面对其人品和行为表现的评价,调查其与主要供应方的关系,审查是否有舞弊行为;审查该集团工程项目部部长的专业水平和职业道德素质,审查是否存在对某些政府工程疏忽监管的失职行为;分析该集团下属B公司的关键人物,审查其与该集团采购部、工程项目部部长的个人关系,审查是否有集体舞弊的行为。

3）审计实施结果

通过以上确定的审计重点，审计组进行了重点分析检查，得出了以下审计结果：

（1）行为风险高，导致内控失控，影响了企业有效运营。经调查分析，AB投资集团公司组建后，对原三家公司的业务和人员进行了整合，制定了一些内控管理制度，但由于从董事长、班子成员到中层干部等关键人物对内部管理制度的漠视，致使存在诸多管理漏洞：一是法人治理结构尚不完善。该集团董事长亲自兼任下属 20 户控股公司的法定代表人，总经理兼任下属 4 户企业的法定代表人，不能按照《公司法》的职责分工履行职责，而是一个人说了算，不能实现有效分权。董事会尚未设立外派董事和独立董事，集团重大经济事项决策由党委会作出，内部监督制约机制较弱，法人治理结构尚未完善。二是内部审计部门未发挥应有的监督作用。由于该集团董事长、总经理对内部审计职能认识不清，致使该集团审计部门承担了不该本部门承担的预算管理、费用开支审核等工作，却并没有开展对下属企业负责人的经济责任审计工作，内部审计职能缺失。三是财务预测分析不到位，未准确掌握集团运营绩效情况。由于该集团财会部部长对财务预测分析、监督控制等专业认识的欠缺，该集团的年度财务分析报告只是简单罗列了会计科目的增减情况，月度没有财务分析报告。财务预测分析的不足，导致了财务部门对集团资产质量状况、债务风险状况、盈利能力状况、经营增长状况未进行系统分析，没有起到决策参谋的作用。四是资产管理混乱、运营绩效差。由于该集团资产部部长原先从事人事工作，并不具备资产管理的经验和能力。经审计调查，该集团总部对所属企业的资产出租、出售情况并不掌握。审计发现该集团有 3 处房产低于市场价对外出租，并未执行招标程序；有 2 处房产对外出售，销售所得的资金 1 500 万元在下属公司账上"趴"着，未纳入集团资金统一调度使用；有 3 处对外出租的房产未按合同约定收足租金，尚欠 2 600 万元。五是部分合同管理不严密。经调查，由于该集团合同管理部门负责人同时兼职律师等工作，虽专业水平很高但责任心不强。审计抽查 AB 投资集团公司对外应签的合同事项 41 项，其中存在问题的有 18 项，占 44％，且有 2 份未注明合同签订时间；有 1 份未注明对外出租房产的面积；有 1 份未约定出租资产每次应缴租金金额；有 14 项对外出租的资产应签未签合同。以上合同管理上存在的漏洞,有可能引发争议,损害企业利益。六是绩效考核制度尚未建立。经审计调查,由于该集团董事长政绩意识强但绩效意识差,导致该集团未建立严格的内部绩效考核制度,致使某些亏损企业连年亏损却没有人承担责任。以上管理上存在的漏洞都直接或间接地影响了企业运营绩效。

(2)部分决策前可行性研究不充分、决策随意性强,导致决策不能有效执行和部分下属企业巨额亏损。分析 AB 投资集团公司组建后公司高管的重大举措,一是将 A 市承办城市运动会后留下的 7 万多平方米体育场馆及周边设施出租给 3 家公司;二是先后投资 8 亿元成立了多家公司。该集团资产部具体负责体育场馆及周边设施的出租工作,在未调查清楚的情况下,该资产部部长就与承租方达成意向,约定 2009 年 5 月交付房产,并许诺可以将该土地的文体用地性质变更为商业用地性质以方便承租方使用。在该集团党委会研究此事时,集团班子成员一味听信资产部部长所言,同意签署合同。在合同执行过程中,才发现不能按合同约定时间交付房产,也不可能变更土地性质,致使承租方花费了巨额装修款却不能如期开业造成巨额损失,承租方将该集团告上法庭,致使本应收取的房租不能收回。该集团投资 8 亿元成立的 20 家新公司,没有进行充分的可行性研究分析,只是在董事长“拍脑袋”的指挥下匆匆成立,由于市场定位、盈利预测与预期有很大偏差,致使 14 家新公司处于亏损状态,累计亏损 1.21 亿元,其中 3 家新公司已经资不抵债。

(3)集团整体管理及运营绩效处于较低水平。由于该集团关键人物存在诸多行为风险,内部控制制度不健全,反映在财务数据上的管理及运营的绩效指标差也就成为必然。为系统分析该集团的管理和运营绩效水平,审计人员对该集团的资产质量状况、债务风险状况、盈利能力状况、经营增长状况进行了分析,审计发现该集团资产运营效率较低,面临较大的偿债风险,盈利能力处于全国同行业较低水平,利润来源单一,成立的新公司亏损面大,公司增长单纯依靠土地收入,面临发展的压力。

其一,资产运营效率较低。在该集团董事长抢项目、抢资源的思想指导下,该集团一味引进大量政府公益性项目,不计算收益回报和偿债能力,导致该集团总资产中含有不能带来营业收入的融资平台资产和公益性资产 153.44 亿元,占总资产的 38.16%,导致总资产周转率处于全国同行业较差水平,2009—2011 年分别为 0.02 次、0.06 次、0.07 次(全国投资类公司平均值为 0.3 次、较差值为 0.1 次)。反映了集团整体资产的经营效率较低。

其二,资产负债率高,面临较大的偿债风险。在该集团董事长强烈的政绩意识驱使下,在财务部门没有履行参谋助手作用提示存在的巨大偿债风险下,该集团资产、负债都迅速膨胀,偿债风险很大。从资产负债率看,2009年3月,该集团组建时为54.02%,2010年年末为82.67%,2011年年末为81.35%。2010年和2011年的资产负债率均高于全国同行业平均值,接近全国同行业较差值(国务院国资委公布的2010年全国投资类公司资产负债率平均值为69%,较差值为88.9%)。从贷款余额看,2011年年末融资平台贷款余额102.13亿元(政府财政还本付息,2012—2016年应偿还本金分别为0.36亿元、4.40亿元、12.59亿元、14.30亿元、17.06亿元),自营项目贷款余额106.43亿元,AB投资集团公司2012—2014年应偿还贷款42亿元、20.38亿元、18.80亿元。由于该集团资产运营效率也处于很低的水平,偿债风险较大,一旦资金链断裂,会引发企业较大经营风险。

其三,盈利能力处于全国同行业较低水平,利润来源单一,新成立企业亏损面大。由于该集团董事长不注重企业盈利能力的发展,未对投资进行充分的可行性研究分析,加之集团未建立严格的内部绩效考核制度,任由亏损企业长期亏损。AB投资集团公司控股的60家企业中,只有3家实现盈利,利润主要来自转让土地使用权的收益。AB投资集团公司2009—2011年的净资产收益率分别为-2.85%、0.32%和-1.13%,一直处于全国投资类公司较低值-1.0%左右。

其四,企业增长单纯依靠土地收入,面临进一步发展的压力。该集团董事长认为拥有3000亩土地使用权就可以高枕无忧,集团组建后并未真正开展其他有盈利的业务。经分析,该集团3年来的营业增长率分别为10%、15%和20%,但主要是依靠转让土地使用权的收入而来,增长后劲不足,面临发展的压力。

(4)下属公司两起舞弊案件。其一,在确定A公司为重点审计的公司后,审计组对该公司的高管进行了行为风险评估。审计发现在该公司被收购后,集团并未立即委派财务总监,而是由原来的财务部部长代行职责,之后于2个月后开始派驻财务总监。审计发现该公司的财务部部长和出纳员穿着时髦高档,与收入明显不符,于是对该公司的有关账簿进行了重点审计。审计发现,就在集团未派驻财务总监的2个月内,该公司"在建工程"账中列支了1000多万元的工程费用。在询问做账的会计和支付资金的出纳员时,他们神色慌张,更引起了审计人员的注意,经过详细分析该公司的业务,检查发票的真伪,跟踪资金的走向,最终发现了事实的真相。原来在 A 公司被该集团收购后,该公司总经理并不愿意在约束力比较强的国有企业工作,他与其他高级管理人员商量后,决定通过支付工程款的名义套取公司资金。在被该集团收购后的 1 个月内,购买虚假发票(以"汽油费、住宿费、广告费、差旅费"名义)支付 543 万元。经审计组到银行查询,发现 543 万元全部转移到 A 公司的关联企业 C 公司的账户。A 公司的高管同时也是 C 公司的实际负责人,在资金转到 C 公司账户后,A 公司高管就和该公司会计、出纳员将此部分资金予以瓜分。其二,在确定 B 公司为重点审计的公司后,审计组针对该公司承担的政府项目进行了重点审计。审计人员采取与政府监管部门交流意见、询问群众意见、审查该公司进货渠道和采购程序、跟踪资金流向等方法,围绕该公司高管的行为动机、集体舞弊的线索进行了详细审查,最终查出了该公司高管伙同采购部、工程项目部部长通过采购材料吃回扣 100 多万元的事实。

以上两起舞弊事件中的有关人员由于涉嫌犯罪,被审计机关移送检察机关予以处理。

4)行为风险结果分析

分析 AB 集团的管理及运营情况,无论从该集团整体考虑,还是从下属公司的局部考虑,其风险都很大,而这一切都与该集团的关键人物有密切关系。在所有的关键人物中,该集团公司的"一把手"是关键人物中的关键,因为他是该集团的董事长和党委书记,喜欢亲力亲为,主要按一个人的意志完成集团的重大决策。该公司内部管理存在的诸多漏洞与该单位的"一把手"经营风格有密切关系,C 同志片面追求公司业绩,不重视内部管理工作,导致一系列内部管理问题的发生。该集团存在的偿债风险大、运营效率低等问题,与该集团"一把手"对企业经营风险认识不足、片面追求企业发展规模有直接关系。该集团下属公司发生的舞弊等违法案件,与该集团"一把手"不重视内部审计工作有较大关系,该集团下属 A、B 公司的高管也存在舞弊行为的动机和机会,最终导致了违法案件的发生。

11.2.3 审计报告及整改处理情况

在该次审计结束后,审计组撰写了审计报告,审计报告不仅指出了财务数据所反映出的问题,而且分析了 AB 集团关键人物存在的重大行为风险和问题所在,指出了 AB 集团 C 同志及其他班子成员、中层干部、下属企业高管在履行职责中存在的问题,提出了调整班子成员、调整 AB 集团经营理念、改进行为的审计建议,审计调查结果引起了 A 市市委、市政府主要领导的高度重视,A 市成立了由组织、国资、财政、城建、审计等部门参加的工作组,进驻 AB 集团公司督促其整改。组织部门对 AB 集团班子成员进行了重新考察,提出了调整班子成员的建议,经市委同意,任命了新的班子成员。AB 集团通过竞争上岗的方式选拔了一批有能力的人员到中层岗位上来,进行了全员的内控制度的培训,处理了审计发现的有关责任人员,集团经营逐渐走向正规,步入良性发展之路。

此次审计以审前确定的关键人物及其行为为导向,锁定了审计的重点,准确评价了被审计单位管理运营绩效情况,提出了调整人员和改进行为的建议,发挥了审计的建设性作用,取得了良好的审计效果。

11.3 总结分析

本章介绍的这两个案例从不同侧面反映了人本审计的思路和方法。第一个案例是对党政机关负责人进行的经济责任审计,该案例将在物本审计理念下开展的审计情况与人本审计模式下的审计情况进行了对比分析,从审计思路、审计方法、审计功效三个方面揭示了物本审计存在的不足和人本审计的强大优势。第二个案例是对国有企业管理及运营情况进行的绩效审计调查。限于条件和现有审计法规限制,该案例部分按照人本审计理论的指引,在实践中运用设计出的行为导向的人本审计模式实施审计,从确定审计项目、确定审计关键人,到评估关键人的行为风险,再到确定审计重点、分析行为风险与审计结果的关系,进行了系统的试验。实践证明,在人本审计理论的指引下,审计理念、审计视角和审计思路发生了质的变化,审计实施有了质的改变,各种新的审计方法得以运用,审计功效显著提升。这在一定程度上也证明了物本审计逐渐发展为人本审计已经成为审计发展的必然这一论断。当然,上述案例也证明,现有的人本审计还须继承物本审计科学合理的部分,并在实践中不断总结提高。

12 结论及展望

12.1 研究结论

　　本书运用规范研究、事例分析与案例分析、比较分析等研究方法,以人本思想及其相关理论、行为科学理论、受托责任理论等为理论基础,阐述了知识经济时代背景下,物本审计存在的缺陷和不足,创新性地构建了人本审计理论体系,提出物本审计逐渐发展为人本审计成为审计发展的必然。本书的主要研究结论有:

　　一是创新性地界定了人本主义指导下的审计本质。本书系统地分析了传统审计理论(即物本审计理论)存在的缺陷和不足(即"见物不见人",没有抓住经济活动的本源,没有对人及其行为进行科学分析,割裂了经济活动结果与人的行为过程的统一关系),在此基础上创新性地提出了人本观下审计的本质,即审计是人类对自身及其行为的评价活动,是审计人对照既定标准,评价被审计人及其行为的可靠性、合法性、有效性,从而确定被审计人的受托责任,提出改进行为的建议并向行为人问责的活动。人本审计更关注人的行为过程对经济活动产生的主导作用,更重视"人—事/物"的关系,从而能更好地把握审计的实质。人本审计并不否认物本审计的科学成分和对审计做出的历史贡献,是在对传统审计革新基础上建立的新审计系统。

　　二是系统地构建了以审计本质为逻辑起点的人本审计理论体系。人本审计理论结构以人本审计本质为逻辑起点,以此展开审计基础理论和应用理论。人本审计基础理论主要由审计本质、审计假设、审计目标、审计概念构成。人本审计应用理论是以基础理论为原理,将其运用于审计实践所形成的一系列指导实践的理论。人本审计理论按行为类型划分为行为可靠性审计理论、行为合法性审计理论、行为有效性审计理论;按审计的主体划分为人本国家审计应用理论、人本民间审计应用理论、人本内部审计应用理论;按审计操作规范划分为人本审计准则理论、人本审计程序与方法理论、人本审计报告理论。该理论体系具备了系统性、先进性、可行性的特点,为人本审计理论的后续研究提供了借鉴和基础。

三是系统地设计了行为导向的人本审计模式。在人本审计理论体系的指引下,人本审计模式改变了传统的以账表、内部控制、企业风险等"物"为中心的审计模式,该模式将人及其行为正式纳入审计系统,审计的着眼点是人,在审计过程中关注人及其行为,审计也由人结束,审计报告的对象是人,最终向人问责,向人提建议,促进人及其行为的改善提高。该模式对现行的现代风险导向审计模式进行了改良和创新,将审计风险模型由"审计风险=重大错报风险×检查风险"修改为"审计风险=行为风险×检查风险"。该模式按行为动机类型,将行为划分为正面积极行为、反面消极行为两大类,并指出应对反面消极行为的三类(造假欺骗行为、违法违规行为、无效损失行为)进行重点行为风险分析,从而确定审计的重点。该模式将风险导向审计模式的"自上而下"与"自下而上"相结合的审计思路改变为"由内而外"和"由外而内"相结合的思路开展审计,主张抓住事物的本质,通过事物的本质与表现进行对比分析,从而更好地评价被审计人履行受托责任情况。该模式对传统审计的流程进行了改良,在以往的计划、实施、报告阶段基础上,增加了问责阶段,并在审计方法中引入对行为动机、行为、人格、能力、气质的测评方法,丰富了审计的技术和方法。该模式对审计报告提出了改进建议,审计报告的对象是人,审计报告要反映人及其行为的重要信息等。

12.2　研究的局限性及后续研究展望

虽然本书有诸多创新,但是人本审计理论体系毕竟是一个全新的审计理论体系,而且构建完整、系统的人本审计理论体系研究是一个复杂而艰巨的动态过程。因此,笔者认为本书至少存在以下缺陷:一是该理论体系刚刚提出,尚未经过大量的实践检验,还需要在实践中加以验证和调整;该理论提出对人及其行为进行分析评价,这对审计组织和审计人员提出了挑战,审计准则需要调整,审计人员需要培训,能否顺利实施还需要实践的检验。二是该理论体系中的应用理论部分没有按照国家审计、民间审计、内部审计分别进行阐述,而且只是简要阐明了应用模式及大致审计流程,并未对审计的每个细节展开论证,尚需在以后的研究中补充完善。三是该理论体系并未充分考虑开展人本审计的外部环境支持情况,如人本会计的实施情况、有关行为信息系统的建立健全情况等。

　　展望未来,人的价值必将得到全方位的关注,"人"成为管理科学研究的中心,旧的理论会被扬弃,新的理论会诞生。人本审计理论研究,作为一种多学科融合探索性、尝试性研究,在该领域尚有许多工作需要完成。本书认为至少在以下两个方面值得进一步深入研究:一是人本审计学的创建和发展。随着未来知识经济时代的深入变革,新理论、新技术、新方法不断涌现,如何将先进的理论研究成果运用到人本审计理论中,实现多学科融合发展成为未来研究的重要课题。未来研究应不止步于对人本审计理论体系的研究,而是探索创建和发展人本审计学,实现审计学的新革命,从而带动审计理论的创新、审计模式的发展演变、审计方法技术的革新、审计职能和作用的提升。二是人本审计的实证研究。虽然本书中也进行了一些案例分析,但大部分研究运用了规范研究的范式,人本审计理论体系并没有在实践中进行大范围的试验和检验,这需要在未来的研究中,加强实证研究,需要在实践中不断丰富甚至调整人本审计理论体系。

参 考 文 献

[1] 文硕. 世界审计史[M]. 北京：中国审计出版社，1990.

[2] 审计理论研究课题组. 审计基本理论比较：前后一贯的理论结构[M]. 上海：立信会计出版社，2009.

[3] 胡春元. 风险导向审计[M]. 大连：东北财经大学出版社，2009.

[4] 王章渊. 审计经典理论的历史流变[J]. 湖北工业大学学报，2009(12).

[5] 徐国君，姜毅. 审计学革命——从物本审计到人本审计[J]. 中国注册会计师，2012(10).

[6] 西奥多·W·舒尔茨. 论人力资本投资[M]. 吴珠华，等，译. 北京：北京经济学院出版社，1992.

[7] 彼德·德鲁克. 九十年代的管理[M]. 东方编译所，译. 上海：上海译文出版社，1999.

[8] 胡晓明. 直面信息时代的审计变革[J]. 会计之友，2005(9).

[9] 涂子沛. 大数据：正在到来的数据革命[M]. 柳州：广西师范大学出版社，2012.

[10] 张文贤，邵强进. 会计学革命——从物本主义到人本主义的飞跃[J]. 复旦学报（社会科学版），2001(2).

[11] 文硕. 民主政治与现代国家审计[J]. 审计理论与实践，1998(12).

[12] 蔡春. 审计理论结构研究[M]. 大连：东北财经大学出版社，2001.

[13] 徐政旦，谢荣，朱荣恩，等. 审计研究前沿[M]. 上海：上海财经大学出版社，2002.

[14] 石爱中. 加强审计理论研究——坚持审计实践，注重研究方法[J]. 审计研究，2008(3).

[15] 刘家义. 积极探索创新努力健全完善中国特色社会主义审计理论体系[J]. 审计研究，2010(1).

[16] 李学岚. 我国政府审计理论研究现状与框架思考[D]. 中国审计学会审计教育分会首届审计教授论坛论文集，2011.

[17] 杨肃昌. 对构建国家审计理论体系的思考[J]. 审计与经济研究，2012(3).

[18] 徐国君. 三维会计研究[M]. 北京：中国财政经济出版社，2003.

[19] 莫茨·P·K，H·A·夏拉夫. 审计理论结构[M]. 文硕，等，译. 北京：中国商业出版社，1990.

[20] 马斯洛. 人本管理[M]. 西安:陕西师范大学出版社,2010.

[21] 徐国君,胡春晖,孙玉甫. 改革开放三十年我国人力资源会计研究回顾[J]. 中国海洋大学学报(社会科学版),2010(2).

[22] 王婷婷. 试论审计期望差距——基于国内外的比较分析[J]. 财会通讯(学术),2008(2).

[23] 王会金. 审计心理学研究的意义、特点及发展趋势[J]. 审计与经济研究,2011(1).

[24] 马克思,恩格斯. 马克思恩格斯选集(第3卷)[M]. 中共中央马克思恩格斯列宁斯大林著作编译局,编译. 北京:人民出版社,1972.

[25] American Accounting Association Committee on Basic Auditing Concept. A Statement of Basic Auditing Concept. Sarasota:American Accounting Association. 1973.

[26] 尚德尔·C·W. 审计理论[M]. 汤云为,等,译. 北京:中国商业出版社,1989.

[27] G W FLORKOWSKI, R S SCHULAER. Auditing human resource management in the global environment. International Journal of Human Resource Management,1994,5(4).

[28] G S BATRA. Human resource auditing as a tool of human resource valuation:Interface and emerging practices. Managerial Auditing Journal,1996,11(8).

[29] M F OLALLA, M A S CASTILLO. Human resources audit. International Advances in Economic Research,2002,8(1).

[30] D E GUEST. Human resource management and performance:A review and research agenda. International Journal of Human Re2source Management,1997,8(3).

[31] 戚振东,段兴民,吴清华. 国外人力资源审计发展现状及启示[J]. 外国经济与管理,2007(7).

[32] 刘小年,岳阳. 行为审计研究:回顾与启示[J]. 审计研究,2005(2).

[33] 赵有良. 中国古代会计审计史[M]. 上海:立信会计出版社,1992.

[34] 项俊波,文硕,曹大宽,王雄. 审计史[M]. 北京:中国审计出版社,1990.

[35] 审计署科研所. 审计理论结构研究[M]. 北京:中国商业出版社,1998.

[36] 审计学会北京研讨组. 关于审计几个基本理论问题的探讨[J]. 审计研究,1988(6).

[37] 黄晓波,马正凯,陈祺. 基于评价行为的审计假设分析[J]. 财会通讯(学术),2005(10).

[38] 谢少敏. 审计学导论——审计理论入门和研究. 上海:上海财经大学出版社,2006.

[39] 夏明. 行为审计的现状评述和未来展望[J]. 湖北经济学院学报,2012(4).

[40] 房巧玲,刘长翠,肖振东. 行为导向审计模式研究:基于国家审计的视角[J]. 当代财经,2013(4).

[41] 胡春晖,王东娣. 人本审计的几个基础问题的探讨[J]. 天津商业大学学报,2010(5).

[42] 北京大学哲学系外国哲学史教研室编译. 西方哲学原著选读[M]. 北京:商务印书馆,1981.

[43] 郝涵. 从"以人为本"略谈中西方人本思想的发展轨迹[J]. 北京电力高等专科学校学报,2011(3).

[44] 林春. 马克思哲学中的人本思想[J]. 重庆邮电大学学报(社会科学版),2010(7).

[45] 李娜,杨连菊. 浅析人本主义心理学[J]. 理论界,2007(1).

[46] 宋承先. 过渡经济学与中国经济[M]. 上海:上海财经大学出版社,1996.

[47] 刘建利. 西方人本管理思想的起源、发展及启示[J]. 商场现代化,2009(1).

[48] 马克思,恩格斯. 马克思恩格斯全集(第30卷)[M]. 北京:人民出版社,1995.

[49] 加里·S·贝克尔. 人类行为的经济分析[M]. 王业宇,陈琪,译. 上海:格致出版社,2008.

[50] 罗纳德·哈里·科斯. 企业、市场与法律[M]. 盛洪,陈郁,译. 上海:格致出版社,2009.

[51] 巫继学. 人本经济学:以人为本的政治经济学途释[J]. 中州学刊,2004(9).

[52] 陈惠雄. 人本经济学原理[M]. 上海:上海财经大学出版社,2006.

[53] 张理智. 人本主义经济学[M]. 北京:中国经济出版社. 1998.

[54] 张绍学. 以人为本:儒学爱民与现代管理的核心[M]. 成都:西南财经大学出版社,1998.

[55] 孔子. 论语今译[M]. 余国庆,注译. 合肥:黄山书社出版社,2002.

[56] 黑格尔. 小逻辑[M]. 贺麟,译. 北京:商务印书馆,1980.

[57] 朱宝常. 应用心理学教程[M]. 北京:清华大学出版社,2004.

[58] 道格拉斯·C·诺思. 制度、制度变迁与经济绩效[M]. 杭行,译. 上海:格致出版社,2008.

[59] 肯·艾索尔德. 行为背后的动机[M]. 张智丰,译. 北京:中国人民大学出版社,2011.

[60] 苏东水. 管理心理学[M]. 上海:复旦大学出版社,2011.

[61] 冬青. 揭开行为奥秘——行为科学概论[M]. 北京:中国经济出版社,1987.

[62] 肖媛. 企业经济运行中人的行为价值分析[M]. 北京. 中国社会科学出版社,2008.

[63] 艾伯特-拉斯洛·巴拉巴西. 爆发:大数据时代预见未来的新思维[M]. 马慧,译. 北京:中国人民大学出版社,2012.

[64] 赵辉,黄晓,韦小军. 党政领导干部胜任力模型的构建[J]. 科学管理研究,2006(4).

[65] D C McClelland. Testing for Competence rather than for "Intelligence"[J]. American Psychologist, 1973 (28).

[66] 刘明辉. 高级审计研究[M]. 大连:东北财经大学出版社,2009.

[67] D FLINT. Philosophy and Principles of Auditing: An Introduction, macmillan

Education Ltd. ,1988.

[68] 蔡春,车宣呈,陈孝,等. 现代审计功能拓展论[M]. 北京:中国时代经济出版社,2006.

[69] 娄尔行. 审计学概论[M]. 上海:上海人民出版社,1987.

[70] 王光远. 管理审计理论[M]. 北京:中国人民大学出版社,1996.

[71] R J ADERSON. The External Audit1. Concepts and Techniques, copp clark pitman, 1977.

[72] 竹德操. 试论审计理论体系[J]. 审计与经济研究,1992(4).

[73] 郭华平. 中国审计理论体系发展研究[M]. 北京:经济管理出版社,2007.

[74] 萧英达. 比较审计学[M]. 北京:中国财政经济出版社,1991.

[75] 王文彬,林钟高. 审计基本理论[M]. 上海:上海三联书店,1994.

[76] 袁晓勇. 关于建立我国审计理论结构的设想[J]. 财会通讯,1997(3).

[77] 张建军. 审计概念体系研究[M]. 北京:中国财政经济出版社,1997.

[78] 王会金. 现代审计理论体系框架结构之研究[J]. 审计研究,2006(4).

[79] 徐政旦. 审计理论框架结构研究[J]. 上海市经济管理干部学院学报,2004(1).

[80] 王笑竹,任向峰,徐春瑛. 审计理论框架体系的研究[J]. 商业经济,2004(2).

[81] 王炳华. 审计环境起点与审计理论结构的建立:一个综述[J]. 中国管理信息化,2007(9).

[82] 周友梅. 论审计理论及其结构[J]. 当代财经,2007(2).

[83] 石爱中. 加强审计理论研究——坚持审计实践,注重研究方法[J]. 审计研究,2008(3).

[84] 陈汉文. 审计理论[M]. 北京:机械工业出版社,2009.

[85] 宋英慧,安亚人. 审计理论框架新论[J]. 税务与经济,2009(3).

[86] 谢荣. 高级审计理论与实务[M]. 北京:经济科学出版社,2011.

[87] 尹平. 论安全导向的政府审计理论体系[J]. 会计之友,2011(12).

[88] 马正凯,黄晓波. 审计理论框架的构建及分析[J]. 赤峰学院学报(自然科学版),2011(2).

[89] 冯均科,陈淑芳,张丽达. 基于受托责任构建政府审计理论框架的研究[J]. 审计与经济研究,2012(5).

[90] 郑石桥. 审计理论结构框架. 中国审计学会审计教育分会首届博士论坛论文集(下)[D],2012.

[91] 姜毅,李雪. 人本审计理论结构初探[J]. 中国会计与教育研究,2012(6).

[92] 袁小勇. 论审计的本质[J]. 中国注册会计师,2010(5).

[93] 宋常. 审计学[M]. 北京:中国人民大学出版社,2011.

[94] 徐政旦,谢荣,朱荣恩,等. 审计研究前沿[M]. 2版. 上海:上海财经大学出版

社,2011.

[95] 袁小勇. 论审计的本质[J]. 中国注册会计师,2010(5).

[96] INTOSAI. The Lina Declaration-Auditing Precepts and Guidelines. 1977(1).

[97] 李永强. 美国政府审计发展及启示[J]. 财会通讯(学术版),2007(11).

[98] 冯均科. 审计问责:理论研究与制度设计[M]. 北京:经济科学出版社,2009.

[99] 刘家义. 以科学发展观为指导推动审计工作全面发展[J]. 审计研究,2008(3).

[100] MAUTZ P K, H A SHARAF. Philosophy of Auditing [M]. American Accounting Association, 1961.

[101] 谢荣. 论审计假设的理论意义和实践意义[J]. 财经研究,1994(2).

[102] TOM LEE. Company Auditing. 3rd edition. Van Wostrand Reinhold Co. Ltd,1986.

[103] 幸惊. 构建审计基本理论体系的新构思[J]. 华南金融研究,2001(6).

[104] 王前. 假说与理论[M]. 沈阳:辽宁人民出版社,1987.

[105] TOM LEE. Company Auditing [M]. Van Nostrand Reinhold(uk)Co. Ltd. , 1986.

[106] 李雪. 审计理论研究[M]. 青岛:中国海洋大学出版社,2005.

[107] 迈克尔·查特菲尔德. 会计思想史[M]. 文硕,董晓柏,译. 北京:中国商业出版社,1999.

[108] V M O'REILLY, M B HIRSCH, P L DEFLIESE, H R JAENICKE. Montagomery's Auditing [M]. 11th Edition,1984.

[109] 龚清浩,徐政旦. 会计词典[M]. 上海:上海人民出版社,1991.

[110] 康钟琦. 现代审计学原理[M]. 上海:立信会计出版社,1999.

[111] 刘明辉. 独立审计准则研究[M]. 大连:东北财经大学出版社,1997.

[112] 陈建明. 独立审计规范论[M]. 大连:东北财经大学出版社,1999.

[113] 张建军. 审计概念体系研究[M]. 北京:中国财政经济出版社,1997.

[114] 王会金. 现代审计理论体系框架结构研究[J]. 审计研究,2002(5).

[115] 徐政旦. 审计理论框架结构研究[J]. 上海市经济管理干部学院学报,2004(1).

[116] 文森特·M·奥赖利,等. 蒙哥马利审计学[M]. 刘霄仑,陈关亭,译. 北京:中信出版社,2007.

[117] 霍恩比. 牛津高阶英汉双解词典[M]. 李北达,译. 北京:商务印书馆,1997.

[118] 李季泽. 国家审计的法理[M]. 北京:中国时代经济出版社,2004.

[119] 美国注册会计师协会财务报告特别委员会. 论改进企业的报告[M]. 陈毓圭,译. 北京:中国财政经济出版社,1997.

[120] 任月君. 企业财务报告改进研究[M]. 大连:东北财经大学出版社,2010.

[121] 侯文铿,黄忠堃. 审计辞典[M]. 福州:福建人民出版社,1988.

[122] 王泽霞. 管理舞弊导向审计理论研究[M]. 北京:电子工业出版社,2005.

[123] 阳杰,黄昌勇. 审计模式演进及其动因分析[J]. 广西财经学院学报,2007,20(1).

[124] 陈毓圭. 对风险导向审计方法的由来及其发展的认识[J]. 会计研究,2004(2).

[125] 赵保卿,任晨煜. 审计方法的历史演进及其动因[J]. 北京工商大学学报(社会科学版),2003(3).

[126] 肖知兴. 制度与人[J]. IT 经理世界,2002(9).

[127] 赵善强,罗迪,万蕊. 企业最大的风险还是"人"[M]. 商学院,2008(Z1).

[128] 拉尔夫·林顿. 人格的文化背景(文化社会与个体关系之研究)[M]. 于闽梅,陈学晶,译. 柳州:广西师范大学出版社,2007.

[129] 道格拉斯·C·诺思. 制度、制度变迁与经济绩效[M]. 杭行,译. 上海:格致出版社,2008.

[130] 李雪颖,陆颖丰,李若山. 查找舞弊是注册会计师的天职——从"艾迪·安达"案说起[J]. 财务与会计,2002(3).

[131] 路德维希·冯·米塞斯. 人类行为的经济学分析[M]. 聂薇,斐艳丽,等,译. 广州:广东经济出版社,2010.

[132] 汤效禹. 心理学在审计实践中的运用[M]. 北京:中国时代经济出版社,2007.

[133] 王会金. 审计心理学[M]. 北京:中国财政经济出版社,2010.

[134] 约翰·D·奥加拉. 公司舞弊:发现与防范案例研究[M]. 龚卫雄,译. 大连:东北财经大学业出版社,2009.

[135] 章立军. 审计失败上市公司之舞弊特征分析[J]. 上海立信会计学院学报,2009,23(5).

[136] 黄世忠. 从 SAS99 看财务报表舞弊风险因素有效性分析[J]. 中国注册会计师,2006(11).

后　记

　　"吾生也有涯,而知也无涯。"一个人的财富可以有多少,职位有高低,但学识追求无止境。在 2003 年取得管理学硕士学位之后,能有机会继续攻读博士学位是我一直以来的梦想。2009 年,临近不惑之年,我有幸拜徐国君教授为师,开始了博士阶段的学习和研究。弹指一挥间,四年磨一剑,年龄早已迈过不惑之年,我的学术研究也实现了从惑到不惑质的蜕变。

　　回想论文定稿时,手捧着数易其稿的博士论文,我的眼睛是湿润的,这里有我四年苦苦的追寻和钻研,更有导师的悉心指导和先哲们的心灵启迪,正如牛顿所言:"如果说我比别人看得更远些,那是因为我站在了巨人的肩上。"我能完成博士论文的写作,需要感谢的人很多,感慨也很多。

　　首先要感谢的是我的博士生导师徐国君教授,他给予我的学术指导是全方位的、革命性的、震撼性的。当我犹豫不决不敢尝试做"人本审计理论体系研究"这一开创性课题,向徐老师提出疑问时,他在 2011 年 7 月 19 日给我的回信中指出:"读博士的根本目的是什么? 我认为绝不是一张文凭,而是要真的训练出非同一般的创新思维和独到眼光;要修炼出大胸襟、大气魄、大境界,新高度、新深度、新宽度;要对真理由衷追求,对人类学术有所原创性贡献。我所推崇的博士乃真博士,是跳过龙门成为龙,不是跳过降低高度龙门的鲤鱼。"没有导师的鼓励和鞭策,很难想象我能完成这一原创性的课题。徐老师对论文的指导不仅体现在选题方向上,而且对论文的总体框架、章节结构、语言表达甚至遣词造句都进行了细致的修改和指导,付出的心血可见一斑。除了在学术研究上给予指导之外,徐老师更加推崇做学问要从做人开始,正如 2012 年 8 月 25 日他在第一届人本·会计论坛上指出"修身正心,明道求真",寓意是修仁义之身、正圆融之心、明人本之道、求会计(财务、审计)之真,这说明学术研究是建立在人格修炼的基础之上的,这更是给我指明了为人、求学、修身的方向。

　　其次要感谢的是我的硕士生导师李雪教授,他是徐老师给我指定的副导师。在硕士研究生阶段,在李老师的指导下,我完成了对国家环境审计基本构想的研究。在新的征程上,李老师是良师也是益友,无论是审计的经典原著,还是现代风险导向审计的精髓,李老师都毫无保留地把他的感悟和体会告诉了我,我们一起讨论如何构建人本审计理论体系,我们分享着学术研究中的痛苦和喜悦,没有李老师的相助,也很难想象我能完成这一博士论文的写作。

还要感谢的是,中国海洋大学管理学院的权锡鉴教授、王淼教授、王竹泉教授、罗福凯教授、张世兴教授、倪均援教授、樊培银副教授、房巧龄副教授、刘秀丽副教授、马广林老师、刘学华老师等,他们或给我授过课,或提出论文的修改意见,或给予文献上的支持,感谢他们!同时,也要感谢管理学院党委副书记许玲玲和研究生秘书马崑等老师在教育管理过程中所付出的辛勤劳动。

还要感谢在我博士论文开题、预答辩、盲评和正式答辩时校外的各位专家教授,他们是杨荣本教授、张天旺教授、刘喜华教授、王元月教授、田德新教授、周咏梅教授等,感谢他们对论文提出的宝贵意见。在读博士期间,我有幸得到了中国审计学会刘力云副秘书长给予的指点,在参加中国审计学会教育分会举办的首届博士论坛上,也有幸得到了蔡春教授、王会金教授和郑石桥教授的指点,谢谢他们!

在求学的过程中,还要感谢给予我关心、帮助的各位学兄、学姐和学弟、学妹们,他们是:刘玉栋、姜宏青、孙玉甫、胡春晖、谢宜豪、韩斌、张波、钞天虎、杨智慧、王舰、李晓辉、李艳玲、李永强、邱兆学、隋春蕾、王怀庭、赵爽等。特别需要说明的是,韩斌同学积极热情地组织了多次学术讨论,使我论文的很多难点和疑惑在讨论中茅塞顿开,李晓辉同学给予了查阅资料的大力帮助,谢谢他们!让我们回忆那同甘共苦的美好时光!

在职学习,论文的最终完成还要感谢青岛市审计局的各位领导和同事们,局党组出台了鼓励在职学习的政策,郑卫星局长支持我参加首届博士论坛等学术活动,商建波副局长给予了我工作和学习上的理解、关心和支持,自始至终地关心我的学业进展情况,希望我早日完成博士论文的撰写。企业审计二处及财政审计处的同事们给予了我工作上的大力支持,是你们让我感受到了集体的力量,促使我顺利完成学业。

学业的顺利完成离不开家庭的支持,我衷心地感谢我的家人,感谢老父亲对我读博的鼓励,感谢我的爱妻邹俐对我学业的理解以及生活上无微不至的照顾,在我读博的四年间,她默默地承担着家务和教育儿子的重任。如今,儿子姜子川已经从幼儿园到了小学三年级,期间难得有时间陪伴他。面对家人,我更多的是歉疚,感谢他们的理解!但愿论文的出版能给他们一丝慰藉。

感谢孙玉甫师兄的大力支持,争取到立信会计出版社2015年的选题立项,经立信会计出版社老师们的仔细审阅、校对、审核,论文得以顺利出版,深表谢意!

四年时间,在人生路上不算太长,但这段时光的点点滴滴已深深地烙在我的脑海中。子在川上曰:逝者如斯夫,不舍昼夜。我将继续在有限的时间里,求索奋进,以报答所有关心、支持和帮助我的老师、领导、同事、家人和朋友们!

姜　毅

2015 年 10 月